Michael Horowitz
Leonard Bernstein

Michael Horowitz

LEONARD BERNSTEIN

MAGIER DER MUSIK

Die Biografie

Mit 32-seitigem Bildteil

Amalthea
Verlag

Bildnachweis

Die angeführten Seitenzahlen in Klammer beziehen sich auf den Bildteil.

Besuchen Sie uns im Internet unter: amalthea.at

© 2017 by Amalthea Signum Verlag, Wien
Alle Rechte vorbehalten
Umschlaggestaltung: Elisabeth Pirker/OFFBEAT
Umschlagfotos: Cover: Leonard Bernstein bei der Generalprobe zu Mahlers Fünfter mit den Wiener Philharmonikern, Musikverein, 16. April 1972
© Oscar Horowitz; Rückseite: © Alfred Eisenstaedt/The LIFE Picture Collection/Getty Images
Lektorat: Maria-Christine Leitgeb
Herstellung und Satz: VerlagsService Dietmar Schmitz GmbH, Heimstetten
Gesetzt aus der 11,1/14 pt Minion Pro
Designed in Austria, printed in the EU
ISBN 978-3-99050-099-6

Meinem Vater Oscar gewidmet.
Wie Leonard Bernsteins Vorfahren
wuchs er in einem Stetl in Galizien,
im *Armenhaus der Monarchie,* auf.

Inhalt

Vorspiel 9

Im Armenhaus der Monarchie 13

Fischmarkt als Universität 17

Jüdisches Penicillin 22

Der Fensterbrettpianist 25

Der Partyheld, der Klavier spielen konnte 29

Verwirklichung des Amerikanischen Traums 35

Austern und 75 Cent Gage 40

Rachmaninow für Rehe 45

Gott sagte: Nimm Bernstein 51

Beifall wie von einem Riesentier im Zoo 55

Stolz wie ein Pfau 62

Mazurka im Maxim 67

Zehn Grad nördlich von fantastisch 71

Der kleine Dämon 76

Das Ungeheuer Einsamkeit 82

Musikalischer Messias 86

Hexenmeister mit dämonischer Begabung 90

Advokat der Abrüstung 94

35 Minuten Filmmusik 97

Kultur ohne Schwellenangst 99

All That Jazz 103

Klassik für Kinder 106

Der Dirigentenkrieg 109

We love you – stop smoking! 113

Skandal in der Sowjetunion 116

Vulkan und Jesusgestalt 119

Pompöses Getöse 122

Ernste Musik, die jeder versteht 124

Wiener *West Side Story*-Triumph 129

Gauner, Mädchenhändler, Menschenfresser 133

Fleischgewordene Elektrizität 135

Wiener Liebesaffäre 140

Hexentanz der Freude 143

Gefühle bedingungslos in Liebe umsetzen 148

Luxusausgabe der Heiligen Drei Könige 151

Meilensteine auf dem Weg zur Unendlichkeit 154

Eine Kerze, die an zwei Enden brennt 159

Ambivalente Begegnung 164

Topfenpalatschinken für den Maestro 167

Im Schaukelstuhl Kennedys 171

Einfach in die Luft schauen 175

Eine Messe als Show 178

Beethoven und Jimi Hendrix 181

Frischzellenkur, Triumph und Abschied 184

Party für Black Panthers 188

Den Ring küssen – nicht den Mund 191

Verzweiflung und Exzesse 195

Tanz auf dem Vulkan 198

Seelenverwandtschaft 202

Let's go to Gustl 207

Menschliche und musikalische Naturgewalt 209

Popgigant und Bundeskanzler 212

Musikalischer Traumtänzer 217

Good bye, Lenny 220

Danksagung 226

Leonard Bernstein 1918–1990 227

Bibliografie 230

Personenregister 233

Vorspiel

Ich bin jeden Morgen beim Aufstehen überrascht,
dass ich da bin und dass noch immer eine Welt um mich ist, die weitergeht.
Ich glaube, ohne dieses Element der Überraschung könnte ich mir nicht die
Begeisterung für Leben und Kunst bewahren, die ich empfinde. *

Leonard Bernstein – ein Magier der Musik. Arturo Toscanini bemerkte einmal: »In Bernsteins Konzerte gingen die Leute auch, wenn er der schlechteste Dirigent der Welt wäre.« Ein Ausnahmekünstler, der sowohl die europäische Musiktradition von Bach, Beethoven, Mozart, Mahler und Richard Strauss beherrschte als auch amerikanische Formen populärer Musik. Er war ein besessener Dirigent, Komponist, Pianist und Pädagoge und eine strahlende Persönlichkeit des Kulturlebens im 20. Jahrhundert. Er war ein unkonventionelles Universalgenie, voller Verve, Charisma und Enthusiasmus. All das hat er vor allem auch jungen Musikern vermittelt wie dem Dirigenten Gustavo Dudamel. Dieser meint: »Bernstein is still around. He never died …« Die Unterscheidung zwischen *ernster* und *leichter* Musik gab es für Leonard Bernstein nicht. Manche Klassikpuristen verstörte er mit Aussagen wie: »Man kann nicht das Wort *gut* benützen, um eine einzige Art von Musik zu beschreiben. Es gibt guten Bach u n d guten Bob Dylan.«

Hinter dem Ruhm, hinter seiner scheinbar lockeren Art zu leben, verbargen sich Stress, Spannung, Zerrissenheit und Konflikte seiner Sexualität. Bernstein führte ein Leben voller Leidenschaft, in dem aber auch Disziplin ihren Platz fand. Er war ein Verführer, wusste das und genoss es. Er brauchte, er suchte die menschliche Nähe und blieb – inmitten äußeren Trubels – immer ein Einsamer, trotz Ovationen, Kuss- und Umarmungsorgien. Es war ein wildes, unruhiges, oft trauriges Leben. Phasen exzessiver Lebensgier wechselten mit Zeiten tiefer Depression und Angst vor dem künstlerischen Versa-

---

*   Sämtliche Zitate, die den Kapiteln vorangestellt sind, stammen von Leonard Bernstein.

gen. Leonard Bernstein, der Kosmopolit, der charismatische Renaissancemensch, der durch ein ungeordnetes Privatleben taumelte, exzessiv feierte, bis zu hundert *Carlton* täglich rauchte und reichlich Ballantine's Whisky trank. Immer wieder versuchte er, in Entwöhnungstherapien von Alkohol und Zigaretten loszukommen.

»Das Wunderbare am Dirigieren ist«, meinte er, »dass man dabei nicht raucht und Sauerstoff in rauen Mengen einatmet.« Wie konnte ein Mensch, der sich privat dem Leben hemmungslos hingab, so versunken in die Musik sein und so konzentriert seine Tätigkeit als Dirigent, Komponist, Pianist und Pädagoge ausüben? Eines der Rätsel im Leben des phänomenalen Leonard Bernstein …

Entspannung fand der Suchtmensch beim Schreiben von Gedichten, oder wenn er Kreuzworträtsel löste. In sechs verschiedenen Sprachen: Englisch, Französisch, Deutsch, Italienisch, Hebräisch, Spanisch. Oder bei einer Canastapartie mit Freunden. Egal wo: im Flugzeug, in Hotelhallen, Warteräumen – und sogar im Taxi, die Kartenhäufchen auf dem Schoß balancierend … Versuche der Entspannung für einen ewig Rastlosen.

Leonard Bernstein war ein Ausnahmekünstler, dessen musikalische Lebenslinie sich schon als Bub abzeichnete. Er gab schon Klavierstunden, obwohl er selbst noch Unterricht bekam. Er war ein Vollblutmusiker, ein Vermarktungsgenie, das auch die Klaviatur der Publicity – Herbert von Karajan ähnlich – brillant beherrschte. Beide Herren waren dem Medienzeitalter viele Jahre voraus.

Leonard Bernstein war der Euphorie fähig, aber auch der Zurückhaltung. Er gab hinter Umarmungen der Gesellschaft nur einen kleinen Teil seines Seelenlebens preis. Seine wilden, hemmungslosen Gesten haben viele Hörer und Kritiker irritiert. Sie stellten jedoch einen Teil seiner völligen Hingabe an die Musik dar. Er dirigierte immer, als sei *er* der Komponist, und zwar von Anfang an so extravagant und mit solch rauschhafter Begeisterung – voller kalkulierter Ekstase –, dass ihn manche des Exhibitionismus bezichtigten.

Das *Time Magazine* verdächtigte ihn, er fülle die Konzertsäle »mit Hilfe eines Sexappeals, den er von sich gibt wie ein exaltierter

Zitteraal«. Seine Gegner – für Kritikerlegende Joachim Kaiser die »vereinigten Gehörlosen« – meinten, er inszeniere beim Dirigieren immer nur sich selbst. Er tanze auf dem Podium nur herum. Kritiker Joachim Kaiser sah es anders: »Bei Bernstein erlebt man ein Fluidum von Wahrheit und Leidenschaftlichkeit. Seine Unmittelbarkeit, seine dramatische Vergegenwärtigungskraft, ist das Gegenteil von bloßer Selbstdarstellung.«

Längst wurden Bücher und Dissertationen über das Leben Bernsteins verfasst. Wer sich in das Leben des Universalgenies vertiefen will, dem sei die *Leonard Bernstein Biographie* (Albrecht Knaus Verlag) von Humphrey Burton empfohlen. Diesem umfassenden Werk verdanke auch ich viele Informationen. Rund dreißig Jahre arbeitete der Brite Burton – Schriftsteller, Dozent an der Universität von Cambridge, BBC-Direktor und Regisseur klassischer Musikdokumentationen – an dem 800 Seiten starken Band.

Das vorliegende Buch über Leonard Bernstein, der 2018 seinen hundertsten Geburtstag feiern würde, ist kein musikwissenschaftliches Werk. Accelerando und Adagio, Pizzicato und Presto, Staccato und Stringendo sind nicht die Bausteine dieses Bandes. Ich habe versucht, bunte Mosaiksteine aus dem Leben einer der prägendsten Persönlichkeiten des 20. Jahrhunderts zusammenzutragen. Dabei brachten mir unter anderem in Gesprächen und Beiträgen Gundula Janowitz und Christa Ludwig, Kurt Rydl und Otto Schenk den Menschen und Musiker Leonard Bernstein näher.

Dieses Bernstein-Buch wurde auch zu einem Kaleidoskop des 20. Jahrhunderts. Kaum eine Zeit hat die Geschichte der Menschheit so geprägt wie die Jahre zwischen 1900 und 1999, einem Jahrhundert der Kriege, des Holocaust und des Kommunismus, der Entdeckungen, der Massenkommunikation und des gesellschaftlichen Wandels.

Leonard Bernstein war ein Phänomen musikalischer, aber auch menschlicher Vielseitigkeit. Dieses Buch will auch die Geschichte des Humanisten und Idealisten Bernstein, der einen Teil seiner Gage Amnesty International und dem Kinderhilfswerk UNICEF spendete, erzählen.

Ich habe Leonard Bernstein immer wieder in Wien und Salzburg getroffen – und war beeindruckt von einem großen Musiker und einem ganz großen Menschen.

Michael Horowitz, Herbst 2017

KAPITEL 1

Im Armenhaus der Monarchie

Um sich auf die Suche nach der Wahrheit begeben zu können,
muss man trunken von der Fantasie sein.

Beim Pianisten Vladimir Horowitz, mit dem der Autor dieses Buches nicht verwandt ist, liegen Dichtung und Wahrheit nah beieinander. Vladimirs Vater besaß auch viel Fantasie. Um seinem Sohn den Militärdienst zu ersparen und ihm eine Ausreisegenehmigung zu verschaffen, hat ihn der jüdische Elektroingenieur um ein Jahr jünger gemacht. Auch der offizielle Geburtsort Kiew trifft nicht zu. Vladimir wurde in der kleinen, von Pogromen heimgesuchten Stadt Berditschew geboren. Die Familie Gorowitz – auch den Namen änderte der Vater später in Westeuropa – zog erst nach der Geburt Vladimirs in das Zentrum der Ukraine, nach Kiew, um. Wenn Wolodja, das gehätschelte Musikgenie, ruhte, trugen die Eltern Filzpantoffeln. Seine Launen und melancholischen Anwandlungen wurden im Hause Horowitz gerne geduldet – man war selig, ein musikalisches Wunderkind in der Familie zu haben. Als Fünfzehnjähriger musste er erleben, dass Bolschewiken den Flügel aus dem ersten Stock des väterlichen Hauses stürzten. Das Leben wurde immer gefährdeter und gefährlicher.

Auf dem Konservatorium in Kiew erregte Vladimir sehr bald Aufsehen und Bewunderung, trotz Hochmut, Wutanfällen und entrückten Eigenheiten. Komponist Sergei Rachmaninow, selbst ein gefeierter Pianist, war vom kapriziösen Einzelgänger begeistert und meinte 1931: »Bis ich Horowitz hörte, verstand ich nichts von den Möglichkeiten des Klaviers …« Ein Jahr später fand Vladimir die Begegnung seines Lebens: Der in die USA ausgewanderte »liebe Gott unter den Klavierspielern« trifft Arturo Toscanini. Bald ist Vladimir Horowitz sein Lieblingssolist – und Schwiegersohn und entwickelt sich zu einem der schillerndsten Musiker des 20. Jahrhunderts.

Launen, Marotten und das ewige Flirten mit der Einmaligkeit seiner Genialität prägen sein Leben: »Wenn ich spiele, bin ich Engel und Teufel zugleich.« Er schläft bis mittags in komplett verdunkelten Räumen und gibt Konzerte nur um vier Uhr nachmittags. Der bekennende Hypochonder reist mit einer Mini-Wasserdesinfektions- und Entkalkungsanlage um die Welt, mit eigenem Bettzeug und tiefgefrorenen Hühner- und Seezungenfilets. Das Musikgenie aus dem Stetl in Galizien pflegt ein Leben lang das Image vom kapriziösen Klavierakrobaten: »Ich fühle mich wie ein Gladiator, der im Kolosseum vor einem blutgierigen Publikum kämpfen muss.« Als eine Verehrerin von Vladimir Horowitz auf der New Yorker Fifth Avenue fragte, ob sie ihn berühren dürfe, schäkerte der Adorierte: »Das kommt darauf an, wo …«, und ließ sich die Hände küssen. Im Mai 1987 tröstet das 82-jährige »senile Wunderkind« Besucher, die für das Konzert im Großen Musikvereinssaal keine Karten mehr ergattern konnten: »In fünfzig Jahren komm' ich sowieso wieder …« Zwischen seinem ersten und zweiten Wien-Gastspiel waren sogar 52 Jahre vergangen.

Die Erinnerung an Leid, Demütigung und Unterdrückung im »Armenhaus der Monarchie« blieb für viele jüdische Künstler ein Leben lang präsent. Und so mancher versuchte, traumatische Erinnerungen, die tragische Familiengeschichte im Stetl, ein Leben lang zu kompensieren. Sie blieben »überall als Fremdling kenntlich, das Pathos des Außenseiters im Herzen«, wie es Thomas Mann 1907 formulierte, von Ängsten geplagt, von Ehrgeiz getrieben, von Depressionen gepeinigt. Man versuchte oft, das Leid der Kindheit, der Jugend wettzumachen: durch entrückte Besessenheit, durch manische Lebensgier, durch hemmungslose Exzesse. Oft auch hinter einer Maske der Arroganz in einem prallen, wilden, glanzvollen – und oft traurigen – Leben.

In Polen und Russland mussten während der ersten Pogrome zwischen 1881 und 1914 rund drei Millionen Juden ihre Heimat verlassen. Fast jeder Dritte davon war Musiker. Jüdische Emigranten, die während der ersten drei Jahrzehnte des 20. Jahrhunderts im westlichen Musikbetrieb für Furore sorgten, waren die Dirigenten Otto Klemperer, Fritz Reiner, George Szell und Bruno Walter und Instrumentalisten wie Jascha Heifetz und Vladimir Horowitz,

Nathan Milstein und Artur Rubinstein, Menschen und Musiker voller Witz, Sentimentalität und Schwermut, oft auch gepeinigt von inneren Kämpfen und Zerrissenheit, mitunter auch von Beziehungsschwierigkeiten.

Die »Spezialität der Melancholie« (Joseph Roth) versuchte auch Vladimir Horowitz ein Leben lang zu überwinden. Er stammte aus dem »wilden Osten«, dem äußersten Nordosten der Donaumonarchie, wie auch Moses Joseph Roth, der Poet des sterbenden Habsburgerreichs, der in der galizischen Provinzstadt Brody geboren worden war. Bis zur russischen Grenze waren es kaum zehn Kilometer, aber mehr als 800 in die imperiale Hauptstadt Wien. Von 1772 bis 1918 war Galizien das größte Kronland der Monarchie. Seit dem ausgehenden 19. Jahrhundert herrschte hier bittere Armut, jährlich starben mehr als 50 000 Menschen den Hungertod.

Seine literarischen Arbeiten verfasste Moses Joseph Roth als *Joseph Roth*. Wollte er durch das Weglassen des Vornamens Moses, den er seinem Urgroßvater, einem Steinmetz, verdankte, nicht als Jude erkennbar sein? Doch seine Heimat in Galizien an der österreichisch-russischen Grenze ließ den ruhelos durch die Welt ziehenden Joseph Roth nie los. Der auch hier geborene Schriftsteller Karl Emil Franzos nennt Galizien, den letzten Vorposten europäischer Kultur, einen von polnischen Feudalherren beherrschten, fruchtbaren Landstrich, »Halbasien«. Deutsche, Armenier, Ungarn und viele andere Volksgruppen prägten den Alltag. »Der Wind, der über Galizien weht, ist bereits der Wind der Steppen, bereits der Wind von Sibirien«, schrieb Joseph Roth.

Immer wieder kam es zu Spannungen, Kriegen und Grenzverschiebungen, sodass die Region ständig wechselnden Staatsgebilden angehörte. Ohne sich nur einen Zentimeter von der Stelle gerührt zu haben, fanden sich Familien als minder geachtete Bewohner der russischen Ukraine wieder. Die dunkelsten Momente in der Geschichte dieses *Zwischenreichs* waren die Demütigung und Unterdrückung der Juden – bis hin zu den Pogromen, den Massakern an der jüdischen Bevölkerung. Allein im Umkreis von Ternopil wurden während der Kriegsjahre 200 000 Juden ermordet. Rund sechzig Kilometer westlich von der einstigen Hauptstadt Krakau entfernt, liegt das Vernichtungslager Auschwitz.

Im 1924 erschienenen Essay *Reise durch Galizien* schildert Joseph Roth noch voller melancholischer Sehnsucht seine Heimat, die untergegangene Welt der osteuropäischen Juden, die sein Denken und Empfinden ein Leben lang prägte: »Auf den Märkten verkauft man primitive, hölzerne Hampelmänner wie in Europa vor 200 Jahren. Hat hier Europa aufgehört? Galizien liegt in weltverlorener Einsamkeit und ist trotzdem nicht isoliert; es ist verbannt, aber nicht abgeschnitten; es hat mehr Kultur, als seine mangelnde Kanalisation vermuten lässt; viel Unordnung und noch mehr Seltsamkeit. Viele kennen es aus der Zeit des Krieges, aber da verbarg es sein Angesicht. Es war kein Land. Es war Etappe oder Front. Aber es hatte eine eigene Lust, eigene Lieder, eigene Menschen und einen eigenen Glanz; den traurigen Glanz der Geschmähten.«

Joseph Roth hatte durchdringende, listige Augen eines Beobachters, Jägers, Reporters, eines Romantikers mit dem scharfen Blick eines Realisten. Er schrieb nicht nur viel, er trank auch viel. Zu viel. Die Getränke konnten nicht scharf genug sein. Der Alkohol, mit dem sich der große Dichter betäubte, beendete sein Leben. »Er hatte Glück bei den Frauen und wenig Glück mit ihnen«, meinte sein Freund, der Essayist Hermann Kesten, »… er beherrschte die Sprache wie Rastelli seine Bälle, wie Paganini seine Geige«.

Personal musste oft Frau, Familie und Freunde ersetzen, wie etwa die junge Wirtin in dem kleinen Café in der Pariser Rue de Tournon, die den kranken Poeten wie einen Freund betreute. In einer Lade unter der Schank verwahrte sie bis zu seinem Ende sorgsam seine Dokumente und Manuskripte. Winselnd vor süchtigem Verlangen, starb Joseph Roth 45-jährig in einem Pariser Armenspital. Ein Heimatloser voller Weltschmerz, ein ewig Rastloser, »… wissend und hoffnungslos. Man ist durch ein Feuer gegangen und bleibt gezeichnet für den Rest seines Lebens.«

KAPITEL 2

Fischmarkt als Universität

Das Leben ist ein dauerndes Bemühen.

Bei Leonard Bernsteins Familie kann – anders als bei Familie Horowitz und ihrem Potpourri aus Dichtung, Fantasie und Wahrheit – die Abstammung bis zum Beginn des 19. Jahrhunderts zurückverfolgt werden. Der Name Bernstein stammt vermutlich von früheren Bernsteinhändlern. Vorfahren waren Rabbiner und Schriftgelehrte, Leonards Urgroßvater Bezalel, um 1840 geboren, war Hufschmied. Weithin wurde der fromme, gesellige und wodkaliebende Handwerker geschätzt und respektiert: Er war so stark, dass er ganz allein eine *Droshky*, eine Kutsche, heben und ein Rad wechseln konnte. Als knapp Dreißigjähriger kam er bei einem Feuer in seiner Werkstatt ums Leben. Die Nachricht vom tragischen Tod des vierfachen Familienvaters verbreitete sich rasant.

Man lebte in der Kleinstadt Beresdiw, in einem der Stetln Osteuropas, innerhalb eines Ansiedlungsrayons der Provinz Wolhynien zwischen Kiew und Rowno am Ufer des Kortschik, einem der Gebiete, das der jüdischen Bevölkerung Wohn- und Arbeitsrecht zugestand. Das Toleranzedikt der liberalen Katharina II. von 1773 hatte noch irgendwie Gültigkeit: »Humanitäre Grundsätze erlauben es nicht, dass einzig die Juden von der Gunst, die allen gewährt wird, ausgeschlossen bleiben, sofern sie sich wie bisher, als getreue Untertanen dem Handel und Handwerk widmen ...« Dennoch litt die jüdische Bevölkerung jahrhundertelang unter Schikanen. Antisemitismus war salonfähig, das Ghetto wurde zur Institution.

Wenn man aus dieser bedrohlichen Stetlatmosphäre ausbrechen wollte, waren die Möglichkeiten sehr begrenzt. Es gab den Traum von Amerika, die Illusion Südafrika und Lateinamerika, wo die Einwanderung von Juden erlaubt, manchmal sogar erwünscht war. Der kürzere Weg in ein anderes europäisches Land war zumeist nur mit Ablehnung verbunden. Ein mittelloser Jude aus dem fernen Galizien war nicht willkommen. Die Mutigsten beschlossen, den langen Weg nach Amerika zu wagen. Während der letzten zwei Jahrzehnte des 19. Jahrhunderts verließ mehr als eine Million Juden Russland, um in den Vereinigten Staaten ihr Glück zu suchen.

Leonard Bernsteins Vater Schmuel Josef wollte wie sein Vater und wie viele seiner früheren Vorfahren Rabbiner werden. Er war ein Mensch voll glühender Frömmigkeit, das Textbuch seines Lebens war der Talmud – die Sammlung der wichtigsten jüdischen Religionsgesetze –, den Schmuel als Wegweiser, als oberste Richtschnur sittlicher und gesellschaftlicher Moral empfand. »Wenn er eine Rede halten soll, beginnt er unweigerlich mit einem Talmud-Zitat. Er übergeht ihn auch nicht im täglichen Gespräch ...«, erinnerte sich Leonard Bernstein in einem Aufsatz für das Gymnasium in Boston im Februar 1935, »... der Talmud ist sein unfehlbares Konversationslexikon ... Er findet größeres Vergnügen an den vielen Geschichten, die der Illustration biblischer Feinheiten dienen, als an irgendeinem Roman. Er kennt kein einziges englisches Gedicht, weil ihm die Musik der talmudischen Prosa genug Zerstreuung bietet.«

Doch die Verlockung der weiten Welt, die Sehnsucht des jungen Schmuel Bernstein nach dem Land der unbegrenzten Möglichkeiten, war grenzenlos. 1903 floh sein Onkel Herschel Malamud gerade rechtzeitig vor Ankunft der zaristischen Stellungskommission – als Soldaten des Zaren mussten auch Juden dienen – aus seiner Heimatstadt Korez. Entschlossen begab er sich auf die ungewisse Seereise. Als Onkel Herschel in einem Brief berichtete, dass er in Hartford, einer Stadt in Connecticut, gelandet sei und als Friseurlehrling Woche für Woche einige Dollar verdiene, wusste Schmuel Josef, der seine Bar Mizwa schon hinter sich hatte, dass auch er die waghalsige Flucht unternehmen musste. Unter allen Umständen. Er erkundigte sich bei den Fluchthelfern seines Onkels, wie man sich über die Grenze nach Preußen und Danzig stehlen konnte, wie man Kontakt mit der jüdischen Hilfsorganisation aufnahm, um das Geld für die Überfahrt nach Amerika zu bekommen – und wie man sich über Wasser hielt, wenn man schließlich angekommen war.

Schmuels Familie erfuhr von den Fluchtplänen. Man weigerte sich entschieden, ihn ziehen zu lassen. Als ältester Sohn hatte er zu Hause zu bleiben und für die Familie den Lebensunterhalt zu sichern. Und irgendwann würde er ja sowieso Rabbi werden. »Was konnte Amerika ihm bieten? Nichts außer primitiven Menschen und wilden Tieren. Er würde kaum bis Danzig kommen. Und selbst dann würde ihn der Ozean verschlingen …«, berichtet Burton Bernstein, der jüngere Bruder Leonards, achtzig Jahre später im Buch *Family Matters* über die Bedenken der Verwandten. Was hätte die Familie damals im Stetl am Ende der Welt bloß gesagt, wenn sie geahnt hätten, dass Burton, Autor des Magazins *New Yorker*, einer der Kandidaten für eine (abgesagte) Journalistenreise in den Weltraum war.

1908 traf aus Connecticut ein Brief des Onkels Herschel Malamud – der seinen Namen längst amerikanischen Verhältnissen angepasst und auf Harry Levy geändert hatte – an den sechzehnjährigen Schmuel ein. Im Kuvert befand sich auch etwas Geld. Genug, um bis Danzig und vielleicht auch auf ein Schiff zu gelangen. Schmuel war für das Abenteuer seines Lebens bereit: In eine zusammengerollte Decke packte er ein paar Kleidungsstücke. Er verabschiedete sich von seinem Bruder und seinen Schwestern und musste schwören, aus Amerika bald Geld zu schicken, damit sie ihm nachkommen konnten. Der drei Jahre alte Bruder Schlomoh weinte bitterlich. Er wollte unbedingt mitkommen. Voller Angst und Schuldgefühl wagte Schmuel nicht, sich von seinen Eltern zu verabschieden, und schlich sich nachts aus dem kleinen Haus in Beresdiw.

Zu Fuß ging es unter Umgehung sämtlicher Grenzposten quer durch Polen in westliche Richtung – mit Brot und Erdäpfeln von Verwandten als Proviant. Richtung Danzig. Die große Hafenmetropole an der Ostsee, damals die Hauptstadt von Westpreußen, war schon immer Dreh- und Angelpunkt für die großen Auswanderungswellen osteuropäischer Juden gewesen. Zu Beginn des 20. Jahrhunderts kannten sie nur ein Ziel: Amerika! Später auch Kanada und Palästina. Zwischen 1919 und 1925 emigrierten mehr als

60 000 Juden über den Danziger Hafen. Arbeiter, Handwerker und ziehende Händler, die zuvor im Armenhaus der Monarchie mit Socken und Schuhbändern, Knöpfen und Leinenballen hausiert hatten.

In der großen, beeindruckenden Stadt Danzig kaufte sich Schmuel ein Ticket für das Zwischendeck eines Transatlantikdampfers, dessen Endstation Liverpool sein sollte. Dort hoffte er, von einer jüdischen Hilfsorganisation Geld für die Überfahrt nach New York zu bekommen. Geprägt von Angst und Zweifel begann die zwei Wochen dauernde Schiffsreise in die Zukunft des sechzehnjährigen Schmuel Bernstein, der von Anfang an auf der Fahrt durch die raue Ost- und Nordsee seekrank war. Bis zum Schluss blieb es ungewiss, ob das Schiff jemals sein Ziel erreichen würde.

Schließlich legte der überfüllte, von Wanzen befallene Dampfer in Liverpool an. Man bot den erschöpften Emigranten nach Wochen mit verdorbenem Essen Gemüsesuppe an. In einer Lagerhalle am Hafen durften sie übernachten. Die hygienischen Missstände und das Ungeziefer im Bauch des Schiffs blieben Papa Bernstein ein Leben lang in Erinnerung: Regelmäßig musste seine Frau noch Jahrzehnte nach dem Zwischendeckaufenthalt im Jahre 1908 penible Reinlichkeitsfeldzüge durchführen. Sobald er verschüttetes Essen im Kühlschrank oder eine einzelne Ameise entdeckte, erschütterte ein Zornanfall das Haus.

Am nächsten Morgen bestieg Schmuel den Auswanderungsdampfer mit dem heiß ersehnten Ziel Amerika. Nach wilden Wochen auf der Fahrt über den Atlantik erreichte das Schiff die überfüllte, chaotische Einwanderungsstelle Ellis Island. Irgendwie fand Onkel Harry Levy den erschöpften, aber überglücklichen Schmuel. 25 Dollar als Bürgschaft für den neuen Amerikaner hatte er zuvor schon hinterlegt. Bald bekam auch Schmuel einen passenden Namen: Sam. Wie sein Onkel Jahre zuvor begann er im *Land der unbegrenzten Möglichkeiten* ganz unten auf der Karriereleiter: Er nahm auf dem Fulton Street Market gegenüber von Manhattan Barsche und Dorsche, Heringe und Makrelen aus. Hier war die erste Anlaufstelle vieler Einwanderer: Es wurde nicht lange gefragt, man bekam ein scharfes Messer und einen Fischschupper in die Hand gedrückt. Gruppen von zehn Männern standen um die Metalltische. Alle paar Minuten dröhnte ein donnerndes Geräusch durch die Halle: Die nächste Lawine von Fischen schoss sintflutartig von oben auf den Tisch. Mit durchtränkten Schuhen in glitschiger Brühe watend, auf Haut, Haaren und Arbeitskleidung Fischblut und -eingeweide: Der Aufstieg für den schmächtigen Sechzehnjährigen auf der amerikanischen Erfolgsleiter konnte beginnen.

Er arbeitete von sechs Uhr früh bis sechs Uhr abends an sechs von sieben Tagen inklusive des Samstags, des jüdischen Sabbats, für einen Wochenlohn von fünf Dollar. Zu Mittag gab es eine Portion Salzheringe. Nicht nur in der kurzen Mittagspause träumte Sam von einer Karriere als Briefträger. Doch beim Bewerbungsgespräch versagte er. Später bezeichnete Sam Bernstein den Fulton Fischmarkt immer wieder als »meine Universität«. Beim Ausnehmen und Schuppen der Fische lernte Sam Bernstein, wie man von fünf Dollar pro Woche leben konnte, und seine ersten Brocken Englisch, hörte hitzige Argumente für die Demokraten und lernte auch, wie man Freunde gewinnen und Menschen beeinflussen konnte. Er entdeckte immer mehr, dass in Amerika alles möglich war.

KAPITEL 3

Jüdisches Penicillin

Ich glaube, ich hätte ein ganz annehmbarer Rabbiner werden können.
Doch davon konnte keine Rede sein,
denn Musik war das Einzige, was mich erfüllte.

Im Frühjahr 1912 erhielt Sam in seiner winzigen Unterkunft an der New Yorker unteren Eastside Post von Onkel Harry, der ihn nach Hartford in Connecticut einlud. Gemeinsam wolle man Pessach, das jüdische Osterfest, feiern. Und Harry deutete in dem Brief auch an, dass Sam vielleicht in Hartford bleiben könne, um in seinem Friseurgeschäft zu arbeiten. Der Laden liefe gut, inzwischen verkaufe man auch Zöpfe und Damenperücken. Der vom Schmutz und Gestank am Fulton Street Market frustrierte Sam fuhr bereits am nächsten Tag mit dem Zug nach Hartford. Bald begann er im Frisiersalon des Onkels als Lehrling zu arbeiten. Er befreite den Boden von Haaren, säuberte Kämme und Scheren und wusch Arbeitsmäntel – auch nicht gerade der Traumjob für Sam im Land der unbegrenzten Möglichkeiten, aber noch immer besser, als zwölf Stunden pro Tag Fische auszunehmen.

Eines Tages bemerkte der Vertreter der New Yorker Firma Frankel & Smith – Lieferanten von Friseur- und Kosmetikartikeln – den Lehrbuben in Onkel Harrys Geschäft und engagierte ihn für die neue Filiale in Boston als Lagerarbeiter. Eine baldige Beförderung hinge nur vom Fleiß des jungen Mannes ab. Haarteile boomten, das Geschäft blühte auch in Boston. Sam sortierte Bündel von Menschenhaar, das aus Asien importiert wurde. Nach der chemischen Reinigung wurde das Haar für modebewusste Amerikanerinnen in Perücken geflochten. Sams Aufstieg begann. Bald war er einer der erfolgreichsten Mitarbeiter bei Frankel & Smith. Und bald gründete er eine eigene Firma – die Samuel Bernstein Hair Company.

1916, er war nun 24 Jahre alt, amerikanischer Staatsbürger und hatte einiges zusammengespart, konnte er langsam an die Gründung einer Familie denken. Der steife weiße Kragen sowie seine

dunklen dreiteiligen Anzüge und der geglättete schwarze Locken-
schopf ließen ihn wie einen jungen Mann auf dem Weg nach oben
aussehen. Sam Bernstein hatte es geschafft. Im Frühjahr 1917 trat
Amerika in den Krieg ein, Sam wurde in die Armee eingezogen.
Doch wegen seiner Kurzsichtigkeit wurde er *ehrenhaft entlassen*. Ein
paar Monate später, an einem Sonntag im Herbst, heiratet Sam
Bernstein die neunzehnjährige Jennie Resnick. Auf ebenso abenteu-
erliche Weise wie er war Jennie bereits im Alter von sieben Jahren
mit ihren Eltern aus einem Stetl ganz in der Nähe der Heimatstadt
Sams nach Amerika gekommen. Früh hatte Jennie in einer Fabrik
zu arbeiten begonnen und sie besuchte mehrmals pro Woche eine
Abendschule, um Englisch zu lernen. Die Resnicks lebten in
Lawrence, vierzig Kilometer nördlich von Boston. Jahre nach der
Trauung behauptete Jennie, ihre Mutter hätte eine Verlobungsfeier
organisiert und den Tag der Hochzeit fixiert, ohne der Tochter
irgendetwas zu sagen. Einer bescheidenen Feier in der Synagoge
folgte jedenfalls ein aufwendiges Fest im Hause Resnick. Tagelang
bereitete die Familie unter den strengen Anweisungen von Mama
Pearl Spezialitäten der ostjüdischen Küche zu: Gefillte Fisch (Karp-
fen mit Fischinnereien gefüllt), Borscht (Rote-Rüben-Suppe), jiddi-
schen Kaviar (Hühnerleber mit Zwiebel und Gänseschmalz), Latkes
(Erdäpfelpuffer) und vorbeugend fürs ganze Leben einen Riesen-
topf Hühnersuppe, jewish penicillin.

Die *Flitterwochen* nach dem üppigen Gelage bestanden aus einer
einzigen schlaflosen Nacht im *Essex Hotel* im Zentrum von Boston.
Der Lärm der Züge des nahen Bahnhofs hielt die beiden wach. Jennie musste jedoch ihrer streng religiösen Mutter versprechen, die
Ehe nicht zu vollziehen. In der Hektik der Hochzeitsvorbereitungen
hatte die Mutter vergessen, mit ihrer Tochter in die Mikwe, zum
rituellen Reinigungsbad, zu gehen. Bereits am nächsten Tag zogen
die Brautleute in eine winzige Wohnung im Armenviertel Mattapan
ein. Hier konnte man schließlich die Hochzeitsnacht nachholen.
Zehn Monate später kam das erste Kind der Bernsteins zur Welt. Als
der Erstgeborene erwartet wurde, wollte Jennie bei ihrer Familie
sein. Daher kam Leonard Bernstein am Sonntag, dem 25. August

1918 in Lawrence zur Welt. Die 100 000-Einwohner-Stadt galt als *Immigrant City*, weil viele Menschen aus Kanada, Irland und Italien, Litauen und Polen hierherkamen, um Arbeit zu finden. Trotz seiner damaligen geringen Fläche von nur 15,5 km² hatte Lawrence mehr Einwanderer pro Einwohner als jeder andere vergleichbar große Ort der Welt.

Ursprünglich wurde das erste Kind der zwanzigjährigen Jennie Bernstein nach ihrem Zayde, dem Großvater, Louis genannt – das blieb sein Name, bis sich der sechzehnjährige Bernstein das Auto der Mutter ausborgte und mit seinem frisch erworbenen Führerschein von Boston nach Lawrence fuhr, um seinen Vornamen offiziell in Leonard ändern zu lassen. Zu Hause wurde er schon längst Len oder Leonard genannt, und vor allem Lenny. Fast wäre Leonard Bernstein auf dem Küchenboden zur Welt gekommen. Als um drei Uhr morgens die Wehen einsetzten, rief die Mutter den Hausarzt an. Doch noch bevor dieser eintraf, platzte die Fruchtblase. Um die Nässe aufzusaugen, schob die Mutter alte Zeitungen unter den angespannten Körper Jennies. Bald erschien der Arzt und brachte die Gebärende unter heftigen Wehen ins Allgemeine Krankenhaus von Lawrence. Gegen ein Uhr mittags – Jennie erinnerte sich an die Wanduhr in der Entbindungsstation – kam der Bub zur Welt, ein schwächliches, von Heuschnupfen und Asthmaanfällen geplagtes Kind, das sehr viel Zeit seiner Kindheit bei Ärzten und in Spitälern verbringen musste. Wenn Lenny nur nieste, wurden die Eltern schon blass vor Angst, wenn er wegen seines Asthmas plötzlich blau anlief, dachten sie jedes Mal, der Bub würde es nicht überleben. Nächtelang blieb die Mutter wach, hielt heiße Tücher und Töpfe mit dampfendem Wasser bereit, um ihm das Atmen zu erleichtern. Immer wieder litt Lenny auch an Koliken, vom Vater hatte er einen empfindlichen Magen geerbt. Die erste Frage Sams, sobald er spätabends aus dem Geschäft kam, war immer: »Wie geht's Lenny?«

KAPITEL 4

Der Fensterbrettpianist

Die Klänge sind in meinem Kopf –
und sie müssen heraus.

V iele Jahre später erinnerte sich Leonard in einem Gespräch mit Peter Gradenwitz, einem befreundeten Musikwissenschaftler: »Ich war ein kleiner, schwacher, kränklicher Junge, blass, unglücklich, hatte immer Bronchitis oder Ähnliches …« Erst im Alter von zehn Jahren »… passierte das mit dem Klavier. Plötzlich fand ich meine Welt. Ich wurde innerlich stark, ich wuchs, wurde sogar sehr groß. Ich trieb Sport, gewann Medaillen und Pokale, war der beste Taucher. Es geschah alles gleichzeitig. Es veränderte mein Leben. Das Geheimnis, die Erklärung ist, dass ich ein Universum fand, in dem ich sicher war: die Musik. Ich war in ihm beschützt, ich hatte in ihm ein Heim. Niemand konnte mir mehr etwas anhaben, mir wehtun. Auch nicht mein eigener Vater. Niemand konnte mich verletzen, wenn ich in meiner Welt der Musik war, wenn ich am Klavier saß. Das war meine Sicherheit.« Aus Platzmangel hatte eine Tante ihr altes, verstimmtes Klavier bei der Familie Bernstein deponiert. Samuel Bernsteins Schwester Clara, die in der Nähe gewohnt hatte, war nach New York gezogen. Ihr Piano blieb bei Bruder Sam zurück.

Der zehnjährige Lenny stürzte sich mit einer für den Vater fast beängstigenden Leidenschaft auf das Instrument, um sich Melodien und Akkorde zusammenzusuchen. Das Klavier hatte ein Mandolinenpedal, wenn man es betätigte, ertönte ein verknautschter Mandolinenklang. In jeder freien Minute hämmerte der Bub, sehr zum Missvergnügen des Vaters, auf dem Klavier herum, um bekannte Schlager, die er im Radio gehört hatte, nach dem Gehör zu rekonstruieren. Die erste Nummer, die Leonard Bernstein auf Tante Claras Klavier spielte, war *Goodnight Sweetheart.* »Ich war im siebten Himmel«, erinnerte er sich später. Seit Tante Claras altes Klavier im Haus war, verbesserte sich Lennys labiler Gesundheitszustand, und er wurde selbstbewusster.

Schon als kleiner Bub war Leonard Bernstein von Musik fasziniert gewesen: Die Orgelklänge und der fast opernhafte liturgische
Gesang des Chors in der strengkonservativen Mischkan-Tefila-
Synagoge rührten ihn immer wieder zu Tränen. Auch die chassidi-
schen Melodien aus dem Victrola-Grammophon, einem Erbstück
von Jennies Vater, die Papa Sam lautstark unter der Dusche mitsang,
begeisterten Lenny. »Leonard war zu klein, um an die Aufziehkurbel
zu reichen«, erinnerte sich Mama Jennie, »er weinte fürchterlich, die
Tränen liefen ihm über das Gesicht. Dann schrie er: ›Moinik, Moinik‹ – ›Musik, Musik‹ –, ich stellte das Grammophon an, spielte ihm
eine Platte vor und augenblicklich hörte er auf zu weinen.« Jennie
nannte ihren Sohn schon sehr früh den »Fensterbrettpianisten«,
denn er saß oft im Zimmer zur Straße auf dem Fensterbrett und
lauschte dem Victrola-Grammophon und populären Schlagern wie
Oh by Jingo. Er klopfte rhythmisch zur Musik, während er durch das
Fenster Passanten beobachtete.

Später faszinierte den jungen Lenny der Radioapparat. Seine
Kindheit fiel in jene Zeit, während der die große Ära des Rundfunks
begann. Im Alter beschrieb er wehmütig, wie er lange Nachmittage
an den drei Skalen eines Atwater-Kent-Überlagerungsempfängers
gedreht und gelauscht hatte: »Mit einigem Glück hatte man den Sender schließlich drin. Man hörte jede Menge Knistern und Rauschen,
doch irgendwie konnte man Rudy Vallee (Ende der Zwanzigerjahre)
und Jack Benny (Anfang der Dreißigerjahre) heraushören.« Sein
ganzes Leben lang konnte Bernstein die Namen und Erkennungs-
melodien von mehr als zehn Musiksendungen herunterträllern, die
er während seiner Kindheit im Rundfunk verfolgt hatte.

Doch weder im Kindergarten noch in seiner ersten Schule, der
William Lloyd Garrison Grammar School in Roxbury, die Lenny
vom sechsten bis zum elften Lebensjahr besuchte, erkannte man
seine musikalische Begabung. Er erinnerte sich später nur, dass ihm
»von einer wunderbaren Lehrerin Namens Miss Donnelly, in die ich
sehr verliebt war« eine simple Methode des Notenlesens beigebracht
wurde, worin er »der Beste in der Klasse war«. Er hatte nur ange-
nehme, wohltuende Erinnerungen an die ersten Schuljahre und an

seine Lehrerinnen: »Alles, was sie mir beibrachten, lernte ich mit Freude, ob Geschichte oder Rechtschreibung, ob so Lustiges wie Zeichnen mit Kreide oder so Langweiliges wie Schönschreiben. Sie hatten einfach Spaß am Unterrichten und wir haben entsprechend mitgemacht. Für mich waren die schönsten Stunden natürlich die Singstunden; Mrs. Fitzgerald brachte uns einige Dutzend Lieder bei ... nie vergesse ich diese reizenden Damen; sie hatten eine ganz besondere Art, vielleicht weil sie gute, altmodische Bostoner Katholikinnen waren.«

Nach sechs glücklichen Schuljahren wurde der Elfjährige 1929 in die bereits 1635, ein Jahr vor der Harvard University, gegründete renommierte Boston Latin School aufgenommen. Eine liberale Bastion, die älteste noch existierende Schule der USA, stand Schülern jeglicher Herkunft offen. Nur die Leistung zählte. Gerne erinnerte sich Leonard Bernstein an seine Aufnahmeprüfung in der High School, die er gemeinsam mit seinem Freund Sammy Kostic absolvierte: »Wir standen mit klopfenden Herzen in einer langen, langen Reihe von Bewerbern und legten schließlich unsere Zeugnisse jemandem vor, der das Wort *exempt* darauf stempelte. Wir hatten keine Ahnung, was dieses Wort bedeutete; wir dachten, es hieß *ausgeschieden*, denn *exempt* klingt irgendwie nach *aus*, doch in Wirklichkeit bedeutete es *von weiteren Prüfungen ausgenommen*. Mit anderen Worten, wir waren zugelassen – wir sprangen vor Freude in die Luft.«

Einer von Lennys High School-Professoren war der Englischlehrer Philip Marson, der sich zu einer der ersten Vaterfiguren Bernsteins entwickelte. Der erfahrene Pädagoge wurde sehr bald zu einer verständnisvollen, bestimmenden Persönlichkeit für Lenny und zu einem Gegengewicht zu seinem despotischen, intoleranten Vater. Philip Marson lehrte Lenny liebevoll, wie man lernt. Er erinnerte sich, wie sein Schüler »alles gierig aufnahm, was ich an Dramen und Gedichten bieten konnte, und mit voller Aufmerksamkeit auf dem ersten Platz in der zweiten Reihe saß.«

Das Haus der Familie war viele Kilometer von der Schule entfernt. Lenny musste »sehr früh aufstehen und mit verschiedenen

Hoch- und Straßenbahnen fahren, die unter lautem *clang, clang, clang* auf Schienen rollten. Während der ersten beiden High School-Jahre kehrte ich nach dem Unterricht eilig nach Roxbury zurück, um noch den Hebräisch-Unterricht in der Synagoge zu besuchen.« Danach konnte der passable *fire baseman* hinter dem Haus noch eine Runde Baseball spielen. »Doch gegen halb sechs sagte ich dann immer: ›Tut mir leid, Jungs, ich muss gehen.‹ Ich wurde mit Schreien, Pfiffen und höhnischen Sprüchen wie ›Homo, Homo, Weichling‹ niedergemacht – eine unvorstellbare Peinigung. Ich ging, um meine Hausaufgaben zu machen …«

KAPITEL 5

Der Partyheld, der Klavier spielen konnte

Früher oder später trotzt jeder Sohn seinem Vater,
streitet mit ihm, verlässt ihn, nur um zu ihm zurückzukehren
und – wenn er Glück hat – sich bei ihm geborgener zu fühlen als zuvor.

Wann immer die Familie Bernstein bei Freunden mit einem Klavier eingeladen war, klimperte Lenny drauflos. Seine Liebe zur Musik war bald für alle erkennbar. Die Mutter zeigte sofort Verständnis für die erwachende Musikalität ihres Sohnes. Doch sie hatte im Hause Bernstein nicht viel zu sagen. Der autoritäre Vater hielt nichts von den musikalischen Anwandlungen Lennys: »Er war beunruhigt, er liebte mich, er wollte für mich nur das Beste«, erinnerte sich Lenny später, »Sicherheit für meinen Lebensweg war für ihn das Wichtigste. Ich sollte in sein – allmählich florierendes – Geschäft, die Bernstein Hair Company, eintreten oder wie unsere Vorfahren Rabbiner werden. Aber Musik? Vaters Vorstellungen von einem Berufsmusiker stammten noch aus dem russischen Ghetto; er hatte das Bild eines Klesmer vor Augen, der kaum mehr darstellte als einen Schnorrer, der mit einer Klarinette oder Violine von Stadt zu Stadt zog und für Almosen, ein paar Kopeken und ein kostenloses Essen, nächtelang auf Hochzeiten oder Bar Mizwas spielte. Er wollte nicht, dass sein Sohn ein Bettler würde.«

Eines Nachts wurde die Familie durch Lennys Klavier-Klimpern aufgeweckt: »Bist du meschugge? Es ist zwei Uhr früh«, schrie der Vater. Sein Sohn antwortete ihm: »Ich *muss* spielen, die Klänge sind in meinem Kopf und sie müssen hinaus.« Irgendwann kapitulierte Sam Bernstein und fand sich damit ab, dass der Bub jede freie Minute am Klavier verbrachte. Der Weg Lennys schien vorgezeichnet zu sein. Und auf dessen Bitten willigte Sam schließlich ein, ihm bei einer in der Nachbarschaft wohnenden Lehrerin Unterricht geben zu lassen. Für einen Dollar pro Stunde. Zwei Jahre lang kam die »dunkle, unglaublich attraktive und exotisch aussehende Frieda Karp« Woche für Woche zu den Bernsteins in die Wohnung und brachte Leonard Tonleitern und Stücke für Anfänger bei. Schon sehr bald beherrschte der übereifrige Schüler Melodien wie *Mountain Belle* oder *On to Victory*. Lenny lernte sehr schnell: »Es dauerte nicht lange, bis ich lauter und schneller spielte als Frieda Karp – ob auch besser, weiß ich nicht.« Nach weniger als einem Jahr musste die Klavierlehrerin schon Chopin- und Bach-Präludien mitbringen und bald darauf Chopin-Nocturnes. »Bei dem *es-Dur Nocturne* drehte ich regelrecht durch, und meine Mutter stand daneben und weinte.« Bald gab Frieda Karp unumwunden zu: »Der Junge ist talentiert – ich kann nicht mehr mit ihm mithalten …« Musste sie auch nicht. Heirat und Übersiedlung der Klavierpädagogin nach Kalifornien bereiteten dem Unterricht ein abruptes Ende. Mit geschickter Diplomatie erwirkte der Zwölfjährige bei seinem Vater die Erlaubnis, sich selbst nach einer Lehrerin umzusehen. Das dreimal so hohe Honorar für seinen Unterricht bei Miss Susan Williams wurde durch einen Kompromiss erzielt: Leonard verzichtete – bis auf 25 Cent – auf sein wöchentliches Taschengeld.

Bereits während der zweijährigen Ausbildung bei Miss Williams hatte Leonard Bernstein seinen ersten öffentlichen Auftritt: Am 30. März 1932 spielte er bei einem Schülerkonzert, das die Klavierlehrerin veranstaltete. Lenny, der Star, trat als Letzter der elf Eleven auf. Er spielte *Cracovienne Fantastique* von Paderewski, *Tendre Aveu* von Schütt und die *g-Moll-Rhapsodie* von Brahms. Allerdings mit zweifelhafter Technik: Die *Susan-Williams-Methode* bestand darin, die Finger so zu krümmen, dass die Fingerspitzen von oben nicht zu sehen waren.

Schon ein Jahr zuvor war der dreizehnjährige Leonard im Mittelpunkt gestanden. Bei seiner Bar-Mizwa-Feier an der Schwelle zum Erwachsenen hielt er eine brillante Rede. Englisch und Hebräisch. Jetzt war der Vater erstmals stolz auf seinen Sohn. Er schenkte ihm einen Flügel, der das inzwischen arg ramponierte Klavier von Tante Clara ablöste. Das kränkelnde Kind Lenny hatte sich längst zu einem attraktiven, selbstbewussten jungen Mann entwickelt. Im Sommer-Ferienlager gewann Lenny jedes Jahr den Hochsprung-Wettbewerb, als er auch die Medaille als bester Campteilnehmer überreicht bekam, empfand er »ein Maß an Stolz, wie ich es bei der Musik bisher nicht erlebt hatte. Plötzlich mit dem Erwachsenwerden oder Pubertät oder Sex, was auch immer das ist, wuchs ich heftig, ich wurde der größte Junge in der Straße, der schnellste Läufer, der beste Schwimmer und ich hatte eine Million Freundinnen. Ich war ein Partyheld – denn ich konnte Klavier spielen.«

Lennys rapide Fortschritte ließen ihn bald so sehr über das Können von Miss Williams hinauswachsen, dass sie selbst einen anderen Pädagogen empfahl. Sie schlug dem Vater vor, ihren hochbegabten Schüler dem besten Klavierlehrer Bostons, Heinrich Gebhard, vorspielen zu lassen. Der aus Deutschland stammende Gebhard verlangte allerdings 25 Dollar pro Stunde – für die Bernsteins eine astronomische Summe. Ähnlich stur wie sein Vater, überredete Lenny ihn, vorspielen zu dürfen. Maestro Gebhard erkannte die Musikalität des jungen Mannes, meinte aber, er müsse noch lange an der richtigen Technik des Klavierspiels feilen, und schlug vor, Lenny solle bei seiner Assistentin für bloß sechs Dollar pro Stunde Unterricht nehmen. Die junge Lehrerin Helen Coates stimmte zu und begann sofort mit dem Unterricht des hochbegabten Teenagers. Allerdings schienen sechs Dollar Stundenlohn für den Vater ein unüberwindliches Hindernis. Doch Leonard fand einen Ausweg: Er gönnte sich nur jede zweite Woche eine Klavierstunde. Er war kein bequemer Schüler, wie seine neue Lehrerin oft seufzend meinte. Zu systematischen technischen Übungen hatte Lenny nicht die geringste Lust. Doch Musikalität und Gedächtnis des Buben waren frappant: »Er konnte lesen, singen, memorieren – alles was ihm unter die Finger kam«, beschrieb die Musikpädagogin ihren hochbegabten, aber durch Eigenwillen auch höchst anstrengenden Schüler. Damals in Boston begann eine Jahrzehnte dauernde Verbundenheit Leonard Bernsteins mit Helen Coates. Fast ein Leben lang, mehr als fünfzig Jahre, sollte sie als persönliche Assistentin auch loyale und verlässliche Vertraute sein. Helen war Lenny so ergeben, dass sie ihm anfangs als seine Sekretärin verschwiegen hatte, die Schreibmaschine nicht bedienen zu können. Daher bezahlte sie aus eigener Tasche eine Sekretärin, die die Bernstein-Briefe schrieb. Und es störte sie auch nicht, dass sie der Maestro immer wieder hinausschmiss. Am nächsten Tag rief er an, es täte ihm leid, sie möge doch gleich wiederkommen.

Ned Rorem, später erfolgreicher Komponist, erinnerte sich, Ende der 1940er-Jahre eines Nachts Bernstein in Greenwich Village über den Weg gelaufen zu sein. Ned war betrunken und unternehmungslustig: »Wir fuhren in seine Wohnung. Als Helen Coates am nächsten Morgen hereinkam, fand sie uns beide in Lennys Bett. Doch das brachte sie überhaupt nicht aus der Fassung.« Sie bat sogar Freunde, nachdem diese morgens aufgestanden waren und Lenny noch schlief, um ihre Telefonnummer, falls der Maestro sie anrufen wolle. Jahrzehnte nach den ersten Klavierstunden bedankt sich Leonard Bernstein euphorisch bei Helen, seiner Vertrauten und Klavierlehrerin seiner Jugend: »Helen war die beste Lehrerin, die ich je hatte. Ich verdanke ihr diesen überwältigenden Drang, meine Ideen mit anderen zu teilen. Ich habe bei ihr gelernt, die tiefere Bedeutung meiner Arbeit zu erkennen und das Eindringen von Schönheit zu fördern.« Daher war es für Bernstein selbstverständlich, sein Buch *Joy of Music* Helen Coates mit »tiefer und liebevoller Wertschätzung für 15 selbstlose Jahre« zu widmen.

Eines Tages nahm der Vater seinen musikbegeisterten Sohn zu einem Klassikkonzert, einem Klavierabend des Komponisten Sergei Rachmaninow, mit. Ein Geschäftsfreund hatte Sam zwei Karten geschenkt. Lenny erinnerte sich später an den beeindruckenden Abend, den er als Vierzehnjähriger erlebte: »Das Programm war sehr anspruchsvoll mit einer schwer verständlichen späten Beethoven-Sonate. Mein Vater konnte mit dieser Musik überhaupt nichts anfangen, aber hielt bis zum Ende durch. Ich platzte fast vor Begeisterung.«

Bald brachte Lenny – sehr zur Freude des Vaters – das Geld für die Klavierstunden selbst auf. Zeitungen austragen wollte er nicht, so nutzte er das geliebte Piano als Einnahmequelle. Für einen Dollar pro Stunde gab der Klavierschüler selbst Unterricht: Kindern von Freunden und Nachbarn, sieben, acht Jahre alt. An den Wochenenden verdiente der Teenager wesentlich mehr. Mit zwei Freunden, einem Schlagzeuger und einem Saxophonisten, bildete er ein Jazz-Trio. Man spielte auf Hochzeiten und Geburtstagsfeiern. »Ich kam immer mit zwei Dollar nach Hause – zwei Dollar und wunden Fingern ... das Klavier musste die fehlenden Klarinetten, Trompeten und Posaunen ersetzen ... manchmal spielte ich auf Klavieren – das kann man sich gar nicht vorstellen – ohne Elfenbein auf den Tasten; da blieben die Finger einfach hängen und bluteten und taten wahnsinnig weh ... mit Tremolos imitierte ich Streicher ... durch die Band lernte ich auf einmal populäre und schwarze Musik kennen, wie ich sie im Radio noch nie gehört hatte ... und das wurde zu einem Teil meines musikalischen Lebensstroms. Genauso wie Chopin und Tschaikowsky. Es war sehr anstrengend, aber gleichzeitig wunderschön, denn es machte mich unabhängig von meinem Vater.«

Mama Jennie, die als Kind den herumziehenden Klesmer-Musikern bis weit an die Stadtgrenze von Schepetowka nachgelaufen war, empfand für die Musikalität ihres Sohnes dankbare Gefühle, Erinnerungen an die alte Heimat tauchten auf. Die Mutter war immer auf seiner Seite, auch wenn es um Musik ging. Unweigerliche Streitereien mit ihrem Mann endeten immer wieder in ernsthaften Ehekrisen. Die ständigen Streitereien der Eltern am Frühstückstisch inspirierten Leonard später zu der Eröffnungsszene von *Trouble in Tahiti*, ein nur rund vierzig Minuten dauerndes Musikstück, in dem sich ein Ehepaar durch geistige Leere anödet und sich permanent beschimpft. Mama Jennie kompensierte ihre enttäuschte Liebe durch starke Gefühle für ihren Erstgeborenen. »Meine Mutter und mein Vater passten einfach nicht zusammen; jeder für sich war ein interessanter und netter Mensch, aber sie hätten einander niemals heiraten sollen ... sie haben sich leider nie geliebt. Und mein Vater war ein zutiefst melancholischer Mensch, der sehr viel Liebe suchte und sie in seiner Ehe nicht fand. Wenn er sich ungeliebt fühlte, wurde er sehr böse – zu meiner Mutter, nicht zu den Kindern«, erinnerte sich Lennys Schwester Shirley später an Auseinandersetzungen in der vergifteten häuslichen Atmosphäre. »Er war ein manisch-depressiver Typ. Wenn er mit seinen Rabbinern gemeinsam den Sabbat feierte, tanzte und sang, war er ein ekstatischer Chasside. Aber er konnte auch ohne klaren Grund furchtbar schwermütig im Zimmer auf- und abgehen. Und das sprang auf Lennys Wesen über …«

Allmählich war sogar Sam Bernstein stolz auf seinen Sohn. Gemeinsam unternahmen sie eine Schiffsreise. Es gefiel Sam, dass sein Sohn auf der Karibik-Kreuzfahrt auf dem Flügel des Luxusdampfers im Ballsaal die Passagiere begeisterte: mit Schlagermelodien und musikalischen Rätseln. Die Zuhörer mussten erraten, ob ein Schlager von Bach oder Beethoven geschrieben worden war. Sams Freude darüber, einen solch begabten und unterhaltsamen Sohn zu haben, wuchs immer mehr. In den 1930er-Jahren gelang es dem cleveren Unternehmer sogar, die Musikalität Lennys mit seinem Geschäft zu kombinieren: Als Sponsor finanzierte er bei einem Bostoner Sender ein wöchentliches Radioprogramm: *Avol präsentiert* … Sam Bernstein war am – kurzlebigen – Erfolg der Avol-Laboratorien beteiligt. Der junge Mann, der die Werbesendung für Friseurprodukte Woche für Woche mit leichter Klassik am Klavier begleitete, war das spätere, weltweit gefeierte Musikgenie Leonard Bernstein.

KAPITEL 6

Verwirklichung des Amerikanischen Traums

Entweder irgendein Aussteigen aus der Gesellschaft oder ein irrer Wettlauf
um den Nadelstreif mitsamt dem Zwang zum täglichen Kampf um
den Erfolg in einer höchst zynisch materialistischen Weise.

Seine frühe Kindheit verbrachte Lenny in größter Armut. Doch
bereits zu Beginn der 1930er-Jahre während der großen Wirtschaftskrise ging es Sam Bernstein und seiner Familie finanziell hervorragend. Elegante Mahagonibetten und wuchtige Sofas, Wand-
teppiche und ein *echter Perser* wurden als Zeichen des Erfolgs
angeschafft. Und als wichtigstes Wohlstandssymbol kaufte Papa
Sam das erste Auto: Einen Ford T, auch Tin Lizzie, also Blechliesel,
genannt, der bis 1972 das meistverkaufte Automobil der Welt war.
Zum Glück waren Sam Aktien immer suspekt gewesen, er war einer
der wenigen Geschäftsleute, die nicht unter dem Börsenkrach von
1929 litten: Am *Schwarzen Freitag*, dem 25. Oktober, platzte eine
gewaltige Spekulationsblase – und damit der Traum von Wohlstand
und Reichtum für alle. Der Glaube an endlos steigende Aktienkurse
war zerstört, der ökonomische Rauschzustand über Nacht vorbei,
genauso wie die »Illusion vom finanziellen Fortschritt in heroischen
Schritten« (Magazin *Forbes*). General-Motors-Direktor J. J. Raskob
hatte zuvor noch behauptet: »Da sich das Einkommen tatsächlich
an der Börse vermehren lässt, glaube ich fest, dass nicht nur jeder
reich werden kann – sondern dass jeder dazu verpflichtet ist.« Kurz
danach folgte das jähe Ende einer Illusion: Aktien als Altpapier.
Aktionäre in Lumpen. Politiker in Panik. Die Weltwirtschaft stürzte
ab, riss Millionen Menschen in den Bankrott und trieb Anleger in
den Selbstmord. 1932 war ein Viertel aller US-Amerikaner, also rund
15 Millionen Menschen, arbeitslos. Mitte der 1920er-Jahre hatte der
Dow-Jones-Aktienindex zum ersten Mal die Marke von 110 Punk-
ten durchbrochen, die zuvor als unüberwindbar gegolten hatte. An
der Wall Street gab es kein Halten mehr: Die Aktienkurse stiegen bis
zum Oktober 1929 um 300 Prozent. Bis zum Schwarzen Freitag.

Doch Sam Bernstein hatte nie an die Wunder, die man an der Wall Street vollmundig versprach, geglaubt. Und glücklicherweise wollten die amerikanischen Frauen auch während der *Great Depression*, der schweren Wirtschaftskrise, nicht auf Dauerwellen verzichten, auf die sich Sams Hair Company, die inzwischen fünfzig Angestellte beschäftigte, neben Toupets längst spezialisiert hatte. Überall waren Sams Vertreter unterwegs, um die neue *Fredericks*-Dauerwellen-Apparatur – ein elektrisch betriebenes Heimgerät für Frauen, die sich keinen Friseurbesuch leisten konnten – zu verkaufen. Zuvor hatte Sam Bernstein seine Konkurrenten überboten und die Vertriebsrechte für ganz Neuengland exklusiv erhalten. Auch der Erfinder der Dauerwelle, der Deutsche Karl Nessler, ging nach dem Börsencrash des Jahres 1929 bankrott. Davor hatte der Friseur aus dem Schwarzwald allein in New York drei Dauerwellensalons betrieben, Filialen gab es in ganz Amerika: in Chicago und Detroit, Philadelphia und Palm Springs. Die ersten Wellen-Versuche wurden an Nesslers Frau Katharina durchgeführt, und zwar mittels einer Hitzezange an metallenen Wicklern, die er strahlenförmig in ihr Haar geflochten hatte. Immer wieder musste die Entwicklung der revolutionären Erfindung im Dienste der Schönheit abrupt abgebrochen werden, weil Nesslers Frau wegen der Hitze und Brandblasen am ganzen Kopf vor Schmerzen schrie. Doch irgendwann war die Dauerwelle geboren – dank ihr wurden Millionen von Frauen schön und glücklich. 1928, am Höhepunkt seines Erfolges, verkaufte Nessler sein Haarimperium und sein Wellenpatent für mehr als 1,5 Millionen Dollar, um sich zum weiteren Haarstudium in sein Labor zurückzuziehen. Den gesamten Betrag legte er in Kupferaktien an. Ein verhängnisvoller Fehler. Am Schwarzen Freitag des Jahres 1929 verlor er alles, über Nacht waren Nesslers Aktien wertlos geworden. Kurz darauf folgte der nächste Schlag: Ende 1929 brannten sein Haus und sein Labor komplett ab. Nessler konnte sein Leben nur mehr im Pyjama aus dem Haus laufend retten.

Hingegen florierte Sams Hair Company zu Beginn der 1930er-Jahre, die *Verwirklichung des amerikanischen Traums*, der Aufstieg des ostjüdischen Einwanderers aus kleinsten Verhältnissen, war fast filmreif: Die Familie Bernstein besaß zwei Häuser, zwei Autos und beschäftigte eine Riege von Dienstmädchen, eine Zeit lang sogar einen indischen Butler, Zeno, der gleichzeitig als Chauffeur unterwegs war – in einem Plymouth-Cabriolet (mit einem Notsitz für Mrs. Bernstein) und einer Packard-Limousine. Und für Lenny ließ der erfolgreiche Businessman Bernstein im Salon zwischen wertvollem Mobiliar einen Chickering & Sons-Flügel aufstellen.

Bereits 1927, als Lenny neun war und seine Schwester Shirley vier, war man in ein Haus in Roxbury umgezogen, in dem sich die Geschwister nicht mehr ein Zimmer teilen mussten. Wenn die Eltern ihre erbitterten Kämpfe austrugen, trösteten Lenny und Shirley einander. Die Bindung von Bruder und Schwester war enger als alle anderen Familienbande. Die Kinder beschützten einander vor dem Zorn der Eltern, und auch Jahre später, als *Burtie*, der jüngere Bruder Burton, noch klein war, behandelten sie ihn, als wäre er ihr Sohn.

Zu dieser Zeit erfreute man sich auch in Boston bereits am Komfort elektrischer Errungenschaften: Kühlschrank, Staubsauger, Waschmaschinen und Toaster erleichterten den Alltag. Es waren die Jahre der großen Bostoner Eröffnungen: Der Sumner Tunnel, der die Verkehrssituation entscheidend verbesserte, das mondäne Ritz-Carlton-Hotel und der Art Déco-Büroturm, das United Shoe Machinery Building. Und es waren die Jahre der Polizeikorruption und der politischen Skandale: Vier Tageszeitungen mit eigenen Morgen- und Abendausgaben berichteten (manchmal) darüber. Leonard Bernstein nannte Boston später jedenfalls die »Heimat des Puritanismus«.

1933 übersiedelten die Bernsteins in ein rotes Ziegelhaus im Stil eleganter öffentlicher Gebäude der 1920er-Jahre in der Park Avenue 86 von Newton. Das neue, geräumige Haus und der noble Bostoner Vorort mit Villen, üppigen Grünflächen und von Gaslaternen beleuchteten Straßen ließen den tüchtigen Geschäftsmann Sam Bernstein jetzt auch gesellschaftlich angesehener erscheinen. Zwei Jahrzehnte zuvor hatte Schmuel noch davon geträumt, zumindest aus der Tristesse des Stetls fliehen zu können. Jetzt war er ein erfolgreicher Bürger Amerikas und Mitglied in einem Golfclub. Doch im Pine Brook Sportclub sah man Sam selten. Während der Woche brachte er es nicht übers Herz, die Geschäfte ruhen zu lassen, und am Sabbath kam es für ihn als gläubigen Juden nicht in Frage, Golf zu spielen.

Sam Bernstein hatte es geschafft. Seine Frau Jennie war vom neuen Haus weniger begeistert, schließlich hatte sie während der letzten fünf Jahre sechsmal Umzugskisten packen müssen. Sam wollte es immer noch luxuriöser haben. Jennie nannte das neue Bernstein-Domizil eine »Arche von einem Haus«, als sie sich daranmachte, zehn Zimmer zu möblieren. »Was dem riesigen Haus an Charme fehlte, machte es durch pompöse Weiträumigkeit wett – ehemalige Ghettobewohner wussten dies mehr als alles andere zu schätzen«, stellt Lennys Bruder Burton in seinem Buch *Family Matters* fest.

In Sharon, an einem See rund dreißig Kilometer südlich von Boston, hatten die Bernsteins schon zuvor ein Landhaus bewohnt, an der Lake Avenue 17, direkt am Massapoag-See mit eigenem Tennis-Court. Hier verbrachte man von Juni bis September den Sommer. Papa Sam fuhr frühmorgens in die Stadt und kam erst spät am Abend zurück, die Familie konnte entspannte Zeiten verleben. Am Wochenende stand der autoritäre Vater im Mittelpunkt. Es wurde über Roosevelts Politik, die Schleuderpreise für Milch und die schulischen Leistungen Lennys diskutiert. Auch die alte Heimat, wehmütige Erinnerungen, ließen Papa Sam nie los: Statt im See zu schwimmen, mussten die Kinder nach dem Frühstück auf der Terrasse minutiöse Schilderungen über den Ursprung der Familie über sich ergehen lassen. Immer wieder erzählte Sam voller Stolz, während er beide Arme hochhob und mit den Handgelenken schlenkerte, als ob er die Manschetten zurechtrücken wollte: »Wir Bernsteins gehörten dem Stamme Benjamin an. Die *Benjaminiten* waren besonders tapfere Bogenschützen und aus ihren Reihen kam Israels erster König Saul.«

Leonards Bruder Burton meint in seinem Erinnerungsbuch jedenfalls: »Der Ursprung des Namens Bernstein kommt wahrscheinlich von Diasporajuden, die mit Bernstein handelten, oder von fahrenden Leuten, die zufällig durch die nahe bei Wien gelegene Stadt Bernstein kamen. (Als Lenny dann Jahre später nach Österreich kam, wo er die Wiener Philharmoniker dirigierte, wurde er zum Ehrenbürger von Bernstein ernannt. Die gesamte Bevölkerung der Stadt feierte ihn und der Bürgermeister überreichte ihm einige am Ort handgefertigte Arbeiten aus Bernstein sowie eine amtliche Kopie des Stadtwappens).«

KAPITEL 7

Austern und 75 Cent Gage

Das physische Leben ist zweitaktig. Wir leben in einer Welt von auf und nieder,
rückwärts und vorwärts, Tag und Nacht. Um auszuatmen, müssen wir
zuerst einatmen. Es gibt in diesem Prozess keinen dritten Schritt.

Im Sommer 1934 kam Lenny auf die Idee, im einzigen Hotel Sharons, dem Singer's Inn, eine Travestieparodie von Bizets *Carmen* zu organisieren. Riesige weiße Leintücher dienten als Vorhang, der Eintritt für das Spektakel im sommerlichen Refugium wohlhabender Bostoner Familien kostete 25 Cents. Man spielte fast fünfzig Dollar mit dieser neuartigen Carmen-Version für wohltätige Zwecke ein. Junge Männer der Nachbarschaft gaben die weiblichen Rollen, die Mädchen die männlichen Partien. Ein Klassenkamerad aus der Boston Latin School, der bereits bärtige, stämmige Dana Schnittken, spielte *Micaela* – mit einer blonden Perücke der väterlichen Hair Company. Den *Don José* gab Lennys Jugendliebe Beatrice Gordon. Der Stierkämpfer wurde von einer reiferen Dame aus einem der Nebenhäuser an der Lake Avenue verkörpert. Der Chor bestand aus Mädchen, die mit langen schwarzen Bärten als alte jüdische Männer verkleidet waren. Für die kleine Schwester Shirley verfasste der sechzehnjährige Regisseur Lenny einen Prolog in Versen, der die Handlung erklärte, die sonst niemand verstanden hätte. Shirley, der zwei Vorderzähne fehlten, lispelte brav ihren Text. Lenny selbst sang die Carmen mit roter Perücke, einer schwarzen Mantilla und verschiedensten Chiffonkleidern, durch die seine Unterwäsche durchschien. Wenn Lenny als Carmen auf der *Bühne* stand, spielte ein junges Mädchen Klavier, sonst begleitete er sein Spektakel selbst.

Wegen des großen Erfolgs überredete man den jungen Regisseur im nächsten Sommer wieder dazu, am Massapoag-See zu inszenieren: »Ich beabsichtige, der Öffentlichkeit eine weitere Bernstein'sche Operninszenierung zu bieten. Wir denken an *Rigoletto* oder eventuell an *Faust*«, gab Lenny bekannt. Doch es wurde nur eine romantische Operette in zwei Akten, eine Satire auf die viktorianische

Gesellschaft, *Der Mikado* von Gilbert & Sullivan. Diesmal wurden die Geschlechter nicht vertauscht, Lenny spielte wieder die Hauptrolle, den Kaiser von Japan, seine inzwischen zwölfjährige Schwester Shirley brillierte als *Yum-Yum*. Jeder Akteur erhielt vom Regisseur Bernstein eine Gage von 75 Cent. »Dafür bekam man einen Hot Dog, einen fürstlichen Bananensplit, einen extrasahnigen Eisshake oder eine große Tüte Popcorn«, erinnerte sich Shirley.

Schon als Teenager bewies Leonard Bernstein künstlerisches Gespür und Organisationstalent. Seine Mutter erinnerte sich: »Sie hatten alle unglaublichen Spaß, Lenny musste nur da sein, dann folgten ihm alle.« Diese frühen Theatererfahrungen waren auch überaus wertvoll, als er später in Harvard zu komponieren begann und Regie führte. In seinem letzten Jahr an der High School beschrieb Leonard seine Zukunftspläne: »Auf der einen Seite steht – bereit zur Übernahme durch mich – ein ziemlich solides Geschäft, über ein Jahrzehnt alt und mit ausgezeichneten Entwicklungsmöglichkeiten. Andererseits habe ich nichts dafür übrig, sondern bin überaus an Musik interessiert. Es gibt keinen Augenblick, in dem ich nicht mein Klavierspiel jeder anderen Aufgabe vorziehe. Unerklärlicherweise bin ich nicht trotz, sondern wegen der Entmutigung zu Hause umso mehr von dem Wunsch erfüllt, Musiker zu werden.«

Bis 1935 besuchte Lenny die Boston Latin School, nach dem Abschluss mit Auszeichnung begann er an der Harvard University sein Studium. Ausschlaggebend für die Uni in Harvard war die ausgezeichnete Musikfakultät. Lenny konnte seinen Vater nach heftigen Diskussionen dazu überreden, ihn an der musikorientierten und teuren Universität studieren zu lassen. Zumindest würde sein Sohn nach den »leichten, musikalischen Amüsements« ein ernsthaftes Studium beginnen. Er erhielt endlich Klavierunterricht bei dem großen Heinrich Gebhard, der auch musikalische Standardwerke wie *The Art of Pedaling* verfasst hatte – Artur Rubinstein betonte immer wieder die Bedeutung des Pedaleinsatzes und nannte das Dämpferpedal einmal die »Seele des Klaviers«. Nebenbei studierte Bernstein in Harvard Philosophie, Ästhetik, Literatur- und Sprachwissenschaften.

Lennys Kompositionslehrer war einer der renommiertesten Komponisten und Lehrer seiner Generation, Walter Piston. Auch er schlug sich als junger Musiker in Tanzkapellen als Pianist durch und erregte mit seinen Geschichten von damals bei seinem Schüler Lenny sofortiges Interesse. Bei Piston erhielt der Student Bernstein die wesentlichen Grundlagen für seine späteren Kompositionen. Eines der Walter Piston-Hauptwerke, die Ballettsuite *Der Gaukler,* führte Bernstein aus Dankbarkeit viele Jahre nach dem Studium in Harvard immer wieder in seinen Konzerten auf.

1937, während des vorletzten Jahres an der Universität, lernte Leonard den *Hohepriester der Musik,* den Dirigenten Dimitri Mitropoulos, kennen, einen Musiker, der außergewöhnlich wichtig für Leonard Bernsteins Karriere werden sollte. Fast ein Vierteljahrhundert lang sollten die beiden befreundet sein. Als Gastdirigent des Symphonieorchesters kam Dimitri Mitropoulos nach Boston, bei einem Nachmittagsempfang der Harvard Helicon Society, der Griechisch-Studenten, wurde ihm der hochbegabte Student Bernstein vorgestellt. Am Abend davor hatte Leonard ein Konzert des berühmten griechischen Dirigenten gehört und »vor Begeisterung fast den Verstand verloren«.

Er möge ihm doch etwas vorspielen, meinte der Maestro beim Five o'Clock Tea. Ein Nocturne von Chopin beeindruckte ihn so sehr, dass er Lenny am nächsten Tag zu einer Orchesterprobe und danach zum Lunch in das Café Amalfi einlud. Mit einer aufreizenden Geste spießte Mitropoulos eine Auster auf seine Gabel und schob sie Lenny in den Mund. Während des offenen, warmherzig geführten Gespräches ermunterte Mitropoulos den *genius boy,* Dirigent zu werden. Dimitri Mitropoulos, eine imposante Figur mit stechend blauen Augen und einer Glatze, ein charismatischer Mensch, der fünf Sprachen beherrschte, beeindruckte Bernstein tief. Als junger Mann hatte er am Berg Athos Mönch werden wollen, war aber, nachdem man ihm in seiner Klause ein Instrument verweigert hatte, geflüchtet. Seine Religion wurde bald die Musik. Als leidenschaftlicher Orchesterleiter wollte er sein Publikum nie nur mit wohltuenden Klängen verwöhnen, sondern es aufrütteln und unter Strom setzen. Er war einer der höchstbezahlten Dirigenten der Welt, der immer wieder Konzertgagen jungen Musikern spendete, damit sie sich Instrumente leisten konnten.

Während der 1920er-Jahre war Dimitri Mitropoulos fünf Jahre lang in Berlin Assistent von Erich Kleiber an der Staatsoper Unter den Linden gewesen, 1930 erregte er bei einem Konzert mit den Berliner Philharmonikern Aufsehen: Er spielte den Solopart des *Dritten Klavierkonzerts* von Sergei Prokofjew und leitete dabei das Orchester vom Flügel aus – der erste moderne Musiker, der diese Doppelfunktion einnahm. Eine Kunst, die Leonard Bernstein später immer wieder praktizierte – besonders gerne bei Beethovens *C-Dur-Klavierkonzert* und der *Rhapsody in Blue*.

1946 wurde Dimitri Mitropoulos amerikanischer Staatsbürger. Bis 1949 war er Chefdirigent des Minneapolis Symphony Orchestra, zwei Jahre später wurde er als Nachfolger von Bruno Walter alleiniger Musikdirektor der New Yorker Philharmoniker. 1956 gab es für das Orchester und ihren Musikdirektor immer wieder negative Kritiken, von der *Herald Tribune* bis zur *New York Times*. Ende April holte deren Musikkritiker Howard Taubman zu einem Rundumschlag aus: Er kritisierte »stetigen Verlust an Spielkultur und Präzision, der Klang sei oft rau und hart, die Balance gerate immer wieder aus den Fugen.« Zu verantworten habe dies der Chef des Orchesters, dem die Hingabe für Werke von Mozart, Beethoven und Brahms fehle. Durch Taubmans Angriff wurde Dimitri Mitropoulos zum Feindbild, zur *persona non grata* der eingeschworenen New Yorker Klassikgemeinde. Wochenlang veröffentlichte die *New York Times* zynische, negative Leserbriefe. 1957 löste man Dimitri Mitropoulos in einer homophoben Kampagne als Chefdirigent ab. Die tonangebenden *tough guys* des Orchesters waren von diesem »Softie« befreit. Leonard Bernstein, den Mitropoulos zwanzig Jahre zuvor als *genius boy* bezeichnet hatte, wurde sein Nachfolger. Schon damals, während der ersten Begegnung, war der Neunzehnjährige fasziniert und bezeichnete später die Beziehung der beiden als die »denkwürdigste und verworrenste Zeit meines Lebens«. Er war geprägt von einer »tiefen und furchtbaren Zuneigung zu diesem Mann«, den er *Eros Mavro* nannte.

Dimitri Mitropoulos starb im Alter von 64 Jahren an einem Herzinfarkt. An der Mailänder Scala probierte er Gustav Mahlers *Dritte Symphonie.* Vor Takt 80, dem großen Einsatz der Posaunen, erstarrte der Maestro plötzlich, sein Körper neigte sich nach vorn – und wie eine Statue, die vom Podest fällt, stürzte er in den Orchestergraben. Ein leidenschaftliches Leben, bestimmt von exzessivem Rauchen und permanenter Überarbeitung, fand ein pathetisches Ende.

KAPITEL 8

Rachmaninow für Rehe

Ein großer Lehrer ist einer, der aus seinen Schülern
Funken herausschlagen kann, Funken, an denen ihr Enthusiasmus für Musik,
oder was immer sie studieren, schließlich Feuer fängt.

D er vielseitig aktive Harvard-Student Leonard Bernstein wurde
Mitarbeiter des bereits 1866 gegründeten Kunst- und Litera-
turmagazins der Universität, für das auch Louis Begley, T. S. Eliot
und Norman Mailer Texte geliefert haben. Lenny schrieb für *The*
Harvard Advocate Musikkritiken. Sein erster veröffentlichter Beitrag war die Rezension eines Konzerts des Boston Symphony Orchestra unter der Leitung von Serge Koussevitzky, jenem Dirigenten,
der für Bernstein ein wichtiger Förderer werden sollte – und eine
Art Ersatzvater.

Der aus armen Verhältnissen stammende Russe Serge Alexandro-
witsch Koussevitzky studierte in Moskau Musik. Durch die Heirat
mit Natalia, der Tochter eines reichen Teehändlers, konnte er seinen
Traum vom Dirigieren verwirklichen. 1908 gab er in Berlin sein
Debüt als Dirigent. Zwei Jahre später mietete Koussevitzky einen
alten Dampfer und gab mit einem von ihm zusammengestellten
und finanzierten Orchester an 19 Orten entlang der Wolga Konzerte. Zu Beginn der 1920er-Jahre flüchtete Koussevitzky vor den
Bolschewiken. Als Meilenstein der Musikgeschichte gilt seine Pariser Uraufführung der orchestrierten Fassung von Mussorgskis Kla-
vierzyklus *Bilder einer Ausstellung*, die Maurice Ravel im Auftrag
Koussevitzkys geschaffen hatte. Bis 1949 leitete Serge Koussevitzky
25 Jahre lang das Boston Symphony Orchestra. Er entwickelte sich
immer mehr zu einem schillernden Paradiesvogel des traditionsge-
bundenen amerikanischen Musiklebens. Ein exzentrischer Mensch
und Musiker, der im Stil eines Grandseigneurs lebte.

Bereits 1937 gründete der fantasievolle Künstler Koussevitzky
das Tanglewood Music Festival, das sich bald als größtes musikalisches Sommervergnügen Amerikas etablierte. Er erkannte den

Wunsch, der Künstler und Publikum einte, während der heißen Sommermonate die schwülen Metropolen zu verlassen und auf dem Land zu musizieren. Tanglewood, von Boston und New York nur jeweils rund 250 Kilometer entfernt, schien ihm der ideale Platz zu sein. Auf einem parkähnlichen Gelände, das zwei alten Schwestern gehörte, die auf dem Höhepunkt der Großen Depression ihren großen Grund loswerden wollten. Als sich kein Käufer fand, schenkten sie die Liegenschaft dem Boston Symphony Orchestra – jetzt konnte dessen Musikdirektor Serge Koussevitzky die Idee des Sommerfestivals reifen lassen. Am Fuße der sanften Berkshire-Hügel ließ er zuerst ein Zelt aufstellen, bald folgte eine 5200 Plätze fassende – rund um das Orchester fächerartig angeordnete – Festspielhalle, die der finnische Architekt Eliel Saarinen 1938 erbaute. Das Orchester und ein Teil des Publikums hatten im *shed*, einem Verschlag, ein Dach über dem Kopf. Man saß auf lehmgestampftem Boden auf einfachen Holzstühlen. Das eigentliche Auditorium lag jedoch im Freien: Die Natur triumphierte über Parkett, Prunk und Plüsch.

Das Freiluftspektakel von Tanglewood entwickelte sich zum Wallfahrtsort amerikanischer Musikpilger. Die ungezwungene Atmosphäre lockte immer mehr Jazz- und Klassikfans in die Natur. Es galt in Boston und New York als chic, bei der künstlerischen Landpartie dabei zu sein. Vor dem Amphitheater klappte man mitgebrachte Sessel auseinander, Decken wurden ausgebreitet und Picknickkörbe geplündert: Als Ouvertüre gab es Sandwiches. Sobald die Sonne hinter dem Horizont verschwunden war, begann das Natur-Musikerlebnis. Auch im angrenzenden Wald konnte man noch mithören. Rachmaninow für Rehe.

Der deutsche Pianist Justus Frantz hat sich Jahre später wie viele andere junge europäische Musiker auch von Tanglewood inspirieren lassen – für sein Schleswig-Holstein Musik Festival, das er 1986 gründen sollte. Eine ganze Region in Schleswig-Holstein wurde plötzlich Festivalgelände: Herrenhäuser und Schlösser, Kirchen und Reitställe öffneten für Frantz, seine internationalen Stars und talentierten jungen Musiker aus aller Welt ihre Tore. Bereits im Frühjahr 1972, während eines Urlaubs auf den Kanarischen Inseln, den ihm sein Manager Harry Kraut dringend empfohlen hatte, lernte der erschöpfte Leonard Bernstein Justus Frantz in einem Haus, das er gemeinsam mit dem Pianisten Christoph Eschenbach bewohnte, kennen. Lenny verliebte sich in die beiden jungen Musiker, vor allem in den 28-jährigen Justus.

Auch für Rudolf Buchbinder und sein Musikfest im niederösterreichischen Schloss Grafenegg, wo im *Wolkenturm* Jahr für Jahr *Klang auf Kulisse* trifft, war Tanglewood ein Vorbild. Für den Ausnahmepianisten Buchbinder war Bernstein »einer der größten Musiker des letzten Jahrhunderts. Was er geleistet hat – ich habe zum Beispiel sein Ravel-Klavierkonzert gehört –, ist wirklich keine Kleinigkeit. Er hat phänomenal gespielt und vom Klavier aus dirigiert. Und wenn er nur die *West Side Story* geschrieben hätte, wäre er auch schon in die Musikgeschichte eingegangen. Bernstein ist als Musiker *unique*. Es gibt keinen zweiten Dirigenten wie ihn. Und er hat hervorragend Klavier gespielt. Er war nicht einer der größten Pianisten – aber, wenn er sich mehr Zeit zum Üben genommen hätte, wäre er sicherlich noch besser geworden. Leonard Bernstein hat das Leben in all seinen Formen voll genossen. Ich erinnere mich, er hatte in seinem Sakko – links und rechts eingenäht – zwei längliche Taschen für je einen Flachmann, gefüllt mit Whisky: Ballantine's.«

Zurück zu den Anfängen des Tanglewood-Festivals: Zehn Jahre nach der Gründung ließ sich der geschäftstüchtige Serge Koussevitzky etwas Spektakuläres einfallen: Der Maestro brach – wie mit dem RCA Victor-Musikkonzern vereinbart – mitten während der *Egmont*-Ouvertüre ab. Von dem Moment an, als die Bostoner Symphoniker aufgehört hatten zu spielen, ließ RCA Victor ihren neuen Plattenspieler weitermusizieren, eine riesige weiße Berkshire-Musiktruhe. Man merkte kaum einen Unterschied bei der Wiedergabe. Bis dahin hatten Grammophonapparate nur Tonschwingungen bis 8000 Herz. Der mächtige Plattenspieler triumphierte mit dem doppelten Tonumfang und kam dem Orchester sehr nahe. Die Fachwelt bestätigte diese musikalische Entwicklung. Koussevitzky verhalf dem Musikkonzern zu neuen Umsatzrekorden.

In diesem Jahr 1947 gab es für Maestro Serge auch ein privates Highlight: in Lenox, nicht weit von Tanglewood entfernt. Nach achtzehnjähriger Tätigkeit für Koussevitzky richtete die 46-jährige Sekretärin Olga Naumoff dem 73-Jährigen seine Hochzeit aus. Olga selbst war die Braut. Sie war die Nichte von Natalia, der zweiten Frau Sergeis, der Tochter des Teehändlers. Die Hochzeitsreise führte das Paar mit der *Queen Elizabeth* nach Europa.

Im Sommer 1940 kam Leonard Bernstein auf Empfehlung von Dimitri Mitropoulos und Fritz Reiner nach Tanglewood. Serge Koussevitzky, schon immer Förderer junger, begabter Musiker, war sofort vom Talent des aufstrebenden Virtuosen beeindruckt. Er lud Lenny ein, an einem Dirigentenkurs in der neu gegründeten Ferien-Musikschule teilzunehmen. Junge Solisten, Komponisten und Dirigenten hatten inmitten der hügeligen, entspannenden Landschaft die Möglichkeit, sechs Wochen lang mit großen Meistern zu studieren und von ihnen zu lernen. Bald gewann Bernstein durch seine offene Art Koussevitzkys Vertrauen und Sympathie. Er wurde sein Lieblingsschüler. Lenny durfte nun auch jenes Stück dirigieren, das er schon Jahre zuvor studiert hatte: ein noch unbekanntes, zeitgenössisches Werk seines Kompositionslehrers, Randall Thompsons *Zweite Symphonie*. Neben Lehrern wie Randall Thompson und dem Dirigenten Fritz Reiner unterrichtete auch Isabelle Vengerova den hochbegabten Lenny am Curtis Institute, einem »Treibhaus für Wunderkinder«. Sie war brillant, streng, resolut und galt als eine der großen Musikpädagoginnen des 20. Jahrhunderts. Die Pianistin wurde in Wien bei Josef Dachs, bei dem auch Hugo Wolf studiert hatte, ausgebildet. Lenny nannte sie »beloved Tyranna«, geliebte Tyrannin. Der Unterricht war nicht immer friktionsfrei. Bei Mrs. Vengerova brauchte man als Schüler »Nerven aus Stahl, um ihre Klavierstunden zu überleben«, wie es der Pianist Gary Graffman in seinen Memoiren *Ich sollte wirklich üben* ausdrückte.

28 Jahre später – Graffman studierte inzwischen auch bei Rudolf Serkin und Vladimir Horowitz – sollten sich die beiden Vengerova-Gezeichneten bei einer legendären Schallplattenaufnahme der frühen 1960er-Jahre wiedertreffen: Mit Bernstein als Dirigent und den

New Yorker Philharmonikern spielte Gary Graffman am 2. Mai 1960 Rachmaninows *Klavierkonzert No. 2* und seine *Rhapsodie über ein Thema von Paganini* ein. Als sich Graffman viele Jahre später den Ringfinger seiner rechten Hand verletzte, begann er mit eisernem Willen, sein Repertoire an Fingersätzen neu zu entwickeln, um den verletzten Finger nicht gebrauchen zu müssen. Die *geliebte Tyrannin* Vengerova wäre wohl stolz auf ihren Schüler gewesen.

Zurück nach Tanglewood. In seiner prachtvollen *Villa Seranak* auf einem alles überblickenden Hügel oberhalb eines kleinen Sees hielt Koussevitzky acht Wochen lang vor und nach den Konzerten Hof. Die weiße Holzvilla, in den Bäumen versteckt, mit einer Reihe von Schaukelstühlen auf der Terrasse – wie im Marilyn Monroe/Billy Wilder-Klassiker *Some like it Hot* – wurde schon bald sommerlicher Treffpunkt der Musikelite von Boston und New York. Noch heute können Besucher in der Villa Seranak Memorabilien des schillernden Tanglewood-Gründers bestaunen: Im ehemaligen Schlafzimmer ruhen im Schrank die eleganten Anzüge des Maestros, neben dem Hundewaschbecken im Entrée hängt der Strohhut, den der Maestro noch während seiner letzten Spaziergänge getragen hat.

Neben der nahen Mount Pleasant Church, heute eine beliebte Hochzeitslokation gutsituierter Amerikaner, fand Serge Koussevitzky seine letzte Ruhestätte. Erst im Alter von 65 Jahren hatte er zu unterrichten begonnen. Sehr bald schon hatte sich eine enge Freundschaft und Verbundenheit zwischen dem kinderlosen Koussevitzky und Lenushka, wie er Leonard warmherzig nannte, entwickelt. 1942 wurde Bernstein Assistent von Koussevitzky in Tanglewood und begann selbst zu unterrichten. Bis zu seinem letzten Konzert in Tanglewood am 19. August 1990, seinem Todesjahr, küsste Leonard Bernstein immer, bevor er das Podium betrat, seine Manschettenknöpfe, ein Geschenk von Serge Koussevitzky. Eine Erinnerung an »meinen großartigen Kussi«, ein Ritual des sentimentalen Lenny.

Jahrzehntelang wurde Bernstein von unerbittlichen Kritikern verfolgt, etwa von Claudia Cassidy von der *Chicago Tribune*. Sie hasste den »Emporkömmling«. Knapp vor Beginn eines Koussevitzky-Konzerts mit Tausenden in der Halle und fast 10 000 Zuhörern, die vor der offenen Rückwand auf der Wiese lagerten, erschien der Maestro – wie immer – in seinem eleganten Automobil, von der Anhöhe seiner Villa Seranak kommend, mit einer Entourage von Motorradfahrern. Sobald Serge Koussevitzky dem Wagen entstiegen war, ertönte ein Trompetensignal. Niemand durfte den Saal mehr betreten, alles wartete atemlos auf den Beginn des Konzerts. Doch einmal kam eine Dame zu spät, wollte noch hinein und wurde vom Ordner zurückgehalten. »Sind sie verrückt? Ich bin Claudia Cassidy von der *Tribune*«, brüllte sie. Stoisch erwiderte der Platzanweiser: »Mir völlig egal, ich ließe Sie nicht hinein, sogar wenn Sie *Leonard Bernstein* wären …« Die Kritiken Claudia Cassidys aus Chicago blieben über viele Jahre verletzend und voller Hass.

KAPITEL 9

Gott sagte: Nimm Bernstein

Ein erwachsener Mann steht auf dem Podium und
fuchtelt mit den Armen herum: blödsinnig!
Aber irgendetwas bringt mich dazu, es zu tun.

Nach dem Ende des Studiums zog Bernstein im Herbst 1942 nach New York und bezog eine winzige Ein-Zimmer-Wohnung im Souterrain. Acht Dollar Miete pro Woche. Um überleben zu können, gab er Klavierunterricht für einen Dollar pro Stunde und schuftete als Pianist in der Tanzschule der Carnegie Hall. Die Alternative war, zu verhungern oder das Geschäft seines Vaters zu übernehmen. Aaron Copland, ein enger Freund, den er schon während seines ersten Jahres in Harvard kennengelernt hatte, munterte den ungeduldigen Lenny immer wieder auf: »Erwarte bloß keine Wunder, lass den Kopf nicht hängen, wenn einmal eine Weile nichts passiert. So ist eben New York.« 37 Jahre später hielt Bernstein für Aaron Copland die Laudatio auf seiner Geburtstagsfeier und huldigte ihn als: »Mein Meister, mein Vorbild, mein Weiser, mein Therapeut, mein Führer, mein Berater, mein älterer Bruder, mein geliebter Freund.«

Von Copland und Koussevitzky – seinen *musikalischen Vätern* – ermuntert, komponierte Leonard Bernstein bald seine ersten Werke: die *Sonata for Clarinet and Piano* und *Jeremiah*, seine erste Symphonie, die auf einem Stoff aus dem Alten Testament basiert. Das Werk über den Propheten Jeremia hat Lenny seinem strenggläubigen Vater gewidmet. Die Symphonie mit biblischem Hintergrund ist aber auch eine Huldigung an den Jazz: »Der letzte Satz, nur für Piano und Schlagzeug geschrieben, überbopt jeden Be-Bop und überboogied jeden Boogie«, meint ein Nachschlagewerk über Komponisten des 20. Jahrhunderts.

Vor seinem Rücktritt als Musikdirektor der Bostoner Symphoniker 1949 hatte Serge Koussevitzky seinen jungen Freund Lenushka sogar als seinen Nachfolger vorgeschlagen. Doch der traditionsgebundene Vorstand einigte sich auf den sechzigjährigen französischen Dirigenten Charles Munch. Man glaubte damals, ein erst 31-Jähriger habe noch nicht die Erfahrung, die zur Führung eines der berühmtesten Orchester Amerikas erforderlich sei. Serge Koussevitzky litt unter dieser Entscheidung. Er war immer von der außerordentlichen Begabung Leonard Bernsteins überzeugt. Am 25. August 1943, zu seinem 25. Geburtstag, schenkte er Lenny sein liebstes Portraitfoto. Es zeigt den eleganten Maestro Koussevitzky in einem zweireihigen Nadelstreifanzug. Koussevitzky hatte es mit einer Widmung versehen: »To my very dear Lenushka with all my faith, hope and love.« »Er war so etwas wie ein Vaterersatz«, meinte Bernstein viele Jahre später, »er hatte selbst keine Kinder, und ich hatte einen Vater, den ich zwar sehr liebte, der mit Musik aber so gut wie nichts im Sinn hatte ...«

Die für Leonard Bernstein von Dimitri Mitropoulos angestrebte Stelle als Zweiter Dirigent des Minneapolis Symphony Orchestra konnte aus Mangel an finanziellen Mitteln des Orchesters schon 1940 nicht realisiert werden. Da Lenny auch sonst nirgends als Dirigent beschäftigt wurde, begab er sich während des Sommers immer wieder unter die künstlerische Obhut Koussevitzkys. Sobald die Tanglewood-Sommermonate vorbei waren, hielt sich der entmutigte, ungeduldige Lenny in Boston als Begleiter von Tanzveranstaltungen – Five o'Clock Teas und Geburtstagsfeiern – über Wasser. Später arbeitete der junge Musiker in Manhattan für den Verlag Harms-Remick. Hier kam er mit Jazz-Giganten wie Coleman Hawkins und Earl »Fatha« Hines in Kontakt, allerdings nur, um ihre Noten zu kopieren. Aber bald durfte Lenny auch Schlager arrangieren – unter dem Pseudonym Lenny Amber. Für einen dieser Songs, *Riobamba*, er wurde 1942 bei der Eröffnung des gleichnamigen New Yorker Clubs gesungen, erhielt er fünfzig Dollar Honorar.

Interpretiert wurde Lennys Song von einem späteren Giganten des Show Business, der zu dieser Zeit gerade seine Karriere als Nachtclub-Sänger begonnen hatte: Frank Sinatra. Im Riobamba gab es keine Bühne, der Sänger stand zwischen den Tischen direkt neben dem des Besitzers Louis »Lepke« Buchalter, jenes üblen Führers der kriminellen Vereinigung Murder, Inc., die während der 1930er- und 1940er-Jahre für Hunderte von Morden verantwortlich war. Dreimal pro Nacht musste *Frankie Boy* auftreten: »Er tauchte ein in den Kreis des Spotlights und sang mit seiner sanft-gebrochenen Stimme. Ein Zauber legte sich über die Tische und in den Augen der Frauen spiegelte sich selige Zufriedenheit«, berichtete das *Life Magazine* blumig.

Doch nach kaum drei Jahren wurde das Etablissement in der East 57th Street, *a glitzy jewel box of a joint,* das *The Voice* Sinatra eröffnet hatte, wieder geschlossen. Zu brutal dürften die Machenschaften seines Besitzers gewesen sein: Riobamba-Boss Buchalter ist der bisher einzige mächtige Angehörige des organisierten Verbrechens in den USA, der verurteilt und hingerichtet wurde. Der Gewerkschaftskriminelle, der der *Kosher Nostra* zugerechnet wurde, gilt in der Geschichte der amerikanischen Mafia als besonders skrupellos. Zweimal wurde sein wildes Leben in Hollywood verfilmt, einmal verkörperte Tony Curtis den *Gangster-Boss von New York.* Und auch in der ersten Staffel der Erfolgsserie *Die Sopranos* taucht der Mafioso Louis Buchalter auf.

In den Tagen rund um seinen 25. Geburtstag hatte Bernstein 1943 ein verlockendes Angebot erhalten. Er war gerade bei Serge Koussevitzky in seiner Villa in Tanglewood eingeladen, als er zu einer Besprechung mit Artur Rodzinski, einem der renommiertesten Dirigenten jener Zeit, in seine Sommerresidenz gebeten wurde, in die White Goat Farm, einen Bauernhof im nahen Stockbridge. Es wurde eine pittoreske Begegnung mit einem sonderbaren Menschen: Während der Sommermonate in Stockbridge mutierte der Musiker Rodzinski, der sich am liebsten zeitgenössischer Musik widmete, zum Bauern. Inmitten von Bienenstöcken, Kuh- und Ziegenherden beschäftigte er sich intensiv mit alternativen Ernährungsweisen. Bernstein wurde vom Hobbylandwirt – als Imker verkleidet – begrüßt. Mit einem Motorroller fuhren die beiden Herren zu einem Heuschober am äußersten Ende des Landguts. Hier erfuhr Lenny, dass Artur Rodzinski einen Assistenten suchte, der die Vorprüfung einlaufender Partituren von zeitgenössischen Werken übernehmen und geeignete aussuchen sollte. Vor allem habe er bei allen Proben dabei zu sein, um jederzeit für Musikdirektor Rodzinski oder einen Gastdirigenten einspringen zu können.

Lenny verbrachte mehrere Tage auf dem Bauernhof. Man sprach viel über Musik und Makrobiotik. Abends am Kamin sank der Gastgeber nach dem Essen in seinen Lederfauteuil, während Lenny ihm gegenüber auf dem Boden auf einem Fellteppich lümmelte. Rodzinskis Witwe Halina erinnerte sich später in ihrer Biografie *Our Two Lives*: »Die beiden unterhielten sich stundenlang, Artur wollte alles Mögliche wissen über seine Herkunft, seine Familie, seine Ausbildung. Artur fand es schade, dass ein so begabter junger Mann sich seinen Lebensunterhalt mit dem Kopieren von Noten verdienen musste …«

Das Ergebnis des Aufenthalts in der Sommerresidenz von Stockbridge war erfreulicher, als sich Bernstein hätte träumen lassen: Der in Wien ausgebildete neue Chefdirigent der New Yorker Philharmoniker Artur Rodzinski holte ihn als Assistenten zu seinem Orchester. Der zu Skurrilitäten neigende Exzentriker – am Pult trug er immer einen geladenen Revolver in der Hosentasche – galt als einer der Größten seiner Zeit. Seine Entscheidung für den 25-jährigen Lenny erklärte er mit folgendem Bonmot: »Ich bin alle Dirigenten durchgegangen, die mir eingefallen sind, schließlich habe ich Gott gefragt, wen ich nehmen soll – und Gott hat gesagt: »Nimm Bernstein …«

Mit dem Antritt als stellvertretender Dirigent der New Yorker Philharmonics begann für Leonard Bernstein eine Folge glücklicher Ereignisse, die seinen triumphalen Aufstieg einleiteten. Am Ende der Saison gab Bernstein bereits ein Konzert mit den New Yorker Philharmonikern in der Carnegie Hall. Artur Rodzinski, der ihn zuvor noch nie dirigieren gehört hatte, war höchst beeindruckt von der vielseitigen Begabung seines jungen Assistenten.

KAPITEL 10

Beifall wie von einem Riesentier im Zoo

Keiner konnte etwas mit mir anfangen.
Ich wollte am 25. August 1943 ins Wasser gehen – als ich
genau an diesem Tag einen Anruf erhielt ...

November 1943. Auf der Konferenz von Teheran trafen sich die Regierungschefs Franklin D. Roosevelt, Winston Churchill und Josef Stalin. Die *Großen Drei* berieten über ihr gemeinsames Vorgehen gegen Hitler-Deutschland. Wie nie zuvor wurde Berlin in diesen Tagen bei Luftangriffen der Alliierten bombardiert, ganze Stadtteile waren zerstört – darunter die Gedächtniskirche und das Deutsche Opernhaus. Wilhelm Furtwängler und sein junger, emporstrebender Rivale Herbert von Karajan dirigierten unter katastrophalen Bedingungen.

New York erlebte im Winter 1943 eine der strengsten Kältewellen seit Jahren: Mehr als eineinhalb Meter Schnee und spiegelglatte Fahrbahnen legten den Verkehr lahm. Dauerfrost beherrschte das öffentliche Leben. Der 14. November 1943 sollte das wichtigste Datum im künstlerischen Leben des Leonard Bernstein werden: der Tag des Triumphes. Knapp drei Monate zuvor war er gerade 25 Jahre alt geworden. Später erinnerte sich Lenny an seinen Geburtstag: »Ich befand mich in einem Zustand tiefster Verzweiflung, weil ich zum zweiten Mal wegen meines Asthmas von der Armee für untauglich befunden worden war. Ich hatte damals einen Job, der mir einfach verhasst war – er hatte mit Transkriptionen auf dem Gebiet der kommerziellen Musik bei einem Jazz-Verlag zu tun ... an etwas anderes schien ich nicht heranzukommen ... keiner konnte etwas mit mir anfangen. Ich wollte am 25. August 1943 ins Wasser gehen, als ich genau an diesem Tag einen Anruf erhielt.« Am Telefon war Artur Rodzinski, der Lenny die Chance seines Lebens gab.

Knapp drei Monate später, um neun Uhr früh des 14. November 1943, läutete bei Lenny wieder das Telefon. Associate Manager Bruno Zirato, der zuvor mit ihm auch seinen Vertrag als Assistent

Rodzinskis – um bescheidene 125 Dollar pro Woche – ausverhandelt hatte, war am Apparat: »Eine Katastrophe, unser Gastdirigent Bruno Walter, der das Sonntag-Nachmittagskonzert dirigieren soll, ist krank. Grippe. Rodzinski kann nicht einspringen, er sitzt im völlig eingeschneiten Stockbridge fest. Bernstein, Sie wissen hoffentlich, was das für Sie bedeutet. Sie werden um 15 Uhr dirigieren …«

Der verzweifelte Bruno Zirato erreichte Lenny, nachdem dieser kurz zuvor, als im *Big Apple* der Morgen dämmerte, die Party der Sängerin Jennie Tourel verlassen hatte. Lenny hatte die erfolgreiche Aufführung seines satirischen Liederzyklus *I Hate Music* – ein nur sieben Minuten langes Stück – am Ende des Gesangsprogramms von Jennie Tourel in der Town Hall gefeiert. Die in sechs Sprachen singende Mezzosopranistin Tourel, als Jennie Dawidowitsch in Russland geboren, sang in einem glitzernden Goldlamékleid für die jubelnden Emigranten im Publikum Zugabe über Zugabe. Russisch.

Lenny erinnerte sich später stolz: »Die Menschen schrien, trampelten und jubelten – auch ich durfte mich verbeugen.« Anschließend lud die Sängerin rund fünfzig Freunde in ihr kleines Haus in der 58. Straße ein. Zu einem rauschenden Fest. In russischer Tradition. Mit Borschtsch, gefüllten Blinis, Pirogen – und reichlich Wodka. Jennie sang russische Volkslieder, Lenny begeisterte mit Boogie-Woogie-Improvisationen und hatte sich die ganze Nacht über »aufgeführt wie ein Verrückter«, wie er es selbst ausdrückte.

Manche, vor allem auch Jennies Managerin Friede Rothe, tuschelten in dieser New Yorker Novembernacht von einer – zumindest romantisch-platonischen – Liaison der fast zwanzig Jahre älteren Sängerin mit dem jungen, emporstrebenden Charmeur. Die Freundschaft der beiden, die gegenseitige Bewunderung sollten jedenfalls noch dreißig Jahre anhalten. In der ganzen Welt sang Jennie Tourel später Lennys *Jeremiah-Symphonie*. Um im Juni 1967 das triumphale Ende des Sechstagekriegs zu feiern, flogen die beiden gemeinsam nach Israel und gaben ein legendäres Programm am Berg Scopus in Jerusalem. Bei der Beerdigung der Sängerin 1973 hielt Leonard Bernstein die Trauerrede mit dem Schlusssatz: »Wenn Jennie ihren Mund öffnete, sprach Gott.«

Für eine Orchesterprobe des Konzerts am 14. November 1943, das von »CBS über den Äther nach ganz Amerika hinausgetragen« wurde, war es zu spät. Eine kurze Besprechung mit dem völlig erschöpften Bruno Walter, der innerhalb von zwei Wochen siebenmal am Pult gestanden war, musste reichen. Der weltweit gefeierte Dirigent, von hohem Fieber und Schüttelfrost gepeinigt, empfing den jungen Bernstein, der sich kaum besser fühlte – auch er war erkältet, »übernächtig und einem Nervenzusammenbruch nahe« – in seiner Hotelsuite. In Decken gehüllt, gab ihm Bruno Walter Tipps für das schwierigste Werk des Nachmittagskonzerts, *Don Quixote* von Richard Strauss, ein Doppelkonzert für Cello, Bratsche und großes Orchester. Freundlich, fast amikal zeigte Bruno Walter seinem jungen Substituten einige heikle Passagen. Danach folgte ein Kaffee nach dem anderen in einem Drugstore nahe der Carnegie Hall, in dem Lenny auch immer seinen ersten Morgenkaffee trank. Der Apotheker meinte: »What are you looking so pale about?«, »Weshalb sind Sie so blass?«, und gab ihm zwei Tabletten. Eine grüne und eine rote. Benzedrin und Phenobarbital. »Bevor Sie beginnen, schlucken Sie beide. Die eine, ein Amphetamin, wird Sie stimulieren, die andere, ein Barbiturat, wird Sie beruhigen …«

Eine halbe Stunde vor Konzertbeginn hatte das lange, bange Warten ein Ende: Um 14 Uhr 30 besprach Bernstein mit dem Konzertmeister und den beiden Solisten die mit Bruno Walter durchgegangenen, kritischen Stellen aus *Don Quixote*. Am Weg zum Podium küsste ihn Bruno Zerato auf die Stirn und rief ihm »Good luck, baby« nach. Plötzlich erinnerte sich Lenny an die Pillen: »Ich holte sie aus der Hosentasche und warf sie – soweit ich konnte – hinter der Bühne auf den Boden: ›Ich schaff' es auch ohne. Ich nehme keine Tabletten, ich will keine Hilfe – außer von Gott.‹«

Im Programm für das 4025. Konzert der Carnegie Hall hatte man den Namen des Dirigenten *Bruno Walter* durchgestrichen und darunter mit Schreibmaschine *Leonard Bernstein Substitute* geschrieben. Als Bruno Cirato, ein großer, fülliger Neapolitaner, der als Sekretär von Enrico Caruso nach Amerika gekommen war, in der Carnegie Hall wenige Minuten nach 15 Uhr vor den Vorhang kam, ahnte das kritische New Yorker Publikum Schlimmes … Zirato, einem wankenden Bären ähnlich, informierte das Auditorium über Bruno Walters plötzliche Erkrankung und meinte mit italienischem Akzent: »… Wir alle aber haben das Glück, das Debüt eines jungen Dirigenten zu erleben, der in unserem Land geboren, erzogen und ausgebildet wurde – er wird sich bemühen, Sie zu unterhalten.« Da ging ein Raunen durch den Saal. Manche Besucher verließen ihn auch. Sie wollten nicht akzeptieren, dass in der Carnegie Hall, der Heimat großer Musiker von Gershwin über Toscanini bis Horowitz, diesmal ein 25-jähriger Assistent am Pult stehen würde.

Wenn Leonard Bernstein nicht dirigiert hätte, wäre es erst das dritte Mal in der 101-jährigen Geschichte der New Yorker Philharmoniker gewesen, dass ein Konzert ausgefallen wäre: Der erste Anlass war die Ermordung des Präsidenten Lincoln gewesen. Der zweite, als Präsident Franklin D. Roosevelt gestorben war. Aufgrund des ewigen Defizits der Philharmoniker konnte man ein Konzert auf keinen Fall absagen.

Um das Lampenfieber zu kaschieren, sprang der 25-Jährige fast aufs Podium. Er besaß keine offizielle Dirigentenuniform der Nachmittagskonzerte, die sich aus einer schwarzen Jacke und gestreiften Stresemann-Hosen zusammensetzte. Lenny trug einen grauen Sharkskin-, also einen Haifischhautanzug, wie er ihn selbst nannte, der mit der Eleganz der Orchestermusiker nicht mithalten konnte. Das Publikum wunderte sich über diesen jungen Mann »mit knabenhaftem Aussehen, triefenden Augen, verstopfter Nase und vor Aufregung zitternden Gliedern«. Bereits während der ersten romantischen Schumann-Klänge hatte der unbekannte Dirigent das Orchester im Griff: »Ich erinnere mich noch an den Beginn der Schumann-Ouvertüre, er ist sehr vertrackt«, meinte Bernstein später, »… weil er mit einer Pause auf die Eins beginnt, und ich fürchtete, wenn sie nicht zusammen einsetzten, funktioniere das ganze Konzert nicht.« Lennys Bedenken waren unbegründet: Der Applaus für den jungen Einspringer am Pult steigerte sich von Stück zu Stück. Die Musiker folgten ihm. Seine Nervosität wich von Minute zu Minute. Dabei waren frühere Proben mit den New Yorker Philharmonikern für Bernstein alles andere als erfreulich gewesen. Sie benahmen sich, wie schon zuvor beim britischen Meisterdirigenten Sir John Barbirolli: »Die Musiker pflegen sich wie eine Kollektion schmollender Primadonnen auf ihren Stühlen durch die Proben zu langweilen. Sie hören dem Dirigenten nur zu, wenn sie Lust haben, ignorieren seine Wünsche – und geben manchmal sogar schnippische Antworten.«

Einer der Streicher, Jacques Margolies, berichtete später der Bernstein-Biografin Meryle Secrest vom legendären Konzert: »Es war eigentlich so geplant, dass Bernstein *uns* folgen sollte, aber am Ende sah es anders aus … da waren Musiker von fünfzig, sechzig Jahren mit langer Erfahrung. Und dann kommt diese kleine Rotznase rein und macht dieses Konzert zu etwas nie Dagewesenem … am Ende stand das Orchester auf und applaudierte. Wir waren überwältigt. Dieser Mann war der außergewöhnlichste Musiker, den ich je getroffen habe.«

Voller Leidenschaft dirigierte Leonard Bernstein das anspruchsvolle Programm. Keine Sekunde lang zeigte der Anfänger seine Nervosität. Am Beginn stand Robert Schumanns *Manfred*-Ouvertüre nach einem dramatischen Gedicht des britischen Dichters Lord Byron, der für seinen ausschweifenden Lebensstil berüchtigt war – wohl ein Selbstbild des Dichters, eines abenteuerlustigen Außenseiters voller amouröser Affären. Ein Leben, das dem des Leonard Bernstein nicht unähnlich war: intensiv, leidenschaftlich und polyamourös. Jenseits aller Konventionen. Zuweilen auch ziemlich riskant. Es folgte *Thema, Variationen und Finale* des Ungarn Miklós Rósza. Nach der Pause *Don Quixote* von Richard Strauss und schließlich Richard Wagners *Meistersinger*-Vorspiel. Ein sehr *deutsches Musikerlebnis*, über das schon Friedrich Nietzsche meinte: »Das mutet uns bald altertümlich, bald fremd, herb und überjung an … ebenso willkürlich als pomphaft-herkömmlich, das ist nicht selten schelmisch, noch öfter derb und grob … etwas Deutsches im besten und schlimmsten Sinne des Wortes«.

Gerade mit Wagners *Meistersinger*-Vorspiel, das die New Yorker Philharmoniker schon lange nicht gespielt hatten, konnte Bernstein triumphieren: Es war das einzige Werk dieses Nachmittags, das er bereits dirigiert hatte, drei Jahre zuvor mit dem Boston Pops Orchestra. Der junge Mann am Podium riss am Ende des Konzerts das Orchester mit – ausgerechnet Richard Wagner besiegelte den Triumph des jungen, jüdischen Amerikaners Bernstein, der sich in einem Musikbetrieb behauptete, der bis dahin nur von Europäern beherrscht worden war.

Beim frenetischen Schlussapplaus der 3000 Zuhörer, den lauten Bravo-Rufen, stimmten die Orchestermitglieder begeistert ein. Wieder und wieder verbeugte sich Lenny strahlend lächelnd, erschöpft und überglücklich. Es schien, als wolle jetzt jeder in seiner Nähe sein. »Das Haus erdröhnte in einem einzigen Beifallsschrei … brüllte wie ein Riesentier in einem Zoo. Das war wohl das lauteste menschliche Geräusch, das ich je gehört hatte …«, erinnert sich Lennys Bruder Burton im Buch *Family Matters*. Mit seinen Eltern hatte Leonard auch den elfjährigen Bruder nach New York zu dem Konzert am Vorabend in der Town Hall eingeladen. Vom Triumph, von der warmherzigen Begeisterung des Publikums am nächsten Tag in der Carnegie Hall, konnte da noch niemand etwas ahnen. Während der Pause wurde die stolze Familie Bernstein mit Reportern ins Künstlerzimmer gelotst. Tränen, Küsse, Umarmungen. Burton Bernstein fiel auf, dass sein großer Bruder »hohläugig wie ein Kriegsflüchtling auf einem Reportagefoto aussah«.

Sam und Jennie Bernsteins Augen glänzten vor Stolz. Ihr Sohn Lenny wurde durch den nicht enden wollenden Applaus immer wieder auf die Bühne geholt, um die Ovationen entgegenzunehmen. Jener Novembernachmittag in New York veränderte Sam Bernsteins Einstellung zu seinem Sohn: »Er war völlig begeistert … absolut verblüfft, verwirrt, bestürzt … ihm wurde plötzlich klar, dass alles möglich war. Und es war ein großartiger Augenblick der Versöhnung und der tiefen Ergriffenheit«, erinnerte sich Lenny später.

Artur Rodzinski hatte es gerade noch geschafft, sich zum Ende des Konzerts durch die Schneemassen aus Stockbridge durchzuschlagen, und erklärte den Journalisten, Leonard Bernstein sei ein seltenes, großartiges Talent mit großer Zukunft. Ein Telegramm, das ihm nach der Pause Bruno Zerato neben einem Taschentuch zum Schweiß-Abwischen überreichte, rührte Lenny besonders: »Höre gerade zu. Wunderbar«, lautete die Botschaft des väterlichen Freundes Serge Koussevitzky.

KAPITEL 11

Stolz wie ein Pfau

*Im Grunde genommen ist das Publikum ein recht fest
auf den Füßen stehendes kleines Biest – wenn man es so nennen kann –,
das genau spürt, ob es etwas Echtes erhält oder nicht.*

Die *New York Times* berichtete am nächsten Morgen in ihrem
Leitartikel auf der Titelseite über die Sensation in der Carnegie
Hall, und zwar mit der Schlagzeile »Junger Assistent leitet Philharmoniker – springt für erkrankten Bruno Walter ein.« Am über-
nächsten Tag brachte die *Times* die ganze Geschichte der *Amerikanischen Erfolgsstory*: »Es gibt viele Variationen einer der fünf besten
Geschichten der Welt: Der junge Korporal übernimmt den Zug,
wenn alle Offiziere kampfunfähig sind; der Kapitän, mit dem toten
Admiral an seiner Seite, gibt der Flotte das Zeichen: Vorwärts!; die
junge Schauspielerin springt für den Star der Vorstellung ein; der
Kontorist, allein im Büro, trifft die spontane Entscheidung, welche
die Firma vor dem Bankrott rettet. Das Abenteuer Leonard Bernsteins, des 25-jährigen Assistenten des Chefdirigenten der Philharmoniker, der Sonntag nachmittags munter das Podium der Carnegie Hall bestieg, gehört in diese Reihe. Die Korporale und Kapitäne
müssen tapfer sein, die junge Schauspielerin hübsch und begabt, der
Büroangestellte tatkräftig. Ebenso musste Mr. Bernstein etwas von
einem Genie in sich haben ...«

Leonard Bernsteins jugendlicher Elan, seine Musikalität und
auch seine Souveränität überzeugten die Musikjournalisten Amerikas: Kritikerlegende Olin Downes analysierte das temperament-
volle Auftreten Bernsteins, der mit der Energie eines Boxers von
jedem einzelnen Musiker forderte, alles zu geben, der sich wie ein
Tänzer vor dem Orchester gebärdete, mit wilden Gesten und akro-
batischen Körperverrenkungen den Takt angab und gerne mit dem
Fuß aufstampfte: »Er dirigierte ohne Taktstock und rechtfertigte
dies durch die instinktive, expressive Gestik seiner Hände und mit
einer Körpersprache, die, wenn auch nicht immer besonders

zurückhaltend, doch pointiert, präzise und dynamisch war.« Auch die *Herald Tribune* brachte die musikalische Sensation auf der Titelseite.

Die Boulevard-Zeitung *Daily News*, die ihre Leser normalerweise nicht mit Dingen wie klassischer Musik belastete, versuchte mit einem Sportereignis zu begeistern und verglich das kurzfristige Einspringen Bernsteins mit einem *Beinahe-Fang* im Baseball-Mittelfeld: »Fängst du ihn, bist du ein Held, lässt du ihn entwischen, bist du ein Tölpel ... er hat ihn gefangen«. Über Nacht war Leonard Bernstein ein strahlendes Idol, Synonym einer amerikanischen Erfolgsstory. Die Medien wollten weiter darüber berichten. In den nächsten Tagen verglichen sie Bernsteins Konzert mit ähnlichen Ereignissen der Musikgeschichte. 1886 musste ein blutjunger Cellist für den Dirigenten einspringen: der neunzehnjährige Arturo Toscanini, und Bernsteins Förderer Artur Rodzinski war 1926 für den plötzlich erkrankten Leopold Stokowski eingesprungen. Wie Bernstein dirigierte er den *Don Quixote*.

Der Erfolg des Bürscherls Bernstein ließ in der Klassikwelt auch abstruse Gedanken sprießen. So verbreiteten Musiker hinter vorgehaltener Hand das Gerücht, Papa Samuel Bernstein habe Bruno Walter bestochen, den Kranken zu spielen, damit sein Sohn die New Yorker Philharmoniker dirigieren könne ... Jedenfalls profitierten auch Bernsteins Eltern, wieder nach Boston zurückgekehrt, vom Ruhm ihres Sohnes. Plötzlich hatten sie so viele Freunde wie nie zuvor. Das Schulterklopfen wurde allmählich bedrohlich. Jeder hatte von Leonards Erfolg gehört und war begeistert. Und für alle war er nur mehr *Lenny*.

Wildfremde Menschen fragten: »Wie fühlt man sich als Eltern eines Genies?« Manche gaben Ratschläge wie: »Er muss nach Hollywood, er sieht so toll aus, Lenny ist der geborene Showman.« Besitzer von Kosmetiksalons wollten nur mehr direkt bei Sam Bernstein und nicht bei seinen Vertretern bestellen, um über den wunderbaren Sohn plaudern zu können. Und die jüdische Gemeinde Bostons betonte besonders eindringlich, dass das Musikgenie einer von ihnen sei.

Aber auch die Bostoner Journaille berichtete über das musikalische Wunder von New York. In der Sonntagsausgabe der *Boston Post* erschien ein großes Interview mit Papa Bernstein mit einem Titel, der sogar den inzwischen auf seinen Sohn stolzen Sam Bernstein schockierte: »Vater weint vor Glück über Erfolg seines Sohnes als Dirigent. Bostoner Kaufmann nennt Triumph des Sohnes: ›mein Beitrag für ein Amerika, dem ich alles verdanke‹«.

Der Sonntagnachmittag des 14. November 1943 sollte dem fast unbekannten, unvorbereiteten Leonard Bernstein zum Durchbruch verhelfen. In einem historischen Konzert. Jetzt galt es für den 25-Jährigen, einen labilen Menschen, der sich noch drei Monate zuvor »in einem Zustand tiefster Verzweiflung« befunden hatte, mit der Realität des Ruhms fertigzuwerden. Doch Lenny kam nicht mehr viel zum Grübeln. Er war über Nacht zu einem »berühmten Mann« geworden, wie der *New Yorker* schrieb. Fast alles, was er seit jenem Konzert unternahm, wurde eine Angelegenheit öffentlichen Interesses. Leonard Bernstein war plötzlich ein völlig veränderter Mensch, der sich mit kindlicher Begeisterung über seinen Erfolg freute. Der amüsante, charismatische, salopp gekleidete Shootingstar, für den der soziale Aufstieg begonnen hatte, wurde von einem Interview zum anderen weitergereicht: »Ich sehe aus wie ein gut gebauter Rauschgiftsüchtiger«, sagte er selbstironisch zu einem Reporter. Seine Bemerkung sollte noch lange – und immer wieder – zitiert werden. Für *Life* und *Time*, aber auch für Lifestyle-Magazine wie *Harper's Bazaar* und *Vogue* war »the talented beautiful boy« ein idealer Trendsetter. Vergessen war das althergebrachte Bild eines Dirigenten. Ein junger, legerer Amerikaner wurde zum Idol.

Auch die New Yorker Gesellschaft vereinnahmte ihn bald. Es ging von einer Party zur anderen. Zigaretten, Martini-Cocktails, Small Talk. Der *Mister Music* genoss die schulterklopfende Verehrung, wie sie sonst nur Baseballstars erleben. Bald war Lenny – wie ihn inzwischen alle nannten – ein neuer, junger Klatschspaltenkönig. Er war einer der umtriebigen Prominenten New Yorks. Seine weiblichen Bewunderer waren selig, wenn sich der Popstar der

Klassik mit dem strengen Profil und den welligen schwarzen Haaren bei einer Party ans Klavier setzte und Boogie-Woogie, Conga und Rumba intonierte. Seine körperliche Ausstrahlung bewunderte auch die Schauspielerin Tallulah Bankhead, als sie ihn eines Tages in Tanglewood dirigieren sah und mit ihrer heiseren Stimme schnurrte: »Darling, dein Muskelspiel hat mich verrückt gemacht. Du musst mit mir essen gehen …« Seit damals konnte sich Lenny, der nie mit Gefühlen geizte, eindeutiger Angebote – auch unter der Gürtellinie und über die Geschlechtertrennung hinweg – kaum erwehren.

Lenny lernte damals im Winter 1943 eine schillernde Mischung amerikanischer Celebritys kennen, etwa die Kosmetik-Pionierin Helena Rubinstein, deren Wurzeln auch in einem polnischen Stetl lagen und die den attraktiven Lenny sehr verehrte. Von Broadwaystar Ethel Barrymore, deren Dreharbeiten mit Cary Grant für den Film *None But the Lonely Heart*, für den sie auch den Oscar bekommen sollte, gerade begannen, bis zum Baseballspieler Joe DiMaggio, der auch kurzfristig mit Marilyn Monroe verheiratet war, von Autor John Steinbeck bis zum eloquenten, gerne gesehenen Cocktailpartygast Bernard Baruch. Die Sprüche des Börsenspekulanten wie »Ein Spekulant ist ein Mann, der die Zukunft im Auge behält – und handelt, bevor sie eintritt« würzten so manche Gesellschaft in Manhattan, die nach gewisser Zeit nur mehr von schaler Konversation bestimmt war.

Lenny genoss den Ruhm. Und »strahlte stolz wie ein Pfau«, wie er es selbst formulierte. Noch mehr, nachdem er, der Harvard-Absolvent, als Quizkandidat der beliebten Radiosendung *Information Please* während mehrerer Auftritte eine schwierige Frage nach der anderen beantworten konnte. Doch leider kannte ihn in New York noch nicht jeder. Als Leonard gemeinsam mit seiner Schwester Shirley in einem Konzert eines anderen Dirigenten war und ihn während der Pause in der Garderobe besuchen wollte, verwehrte ein Ordner ihm den Zutritt: »Aber, ich bin Leonard Bernstein!«, sagte er. »Und ich bin Napoleon«, erwiderte der Ordnungshüter.

Bereits bald nach dem souverän absolvierten Konzert am 16. Dezember 1943 musste Bernstein wieder für einen erkrankten Gastdirigenten einspringen, für den populären Howard Barlow, Leiter des CBS Rundfunkorchesters. Wieder konnte der junge Substitut seine Qualität als Dirigent unter Beweis stellen: in einem Programm mit Werken von Delius, Brahms und Beethoven. Die *Herald Tribune* schwärmte: »Sein Gefühl für Rhythmus übertrifft das jeder anderen zeitgenössischen Größe ...«

KAPITEL 12

Mazurka im Maxim

Ich will nicht so leben wie Toscanini,
der dieselben fünfzig Stücke immer wieder studiert hat ...
Ich will dirigieren, ich will Klavier spielen,
ich will für Hollywood schreiben.

Sein Ruhm, hymnische Kritiken, seine ausverkauften Konzerte mit rekordverdächtigen Zuhörerzahlen ließen Leonard Bernsteins Selbstbewusstsein wachsen und wachsen. Für manche zu viel. Als er 1944 zum ersten Mal Arturo Toscanini traf, sprach er ihn als *Mr. Toscanini* an. Während die Dirigentenlegende den 26-Jährigen als *Maestro Bernstein* bezeichnete.

Fünf Jahre später, im Herbst des Jahres 1949, hatte Toscanini Leonard Bernstein in seine New Yorker Villa, das *Wave Hill House* in der Bronx, eingeladen, nachmittags zum Tee. In der legeren, lebhaften Unterhaltung mit Arturo Toscanini sprach ihn Bernstein auch auf die Liebesszene in *Roméo et Juliette* von Hector Berlioz an. Er wollte dieses Werk bald dirigieren und war sich unsicher: Er kannte zwei im Tempo völlig unterschiedliche Interpretationen Toscaninis. Welches Tempo war das richtige? Der 82-jährige Maestro bestritt, dass es bei ihm jemals Differenzen in den Tempi gegeben hatte: Denn es gebe nur ein einziges Tempo – das *Toscanini-Tempo*. Doch er versprach, dem jungen Kollegen zuliebe die beiden Aufzeichnungen zu vergleichen. Wenige Tage später erhielt Lenny einen Brief, in dem Toscanini erwähnte, dass er über Bernsteins Besuch sehr, sehr glücklich war: »Ja, es stimmt, die eine Wiedergabe der Liebesszene war wesentlich schneller als die andere ... Und ich will auch eine weitere Feststellung machen, nämlich, dass jeder Mensch – wie groß auch immer seine Intelligenz sein mag – von Zeit zu Zeit etwas dumm sein kann. Und das ist der Fall mit dem alten Toscanini.«

John G. Briggs, Opernkritiker der *New York Times* und Toscaninis Presseagent, erinnerte sich in diesem Zusammenhang auch an eine Seereise des *NBC*-Orchesters mit dem Maestro, auf der er aus einem Radio Beethovens *Eroica* hörte und wütend schrie, was für ein *porco* von einem Dirigenten wohl diese Aufführung dirigierte. Er war fast so weit, den Radioapparat zu zertrümmern, als der Sprecher mit salbungsvoller Stimme die Übertragung beendete: »Sie haben soeben eine Aufnahme des BBC-Symphonieorchesters gehört. Geleitet von Arturo Toscanini«.

Am Beginn seiner Karriere meinte Leonard Bernstein in der *New York Times*: »Ich will nicht so leben wie Toscanini, der dieselben fünfzig Stücke immer wieder studiert hat. Das würde mich zu Tode langweilen. Ich will dirigieren. Ich will Klavier spielen. Ich will für Hollywood schreiben … Außerdem will ich unterrichten. Ich will Bücher und Gedichte schreiben.«

Bei einem Konzert mit dem Ausnahmepianisten Artur Rubinstein in Montreal ging Lennys Selbstsicherheit wieder fast zu weit: Bernsteins Tempo zur Orchestereinleitung von Edvard Griegs einzigem *Klavierkonzert a-Moll op. 16* fand Rubinstein nicht richtig. Unüberlegt meinte Bernstein überheblich, das sei sowieso ein zweitklassiges Werk, die Diskussion daher überflüssig. Rubinstein stürmte wütend aus dem Saal und drohte, das Konzert mit Bernstein abzusagen und einen Soloabend zu geben. Auf dringende Bitte des Impresarios lenkte Lenny, der inzwischen seine jugendliche Impulsivität bereute, ein. Er entschuldigte sich bei Rubinstein und schenkte ihm einen prachtvollen Seidenschal. Besänftigt meinte der Pianist: »… also gut, aber wie soll das gehen ohne Probe?« Kein Problem, meinte Bernstein: »Ich kenne das Werk sehr gut. Ich habe 1934 mein eigenes Debüt damit bestritten.«

Später waren die beiden über viele Jahre befreundet. 1966 fand Artur Rubinstein anlässlich eines Mozart-Konzerts begeisterte Worte für das Universalgenie Leonard Bernstein: »Er ist der größte Pianist unter den Dirigenten, der größte Dirigent unter den Komponisten und der größte Komponist unter den Pianisten.« Eine der letzten privaten Begegnungen Bernsteins mit Rubinstein fand 1977 im Pariser Etablissement Maxim's statt. Sowohl eine Salonkomödie von Georges Feydeau als auch *Die lustige Witwe* von Franz Lehár mit dem Operetten-Evergreen *Da geh' ich zu Maxim* spielen in diesem eleganten Jugendstilrestaurant. Bühnenreif dürfte auch der nächtliche Auftritt der beiden Musiker mit guter Laune und reichlich Wodka gewesen sein: Bernstein schritt gegen zwei Uhr früh zum Flügel und intonierte Chopin, während der fast neunzigjährige Rubinstein mit seiner 22 Jahre jüngeren Frau Aniela – einer begnadeten Tänzerin –, die er liebevoll *Nela* (*Engel* auf Polnisch) nannte, auf der längst leeren Tanzfläche eine feurige Mazurka nach der anderen hinlegte – vor den staunenden Köchen und Kellnern des Maxim's, die zuvor auch schon einiges erlebt hatten.

Auch bei einem anderen Musiker war Leonard Bernstein mit dem Tempo nicht einverstanden. Am 6. April 1962 übertrug CBS im Radio ein Konzert der New Yorker Philharmoniker: das letzte Abonnementkonzert zum Ende der 71. Saison des Orchesters – das letzte in der Carnegie Hall. Noch entspannt kündigte der Moderator den nächsten Programmpunkt an: den jungen Musiker Glenn Gould, den vielleicht exzentrischsten Pianisten des 20. Jahrhunderts, den wie ein verängstigtes Kind wirkenden Klavierspieler. Seit seinem sensationellen Debüt 1955 mit Bachs *Goldberg-Variationen*, das den 22-jährigen Kanadier weltberühmt gemacht hatte, nannte man ihn »James Dean am Klavier« oder »Phantom des Pianos«. Während der CBS-Radiosendung sollte Gould das Klavierkonzert in d-Moll von Johannes Brahms spielen und Leonard Bernstein dirigieren.

Doch es passierte etwas Unerwartetes: Der Dirigent kam auf die Bühne und sorgte für einen Skandal. Er fragte: »Wer ist der Boss in einem Konzert – der Dirigent oder der Solist?«, und meinte, das Publikum brauche keine Angst zu haben, Mr. Gould werde in wenigen Augenblicken am Klavier sein, aber es gebe eine kuriose, unorthodoxe Situation, über die er das Publikum unbedingt informieren müsse. Bernstein distanzierte sich von dem jungen Pianisten: Er habe noch nie zuvor so eine leise und langsame Interpretation gehört. Auch frage er sich, warum er unter diesen Umständen überhaupt dirigieren solle: Er hätte schließlich auch seinen Assistenten ans Pult lassen können. Er mache aber mit, weil es sich bei dem

Solisten um einen ungewöhnlich begabten jungen Mann handle und es in der Musik etwas gebe, das Dimitri Mitropoulos das »sportliche Element« nannte: die Faktoren der Neugier, des Abenteuers und des Experiments. Viele Kritiker waren außer sich und beschuldigten Bernstein, er habe sich illoyal verhalten und seinen Kollegen verraten. Das sei ein unwürdiger Streit zwischen Dirigent und Solist. Bernstein und Gould aber wunderten sich nur, denn es gab keine Auseinandersetzung. Der Pianist meinte sogar, Bernsteins Worte hätten ihn »bezaubert«. Vielleicht wollte Leonard Bernstein durch diesen kleinen Skandal nur ein wenig von der schillernden Figur des jungen Pianisten, der sich damals auf dem Höhepunkt seiner Popularität befand, ablenken.

Fest steht, Glenn Goulds Interpretationsansatz war immer eigenartig. Die *Entdeckung der Langsamkeit* wurde für ihn immer bezeichnender: So dauerten die Studio-Einspielungen der *Goldberg-Variationen* im Jahre 1981 zwölf Minuten und 88 Sekunden länger als 26 Jahre zuvor. »Früher war für mich das rhythmische Voranpreschen ungeheuer wichtig«, meinte Gould, »… aber je älter ich wurde, desto mehr empfand ich viele Interpretationen – und sicher auch den größten Teil meiner eigenen – als viel zu schnell.«

Das von ihm immer langsamer interpretierte Stück von Johann Sebastian Bach beschrieb Glenn Gould in einem *New Yorker*-Interview mit Joseph Roddy: »Ich halte es für ein hochgradig überschätztes Werk … Einiges in den *Goldberg-Variationen* gehört, glaub ich, zum Besten, was Bach je geschrieben hat, und das will verdammt viel heißen, aber einiges andere gehört zum Dümmsten … Als Ganzes, als Konzept ist es nicht besonders gelungen.«

KAPITEL 13

Zehn Grad nördlich von fantastisch

Das, was man liebt,
kritisiert man oft am heftigsten.

Als Komponist war Leonard Bernstein bis zu seinem Erfolg im Jahre 1943, als er für Bruno Walter eingesprungen war, nur in kleinem Rahmen bekannt. Seine *Sonate für Klarinette und Klavier* war in Boston uraufgeführt worden, sein *Heiterer Liederzyklus* hatte in der New Yorker Town Hall nur freundliche Aufnahme gefunden. Seinen ersten großen Erfolg als Komponist erzielte er aber im Jänner 1944 mit der nur 25 Minuten dauernden *Jeremiah-Symphonie*, bei der ein erster Einfluss Gustav Mahlers erkennbar ist. Über die Uraufführung in Pittsburgh mit Jennie Tourel als Solistin telegrafierte der stolze Lenny an seinen väterlichen Freund Serge Koussevitzky: »Titelseiten. Breite Schlagzeilen. Jubelndes Publikum.«

Während der nächsten Monate dirigierte Leonard Bernstein seine Symphonie viermal mit den New Yorker Philharmonikern: Im Mai 1944 kürte der *N. Y. Ring der Musikkritiker* Bernsteins Werk »zum besten neuen klassischen Werk der Saison«, das von siebzig Radiosendern ausgestrahlt und auf Schallplatten gepresst wurde. Der Schriftsteller und Komponist Paul Bowles schwärmte, *Jeremiah* stelle »sämtliche symphonische Werke sämtlicher amerikanischer Komponisten der jüngeren Generation in den Schatten«.

Charakteristisch für Leonard Bernsteins Einstellung hinsichtlich seiner Herkunft und Erziehung ist, dass er für seine *Jeremiah-Symphonie* – in der er voller Emotionen Glanz und Leid seiner jüdischen Wurzeln ausdrückt – einen Stoff aus dem Alten Testament wählte. Auch die hebräische Sprache des Gesangsteils ist ein bewusstes Bekenntnis Bernsteins zum Judentum. Bereits 1939 begann er an der Symphonie zu arbeiten und schrieb die Zeile: »Wie lange noch willst Du uns im Stiche lassen?« Damals war der Völkermord an den Juden, die *Endlösung* der Nationalsozialisten, noch nicht virulent.

Doch 1944, als die *Jeremiah-Symphonie* erklang, war das Grauen der *Shoa* längst Realität.

In diesem Jahr, vor dem dramatischen Hintergrund des Zweiten Weltkriegs, schrieb Leonard Bernstein auch ein völlig anderes Werk: *Fancy Free*, ein ziemlich oberflächliches Ballett. Bereits ein Jahr zuvor brachte der Tänzer und Choreograf Jerome Robbins Lenny den Entwurf für ein einaktiges Ballett, das im Hafenviertel von New York spielen sollte und den Landurlaub dreier Matrosen und ihre Jagd nach Mädchen als simple Handlung hatte: In einer verruchten Bar kämpfen sie um die Gunst eines Mädchens. Zwei ziehen als Sieger mit der Brünetten ab. Der dritte tröstet sich mit einer Rothaarigen. Als die beiden Freunde zurückkommen, entsteht zwischen den drei Männern eine wilde Rivalität – nach einer Schlägerei versöhnen sich die Matrosen wieder.

Populäre Tänze wie Boogie-Woogie und Lindy-Hop sollten das amerikanische Lebensgefühl jener Zeit ausdrücken. *Fancy Free*, das sorglose 30-Minuten-Ballett, das Bernstein auch dirigierte, wurde zu einem großen Publikumserfolg und bereits während des Premierenjahrs vom New Yorker Ballet Theater mehr als 250-mal aufgeführt. Als Honorar erhielt Bernstein für das Auftragswerk dürftige 300 Dollar, und das, obwohl sich die Kritiker nicht mit Lob zurückhielten: »Ganz exakt zehn Grad nördlich von fantastisch«, schrieb die *New York Times* über die Premiere im April 1944. Der überraschende *Fancy Free*-Erfolg bescherte der Metropolitan Opera mit 3300 Sitzplätzen einen neuen Publikumsrekord: Auch auf den Stehplätzen drängten sich Abend für Abend junge Leute in drei Reihen hintereinander. Der legendäre Impresario Sol Hurok, der es später schaffte, das Moskauer Bolschoi Ballett während der Kuba-Krise nach Amerika zu bringen, konnte sich die Hände reiben. Die Met verlängerte um zwei Wochen und eine landesweite Tournee folgte. Jetzt erhielt Dirigent Bernstein 200 Dollar – pro Abend.

1944 wurde Leonard Bernsteins chronische Nebenhöhlenentzündung immer akuter. Er entschloss sich dazu, die Verkrümmung der Nasenscheidewand operieren zu lassen. Adolph Green, ein Freund Lennys aus frühen New Yorker Tagen, beschloss, mit Lenny gemeinsam ins Krankenhaus zu gehen. Seine geschwollenen Mandeln mussten entfernt werden. Am 13. Juni freute sich Leonard Lyons, Gesellschaftsreporter einer Institution des New Yorker Boulevard-Journalismus, über eine Exklusiv-Geschichte für seine Kolumne: »Leonard Bernstein und Adolph Green werden am selben Tag vom selben Arzt operiert. Und während ihres Aufenthalts im Krankenhaus werden sie ihre neue Show *On the Town* abschließen.« Davon konnte keine Rede sein: Der Songschreiber Green und sein Freund Bernstein hatten bis dahin noch nicht einmal mit dem Libretto begonnen. Auch die Genesung der Patienten verzögerte sich, bei beiden gab es medizinische Komplikationen. Erst nach ein paar Tagen ging es ihnen wieder besser, die Schmerzen waren weg.

Zum Glück gab es da noch die Freundin Elizabeth »Betty« Comden, eine Schauspielerin und Autorin, die gemeinsam mit Adolph Green für Musicals wie *Singin' in the Rain* Texte schrieb, oder auch für das Filmmusical *The Barclays of Broadway*, in dem Ginger Rogers und Fred Astaire nach zehn Jahren *Joyously Together Again* wieder gemeinsam auftraten. Auf der Suche nach einem Theateragenten traf Comden erstmals auf Adolph Green. Gemeinsam mit ihm gründete sie zu Beginn der 1940er-Jahre das Ensemble *The Revuers*, das erfolgreich in New Yorker Nachtclubs auftrat. Immer wieder begleitete Lenny Bernstein die Gruppe am Klavier. Betty Comden richtete sich zwischen den Krankenbetten der beiden Freunde auf Zimmer 669 ein, die Arbeit am Musical *On the Town*, dessen Handlung auf dem Ballett *Fancy Free* basierte, konnte beginnen: Patienten in den benachbarten Zimmern und die Stationsschwestern waren abwechselnd erfreut und verärgert über Lachen, Singen und die lauten Diskussionen des fröhlichen Spital-Trios. Rommépartien mit gemeinsamen Freunden, die die kreativen Kranken besuchten, dienten als Entspannung. Insgesamt schrieben die drei von Juni bis Dezember an einem beschwingten Werk – voller überschäumender Energie. Mit Sinn für witzige Pointen verfasste Leonard Bernstein nicht nur die grandiose Musik, sondern beteiligte sich selbst auch als Textdichter. Er war sofort von der Idee begeistert, ein Broadway-Musical zu schreiben, ein Stück mit leichter, vergnügter Handlung und vielen prickelnden Glücksmomenten, aber auch mit einer Persiflage auf das oberflächliche New Yorker Leben. Flott, locker, lustig. Mit subversivem Humor.

Wieder war Jerome Robbins als Choreograf tätig. Und wieder waren wie in *Fancy Free* drei Matrosen auf Landurlaub in New York – auf der Suche nach Sexabenteuern. Während der Weihnachtsfeiertage des Jahres 1944 fand die *On the Town*-Premiere im Adelphi Theater am New Yorker Broadway mit knapp 1500 Sitzplätzen statt. Das unbeschwerte Musical wurde zu einem Riesenerfolg, ein Kritiker nannte es eine »epochemachende Komposition«. Das Stück des Freundes-Trios Bernstein/Comden/Green, in Krankenhausbetten geschrieben, war ein Triumph, wie er am Broadway nur alle paar Jahre vorkommt. Zuvor gab es zehn Einspielungsvorstellungen in Boston. Eine davon besuchte Bernsteins Freund und Förderer Serge Koussevitzky. Das Musical gefiel ihm, aber er machte sich über die Zukunft seines geliebten *Lenushka* Gedanken und stellte ihn zur Rede. »Er war wütend auf mich«, erinnerte sich Bernstein später, »… er hielt mir eine dreistündige Predigt darüber, was ich aus mir machte.« Ein großer Dirigent mit Potential dürfe sein Talent nicht an Broadway-Musik vergeuden. »Ich fand nichts dabei, eine Musikkomödie zu schreiben, doch von jetzt an möchte ich bei der Klassik bleiben«, meinte Leonard Bernstein, der sich die Kritik seines Mentors zu Herzen nahm: Bis zum Ende des Jahrzehnts widmete er sich fast ausschließlich dem Dirigieren. Lenny gab als Pianist kaum Konzerte und komponierte zur Entspannung nur zwischen Tourneen. Im März 1945 meinte der 27-Jährige in Vancouver: »*On the Town* war wahrscheinlich das letzte aufregende Ereignis in meinem Leben – es hat mich fast um zehn Jahre jünger gemacht.«

Während Vorsingen, Besetzungsgesprächen und anderen Premierenvorbereitungen fand Leonard Bernstein Zeit, als Ehrengast der *Antifaschistischen Liga* in Boston aufzutreten. Seit seinem Studium in Harvard hatte er immer wieder offen seine politische Überzeugung vertreten. Er trat für die Rechte und Würde aller Menschen ein. In einer Laudatio sprach man »vom Mut, der Aufrichtigkeit und der visionären Kraft des Humanisten Leonard Bernstein.«

Leonard Bernsteins erstes Musical setzte auf vielen Gebieten neue Akzente. *On the Town* war die erste amerikanische Musikkomödie, deren Partitur von einem anerkannten Symphoniker stammte. Es war das erste Stück, in dem weiße und schwarze Tänzer gemeinsam tanzten und sich – im wahrsten Sinne des Wortes – die Hände reichten. Noch zwanzig Jahre später gab es für Schwarze, selbst wenn sie Weltstars waren, eigene *Nigger*-Restaurants und -Unterkünfte. Auch Sammy Davis Jr. musste Mitte der 1960er-Jahre nach umjubelten *Rat Pack*-Auftritten in Las Vegas isoliert wohnen: auf einem Parkplatz, in einem Wohnwagen, hinter dem *Sands*-Hotel, in dem Frank Sinatra & Co. in ihren Suiten logierten. Bald erzwang *Frankie Boy* – unter Androhung der Abreise aus Las Vegas – eine Sonderregelung für seinen Freund Sammy. Als erster und einziger Schwarzer durfte er auch ein Hotelzimmer beziehen.

Mit Produktionskosten von nur 150 000 Dollar spielte Leonard Bernsteins *On the Town* während 463 Vorstellungen mehr als zwei Millionen Dollar ein. Und es war das erste Broadway-Stück, dessen Rechte sofort von einem Produzenten für eine Hollywood-Verfilmung gekauft wurden. Der vier Jahre nach der Premiere des Musicals gedrehte Film basierte auf den *On the Town*-Abenteuern der drei Matrosen auf Landurlaub in New York. Regie führte Gene Kelly, der neben Frank Sinatra die Hauptrolle spielte, der Text stammte wieder von Betty Comden und Adolph Green, die Musik von Leonard Bernstein. Jedoch wurden nur vier Musiknummern des Musicals für den Film übernommen. Mit Witz, Romantik und swingenden Evergreens wurde der Film zu einem Oscar-gekrönten Klassiker des Hollywood-Musicals. Unter dem deutschen Titel *Heut' gehen wir bummeln* war die Verfilmung auch während der Nachkriegszeit in Deutschland und Österreich ein großer Erfolg: Gelobt wurde von der Kritik vor allem die »künstlerische Harmonie, wie man sie in diesem Genre selten findet«.

KAPITEL 14

Der kleine Dämon

Wieso sollten wunderbare Beziehungen durch Gerede
von Abnormität beschmutzt werden?

Immer wieder wurde Leonard Bernstein in Interviews über seine Heiratspläne befragt. Und immer wieder winkte er ab: »... ich treffe viele nette Mädchen, aber eines zu finden, mit dem man zusammenleben könnte, ist schwierig – eine recht bedrückende Vorstellung.« Am 6. Februar 1946 bat Claudio Arrau zu seiner Geburtstagsparty in sein Haus. Dort traf Bernstein auf ein weiteres Geburtstagskind: »... ein 24-jähriges, kleines Mädchen, Felicia Montealegre Cohn. In jener Nacht verliebten wir uns ineinander ...«, erzählte Bernstein später. Friede Rothe, Claudio Arraus Agentin, erkannte ihre Liebe auf den ersten Blick und beschrieb die Begegnung der beiden: »Felicia hatte eine knabenhafte Figur. Sie war sehr schlank, zart und *raffinée*. Sehr gebildet. Eine Lady. Sie besaß alle Eigenschaften, die Lenny bewunderte.«

Am Tag nach dem ersten Zusammentreffen der beiden flog Bernstein zu Konzerten nach San Francisco und Vancouver. Dort traf er auf einen Freund namens Seymour. In einem Brief aus Vancouver berichtete Bernstein seiner Vertrauten Helen Coates euphorische, intime Details des Aufenthalts, die – für einen Mann, der sich gerade in ein junges Mädchen verliebt hat – irritierend klingen: »Dies ist ein himmlischer Abend. S. und ich haben keine Verabredungen getroffen, sondern sind auf dem Zimmer geblieben zum Abendessen und Reden und Lesen und Schreiben und Lieben ohne Ende. Die Tage hier sind unglaublich schön. S. wird überall akzeptiert, von jedem, nicht nur als mein Freund, sondern als der, der er ist; wir haben so viel Schönes zusammen erlebt. San Francisco ist nun eine wunderbare Erinnerung; und Vancouver ist wie echte Flitterwochen.«

Freundschaft und Liebe zwischen Menschen gleichen Geschlechts bestimmten Leonard Bernsteins Leben. Bereits an der Boston Latin

School schrieb er einen Aufsatz zum Thema *Freunde und Freud*, in dem er die »Erfahrung der psychischen Sublimation verzehrender Freundschaft ...« analysierte. »Freud hat das Thema unnötigerweise in einem ausgesprochen diffusen Licht dargestellt, was die Beziehung der Jugend destruktiv zu beeinflussen droht. Freundschaft kann im Gegenteil sehr konstruktiv sein. G. zum Beispiel hat in der Begegnung mit mir einen wahren Kurs in Musik erfahren und ich einen in Philosophie mit ihm. A. hat mir geholfen, festen Boden unter den Füßen zu behalten, wenn ich kurz davorstand, in die Wolken abzuheben. Und so könnte ich eine Reihe von Freunden aufzählen, die einen integralen Bestandteil meines Lebens ausmachen ... Wieso sollten wunderbare Beziehungen wie diese durch Gerede von Abnormität beschmutzt werden? Die Tragik dieser intimen Freundschaften besteht darin, dass sie selten eine nennenswerte Zeitspanne überdauern.«

Fast sechzig Jahre später erschien *Bernstein – A Biography* von Joan Peyser, einer Musikkritikerin der *New York Times*. In dem 1987 erschienenen Buch, kurz vor seinem siebzigsten Geburtstag, wurde mit dem Willen und Wissen Leonard Bernsteins aus seiner sexuellen Orientierung kein Geheimnis mehr gemacht. Seine Homosexualität, seine Bisexualität waren keine Tabuthemen mehr.

Im prüden Amerika zur Jugendzeit Leonards wagte es noch kaum jemand, seine Homosexualität offen auszusprechen. Für konservative Kreise war homosexuelles Verhalten obszöner Ausdruck einer Krankheit. Sexuelle Orientierungen, die angeblich nicht der Norm entsprachen, wurden stigmatisiert. Menschen, die *anders* waren, wurden diffamiert und missachtet. Sie lebten in einer Atmosphäre der Angst. Nicht alle brachten die Energie auf, die man brauchte, nach außen jemand anderer zu sein, als man war. Viele Menschen zogen sich immer mehr zurück. Denunzierungen standen auf der Tagesordnung. In Amerika war Homophobie bis weit über die Mitte des 20. Jahrhunderts verbreitet. Bisexualität und homosexuelles Verhalten galten als psychische Störungen. Und es dauerte sehr lange, bis sogar ein überwiegender Teil der Psychiater und Psychotherapeuten ihre eigene Homophobie abgelegt hatte: Beispielgebend dafür war die Entscheidung der *Amerikanischen Psychiatriegesellschaft*, die erst 1973 beschloss, Homosexualität aus der Liste der psychischen Störungen zu streichen. Damals war Leonard Bernstein bereits 55 Jahre alt. Gleichgeschlechtlich orientierte Frauen und Männer waren in Amerika Mitte des 20. Jahrhunderts mitunter sogar noch Verfolgungen ausgesetzt. Der sexuell schwankende Leonard Bernstein trug den Kampf mit seinem »automatischen kleinen Dämon« – seiner Homosexualität – ein Leben lang aus. Immer wieder hatte er während zwanzig Jahren Ehe mit seiner Frau Felicia Liebschaften und amouröse Abenteuer. Manchmal mit anderen Frauen. Aber vor allem mit Männern. Sein langjähriger Manager Harry Kraut erinnerte sich an eine Autofahrt nach einer *Missa Solemnis*-Aufführung in Tanglewood. Lenny erzählte mit »derselben Leidenschaft und immer größer werdender Erregung« von Beethovens gewaltigem Werk und einem jungen Mann, den er in San Francisco kennengelernt und in den er sich »wahnsinnig verliebt« hatte. Während er redete und redete, wurde das Auto immer langsamer, bis es sich gar nicht mehr bewegte und mitten auf der Landstraße stehen blieb.

Leonard unterzog sich Jahrzehnte lang bei verschiedenen Psychiatern einer Psychoanalyse, wie beim Ungarn Sándor Radó, auch um mit seinen sexuellen Neigungen in der bis weit in die 1970er-Jahre reaktionären Gesellschaft Amerikas zurechtzukommen. Der Psychiater Radó lebte bis 1931 in Berlin und ging dann auf Wunsch Sigmund Freuds nach New York. In Amerika wandte sich Radó jedoch von Freuds *Libidotheorie* ab und wurde zu einem der bedeutendsten Vertreter der *Ich-Psychologie* – einer speziellen psychoanalytischen Behandlungsform.

Sehr bald nach dem ersten Zusammentreffen im Februar 1946 brachte Lenny die zarte, scheue Felicia nach Boston, um sie seinen Eltern vorzustellen. Als typisch jiddische Mame reagierte Mama Jennie auf den bevorstehenden Verlust ihres Erstgeborenen: »Ich kann Dir sagen, mein Lieber, dass ich nicht besonders glücklich über Deine Affäre bin. Ganz abgesehen vom Religiösen, glaube ich nicht, dass sie die Richtige für Dich ist. Du verdienst etwas Besseres. Lass Dich von ihrem Akzent nicht betören …« Trotzdem kündigten

Felicia und Leonard am Ende des Jahres ihre Verlobung an – um sie einige Monate später wieder zu lösen. Sie seien noch nicht »reif genug«, um sich fix zu binden. Bald freundete sich Felicia mit Leonards Schwester Shirley an, bei ihr trafen sich Lenny und Felicia wieder. Im Sommer 1951 verlobten sich die beiden – zum zweiten Mal innerhalb von fünf Jahren – in Tanglewood. Es folgte eine professionell inszenierte Verlobungsparty im Haus des Filmproduzenten Lester Cowan.

Der Hollywood-Tycoon Cowan, dessen Produktionen von Komödien über Gangsterfilme bis zu einem Drama über den Zweiten Weltkrieg reichten, wollte Leonard Bernstein als Mitarbeiter gewinnen und köderte ihn mit dem Riesenfest auf seiner kalifornischen Ranch im San Fernando Valley. Lenny und Felicia waren strahlender Mittelpunkt der Party, die der Filmmogul vor allem aus Publicitygründen veranstaltet hatte. Mit Erfolg. Die Stars aus Hollywood kamen. Gene Kelly tanzte. Frank Sinatra sang. Und Leonard Bernstein glaubte an das Glück seiner Beziehung mit Felicia Montealegre. »Jeder meinte, sie war Chilenin, doch Felicia wurde in Costa Rica geboren. Ihre Familie zog nach Chile, als sie ein Jahr alt war. Ihr Vater, Roy Ellwood Cohn, hatte nie gewusst, dass Cohn ein jüdischer Name sei. Obwohl sein Großvater in San Francisco Oberrabbiner war. Felicias Vater, ein Geologe, war kein Intellektueller, er gab sich wie ein Cowboy und liebte es, Comics zu lesen. In Costa Rica lernte er die alte, ehrwürdige Montealegre-Familie kennen. 1921 heiratete Roy eine der zwölf Töchter, und am 6. Februar 1922 wurde Felicia geboren; im Jahr darauf übersiedelten sie nach Chile. Felicia wurde von den Nonnen eines Klosters erzogen … Sie rebellierte gegen die Erziehung, und da sie ihr begonnenes Klavierstudium bei dem aus Chile stammenden Claudio Arrau in den USA fortsetzen wollte, ging sie nach New York, wo sie auch alles hinter sich lassen konnte, was ihr zu Hause zuwider war. Als sie mich heiratete, musste sie ein formelles Ritual durchmachen, um Jüdin zu werden – sie war ja Halbjüdin.«

Nach der Zeremonie mit dem Rabbiner und dem rituellen Untertauchen im Reinigungsbad, der Mikwe, am Vorabend des

Hochzeitstages, heirateten am 9. September 1951 in einer Bostoner Synagoge Leonard und die vier Jahre jüngere Felicia. Lenny in einem (nicht für ihn maßgeschneiderten) weißen Anzug, den der kurz zuvor verstorbene Serge Koussevitzky seinem Protegé vermacht hatte. Weder die Hose noch die Jacke saßen richtig. Vielleicht ein Zeichen dafür, dass die Ehe nicht passen sollte … Doch Lenny versuchte alles: »Ich liebe sie, trotz all der Blockaden, die meinen Liebesmechanismus ständig behinderten«, bekannte er. »*Der kleine Dämon* sticht mich zwar immer noch, wenn der Augenblick günstig für ihn ist …, aber die alte Bereitwilligkeit, ihm zu folgen – das ist vorbei.«

Felicias Konvertieren zum Judentum war vor allem für Lennys Vater wichtig gewesen. Er betrachtete seine Schwiegertochter skeptisch, auch wenn sie Cohn hieß. Ihre chilenische, strengkatholische Mutter stammte aus einem Adelsgeschlecht, das bis zu den Königen von Navarra zurückreichte. Doch zufrieden und glücklich waren Bernsteins Eltern erst, als ihre Enkel zur Welt kamen: Im September 1952 Jamie Anne Maria, Alexander Serge (genannt nach dem väterlichen Freund Koussevitzky) im Juli 1955 und Nina Maria Felicia im Februar 1962. Das zeitraubende Klavierstudium brach die dreifache Mutter Felicia ab. Bald wurde sie als Darstellerin im Fernsehen populär – schon als Teenager hatte sie Schauspielerin werden wollen – und trat auch immer wieder gemeinsam mit Lenny auf, etwa in seiner Symphonie *Kaddish*. *Kaddish* ist der Name eines Gebetes, das am Grab der Toten bei Gedächtnisfeiern gesungen wird. Für seine dritte Symphonie schrieb er den Text selbst: eine Auseinandersetzung mit Gott in der Form eines Gebets eines leidenden Menschen, der von Gott etwas fordert, obwohl er ihm demütig ergeben ist.

Doch in seinem Innersten brodelte es immer weiter. Sein *kleiner Dämon* gewann oft. Aufreibende Affären und Amouren bestimmten das Leben. 1976 kam es zum definitiven Bruch mit seiner Frau Felicia. Der inzwischen 58-jährige Leonard Bernstein zog mit seinem Studenten Tom Cothran zusammen und entschloss sich zu einem Coming-out. Vor einer Aufführung der *14. Symphonie* von

Schostakowitsch, einem melancholischen Liederzyklus vom Sterben, bekannte er unverhüllt: »Als ich dieses Werk einstudierte, erkannte ich, dass ein Künstler, wenn der Tod sich nähert, alles eliminieren muss, was ihn daran hindert, in völliger Freiheit kreativ zu sein. Ich habe das für mich selbst auch so beschlossen. Damit ich den Rest meines Lebens so leben kann, wie ich es möchte.« Vier Monate dauerte die *völlige Freiheit*. Als bei Felicia ihre Lungenkrebserkrankung diagnostiziert wurde, kehrte Lenny zu ihr zurück.

KAPITEL 15

Das Ungeheuer Einsamkeit

Es ist nur allzu leicht, uns selber zu betrügen,
uns eine Vorstellung von uns selbst zurechtzuzimmern,
die vielleicht unseren Hunger nach Selbstbestätigung zu stillen vermag,
aber zuletzt hohl klingen und uns zerstören wird.

Im Jahre 1946 schien die Kreativität und Energie Leonard Bernsteins auch für seine engsten Freunde grenzenlos. Er spielt Beethovens *Klavierkonzert Nr. 1*, das er vom Flügel aus dirigierte: »Ich habe noch nie so gut gespielt. Im Ernst. Der langsame Satz ... war so bezaubernd, mir kamen fast die Tränen«, meinte Lenny emotional wie immer. Nach dem Konzert wirkte er schnell noch im Vancouver Players Club mit. Bei einer *Hamlet*-Lesung. Selbstverständlich las er die Titelrolle.

Im Mai unternahm Leonard Bernstein seine erste Europa-Reise. Er landete in einer Maschine der U.S. Army in der Tschechoslowakei. Als Geschenk der New Yorker Philharmoniker brachte er den tschechischen Musikerkollegen Violin- und Cellosaiten mit. Leonard Bernstein vertrat bei einem internationalen Musikfest, das anlässlich des ersten Jahrestages der Befreiung Prags von den Nationalsozialisten veranstaltet wurde, die Vereinigten Staaten. Er war vom Jubel auf den Straßen, von einem gigantischen Feuerwerk über der Moldau, von den überschäumenden Feiern am 8. Mai, dem *Tag der Befreiung vom Faschismus*, begeistert und berichtete Helen Coates in einem Brief: »Die ganze Stadt ist am Tanzen – zu plärrenden Platten mit Boogie-Woogie und Strauß-Walzern ... In dieser Woche sollte man an keinem anderen Ort der Welt sein.«

Im Juni begleitet Helen Coates Lenny nach London. Sechs Konzerte mit den Londoner Philharmonikern standen auf dem Programm. Schon vom Beginn der Proben an war Bernstein mit dem Orchester unzufrieden: »Ich hatte eine schwere Zeit. Das Orchester war erst zur Hälfte demobilisiert, die Soldaten waren nach dem Krieg noch nicht aus der Armee entlassen worden, das Orchester spielte ganz unrein in der Intonation, obwohl ich schrecklich hart mit ihnen gearbeitet hatte … aber es spielten so viele Ersatzleute.«

Leonard litt auch unter der Kälte in London: »Nirgends gab es einen Schal, Handschuhe oder einen Sweater zu kaufen, es gab einfach nichts.« Er ist in Großbritannien von Anfang an enttäuscht. Es gibt keine Empfänge und Festlichkeiten ihm zu Ehren, er fühlt sich von den Briten nicht genug geschätzt. In einem Brief an seinen Freund Aaron Copland berichtet er von »erbärmlichen Allerweltsprogrammen«, die er mit den Philharmonikern zu absolvieren hat, und drückt sein Empfinden drastisch aus: »Die Musik hier ist in einem entsetzlichen Zustand. Alles andere auch (Essen, Moral, Wohnen, Politik, Indien, Kleidung).« An seine Schwester schreibt Lenny, der die meiste Zeit allein im Zimmer des Hotels verbringt, »… in Einsamkeit, die zu einem Ungeheuer geworden ist. Auf alles reagiere ich mit einem tiefen Sumpf von Depressionen.« Seine psychischen Probleme mündeten in einer physischen Krankheit: in Halsschmerzen und hohem Fieber: »Ich war einer der ersten in England, die vom englischen Militär Penicillin bekamen«, meinte er stolz. Die gerade erst entdeckte Wunderdroge wirkte. Bereits nach einem Tag Bettruhe konnte Bernstein in der Royal Albert Hall die nächste Probe absolvieren: »Das hat mir das Leben gerettet. Ich hatte todkrank im Hyde Park Hotel gelegen. Und das sollte mein erstes großes Debüt in Europa mit amerikanischer Musik sein …«

The Times berichtete am 17. Juni 1946 neben Meldungen wie »Atompläne der Vereinigten Staaten«, »Konferenz in Paris über die zukünftigen Beziehungen zu Österreich und Deutschland«, »Britischer Soldat von Araber in Gaza erschossen« auch über das erste Konzert Leonard Bernsteins mit den Londoner Philharmonikern in der ausverkauften Royal Albert Hall. Es war das erste Mal, dass Richard Wagner nach Englands Krieg gegen Deutschland in London wieder gespielt wurde. Kritiker waren vom *real Wagnerian conductor* begeistert: »Das Temperament Mr. Bernsteins macht ihn augenscheinlich zu einem Wagner-Dirigenten. Es war tatsächlich ein erregendes Erlebnis, nach sieben Jahren wieder die Schlussszene aus der *Götterdämmerung* zu hören, wie er sie unter seiner leidenschaftlichen Leitung bis zu ihrem Höhepunkt und ihrer Vollendung aufbaute.«

Bald fühlte sich Bernstein im Nachkriegs-London besser und verlängerte seinen Aufenthalt um eine Woche. Im Royal Opera House dirigierte er sein Ballett *Fancy Free*, die Aufführung wurde zu einem großen Erfolg. Endlich erfuhr der sensible Maestro die ihm so wichtige Anerkennung. Auf der Gesellschaftsseite der *Evening News* konnte man lesen,»dass alle Londoner Sekretärinnen neben ihren Schreibmaschinen Fotos von Leonard Bernstein aufgestellt hatten.« Die Depressionen waren wie weggeblasen, Lenny konnte sich wieder »stolz wie ein Pfau« fühlen …

Am 6. August 1946 dirigierte Leonard Bernstein *Peter Grimes* von Benjamin Britten, eine Oper über einen Fischer, der den Tod seines Gehilfen verursacht. Für Lenny eine heikle Aufgabe, das Thema wühlte ihn im Innersten auf. Britten sparte nicht mit harscher Kritik an Bernstein: »Es ist unsinnig zu behaupten, es sei professionell gewesen, es war nur eine sehr lebhafte Studenteninszenierung.« Das Urteil des Komponisten löste in Leonard Bernsteins psychischem Wellental einmal mehr eine depressive Phase aus, über die auch eine exzessive Premierenfeier, auf der Lenny Boogie-Woogie spielte, nicht hinwegtrösten konnte.

Zu dieser Zeit entstand auch seine zweite Symphonie, *The Age of Anxiety*. Vorlage war ein gleichnamiges Gedicht des exzentrischen britischen Lyrikers W. H. Auden, der bis zu seinem Tod 1973 die Sommer im niederösterreichischen Kirchstetten verbrachte und dort auch begraben ist. Leonard Bernsteins Werk mit dem deutschen Titel *Das Zeitalter der Angst* entstand auf Reisen: im Bus, im Flugzeug, im Hotel: »*Age of Anxiety* wurde überall zwischen Tel Aviv und New Mexiko komponiert«. Den größten Teil der Orchestrierung schrieb Bernstein während einer vierwöchigen Tournee mit dem Pittsburgh Symphony Orchestra, auf der er in 28 Tagen 25 Konzerte dirigierte und in 22 Konzerten auch als Pianist auftrat.

Dem Rätsel seiner Seele versuchte Leonard Bernstein immer wieder in psychoanalytischen Sitzungen auf den Grund zu kommen. In unregelmäßigen Abständen suchte er eine Analytikerin auf, bei der auch Jerome Robbins in Behandlung war. Basierend auf den seelischen Eruptionen zweier Männer und einer Frau, die versuchen, ihre Einsamkeit durch leidenschaftliche Begegnungen zu überwinden – aber merken, beziehungsunfähig zu sein –, entsteht *Facsimile*, ein nur zwanzig Minuten dauerndes, schwer verdauliches Ballett, dessen Höhepunkt ein verzweifelter Schrei der Frau als Ausdruck ihrer Gefühlskälte bildet. Danach eine (lange) Minute des Schweigens. Die harsche Kritik des *Time*-Magazins: »Zu einer amoklaufenden Musik von Leonard Bernstein wälzten sich die drei unsicheren Menschen auf dem Boden, küssten einander wahllos, rauften sich; dann jagten die beiden Männer Nora Kaye wie einen Federball hin und her, bis sie schluchzend zu Boden fiel.« Später fiel in Boston eine aufreizende Kussszene der Zensur zum Opfer. *Facsimile* sollte eines der am seltensten aufgeführten Werke Leonard Bernsteins werden.

KAPITEL 16

Musikalischer Messias

Das Publikum in Palästina: Sie erheben sich mit den Crescendi
und sinken mit den Diminuendi hinunter –
sie sind wie ein Barometer; es gibt nichts Subtileres auf der Welt.«

A m 9. April 1947 begann für Leonard Bernstein eine extrem emotionelle Reise. Gemeinsam mit seinem Vater und der Schwester ging es an Bord der *SS America* von New York Richtung Palästina, ein Jahr vor der Gründung des Staates Israel. Bereits seit zehn Jahren musizierte dort das Palestine Orchestra, das nach der Staatsgründung Israel Philharmonic Orchestra genannt wurde. Dessen erstes Konzert dirigierte Arturo Toscanini im Dezember 1946 als Geste gegen die faschistischen Länder Europas. Ende April, nach einer beschwerlichen Reise über Paris und Kairo, wo die Familie eine »gespannte und feindselige Atmosphäre empfing«, landeten die Bernsteins endlich in Tel Aviv. Der Flug von Kairo nach Palästina wurde erst durch Bezahlung von 300 Dollar für Übergepäck und das Geschenk einer wertvollen Füllfeder Lennys an einen Zollbeamten ermöglicht. Bereits im Winter des Jahres 1945 hatte man Bernstein nach Palästina eingeladen, konnte jedoch die Reisekosten nicht übernehmen. Er verzichtete auf seine Gage, doch erst eineinhalb Jahre später war es für ihn finanziell möglich, die aufwendige Reise anzutreten. Schließlich landete in Palästina ein unbekannter Musiker, dem ein großer Ruf vorauseilte. Vier Konzerte in Tel Aviv, zwei in Haifa und eines in Jerusalem wurden für Leonard Bernstein zu einem berührenden Erfolgserlebnis. Auch wenn beim ersten Konzert die Noten für seine *Jeremiah-Symphonie* mit dem hebräischen Bibeltext plötzlich nicht zu finden waren. Stattdessen gab man Mozarts *Linzer Sinfonie*. Seit Toscaninis Konzert gab es bei Publikum und Kritik keinen solchen Erfolg: Der noch nicht dreißigjährige Dirigent, Komponist und Pianist Leonard Bernstein wurde wie ein musikalischer Messias empfangen und enthusiastisch gefeiert. Voller Stolz auf den jungen jüdischen Musiker wurde Leonard Bernstein im ganzen Land herumgereicht.

Die *New York Times* berichtete aus Palästina, dass kein Dirigent »mit solchen Ovationen« gefeiert wurde, ein Umstand, mit dem Lenny gut leben konnte. In der *Palestine Post* vom 2. Mai 1947 schilderte er sein Empfinden und dass er das Publikum jede Sekunde fühlen konnte: »… obwohl ich ihm ja den Rücken zudrehe: Sie erheben sich mit den *Crescendi* und sinken mit den *Diminuendi* hinunter – sie sind wie ein Barometer; es gibt nichts Subtileres auf der Welt.«

Die Bernsteins erlebten ein Land in Aufruhr. Die jüdische Bevölkerung forderte die Errichtung eines unabhängigen Staates, der ihnen in der Balfour-Deklaration bereits im Jahre 1917 zugesichert worden war: eine *nationale Heimstätte des jüdischen Volkes.* Die Konzerte fanden unter schwierigsten Bedingungen statt. Überfälle und Sabotageakte ließen die britische Mandatsregierung eine Kommission nach der anderen zusammenstellen, um die Teilung in ein arabisches und ein jüdisches Land zu erzielen. Von arabischen Extremisten, aber auch durch die rechtsextreme jüdische Irgun-Partei und deren militante Splittergruppe, die Stern-Bande, gab es immer häufiger terroristische Anschläge. Wegen der abendlichen Ausgangssperre gab es nur Veranstaltungen am Nachmittag. Die Reisen Bernsteins und des Orchesters zwischen Tel Aviv und Jerusalem wurden größtenteils in gepanzerten Autobussen unternommen. »Die Lage ist angespannt und unberechenbar«, schrieb Lenny an Helen Coates: »Als ich heute einen Einsatz gab, ertönte draußen vor dem Saal eine ohrenbetäubende Explosion. Wir fuhren in aller Ruhe mit der Arbeit fort. So ist das hier. Gestern Abend wurde in unserem Hotel ein Engländer entführt, heute wurde die Polizeistation in die Luft gejagt, auf dem großen Platz ein Lastwagen gesprengt – aber das Leben geht weiter; wir tanzen, spielen Boogie-Woogie, gehen am Mittelmeer spazieren (das wie im Märchenbuch ist) …« Das letzte Konzert fand unter freiem Himmel in einem Kibbuz im Yizre'el-Tal statt. Mit Lastwagen, auf Pferdefuhrwerken oder zu Fuß waren fast 4000 Menschen gekommen. Wegen der Straßensperren mussten viele die Nacht bis zum Morgengrauen auf den Ladeflächen der LKW oder auf dem Feld verbringen. »Es war, als habe der Himmel ihnen diesen Genius gesandt, um ihren Kummer zu vergessen«, berichtet ein Journalist im *Boston Morning Globe* über das emotionalste Konzert Leonard Bernsteins in Palästina.

Im Februar 1948 sollte er wiederkommen, doch er sagte ab. Weil er von vielen Seiten bedrängt wurde, »… als Amerikaner und Jude nicht eine erstklassige Zielscheibe für arabische Feindseligkeiten abgeben zu wollen.« Erst im Oktober kehrte er für zwei Monate nach Israel zurück. Er dirigierte fast vierzig Konzerte, in mehr als dreißig war der *Tiger am Piano* auch als Klaviersolist auf der Bühne. Selbst während es Luftalarm gab, unterbrach Lenny nie eine Aufführung. Es ließ ihn kalt, dass während der Konzerte in unmittelbarer Nähe Bomben und Granaten explodierten, Menschen verletzt wurden und Häuser einstürzten. Schon während Leonard Bernsteins erstem Konzert in Jerusalem am 14. Oktober hörte man während Beethovens *Ouvertüre zu Leonore Nr. 3* beim Trompetensignal, das die Ankunft des Ministers, der der Knechtschaft ein Ende bereitet, ankündigte, lautstarkes Artilleriefeuer.

Am 20. November folgten 35 Mitglieder des Philharmonischen Orchesters Leonard Bernsteins Initiative, am Rande der Negev-Wüste in der biblischen Stadt Beer Sheva ein Konzert zu geben. Immer wieder hatten die Vereinten Nationen den jungen Staat Israel aufgefordert, die Stadt zu verlassen. Doch Bernstein wollte hier unbedingt für eine Brigade, die die Ägyptische Armee aus dem Negev zurückgetrieben hatte, auftreten. Mehrere gepanzerte Busse mit Musikern und Instrumenten, die vorsorglich in Decken gehüllt waren, begaben sich auf die gefährliche Reise. Sogar ein Klavier wurde an den Rand der Wüste mitgenommen. Unter größten Gefahren fand das Konzert mit Werken von Beethoven, Mozart und Gershwins *Rhapsody in Blue* statt. Tausende Soldaten und Zivilbevölkerung saßen auf vermintem Boden und Mauern der biblischen Stadt am Rande einer archäologischen Ausgrabungsstätte. Als ein Krankenwagen mit verwundeten Soldaten aus dem nahegelegenen Spital eingetroffen war, konnte das Nachmittagskonzert beginnen.

Auch die arabischen Bewohner Beer Shevas lauschten in der Ferne – zwischen Kamelen und Maultieren – Leonard Bernstein und den israelischen Musikern. Man gab Mozart für Maultiere.

Leonard Bernstein fühlte sich im jungen Staat Israel wie in seiner zweiten Heimat. Am 14. Mai 1948 wurde von David Ben Gurion die Gründung des Staates Israel verkündet. Die zuvor im Land verstreut lebenden 600 000 Juden Palästinas, zum großen Teil der Vernichtungsmaschinerie Europas entkommen, sahen sich vor einem Kampf auf Leben und Tod. Im Unabhängigkeitskrieg mussten mehr als 6000 Menschen, rund ein Prozent der damaligen jüdischen Gesamtbevölkerung, ihr Leben lassen. Der Generalsekretär der Arabischen Liga hatte zuvor erklärt: »Dies wird ein Ausrottungskrieg und ein gewaltiges Massaker, über das man einmal sprechen wird wie über die mongolischen Massaker und die Kreuzzüge.« Bernstein empfand tiefste Solidarität für den neu gegründeten israelischen Staat: »Ich glaube, ich werde hier jedes Jahr mehr Zeit verbringen. Das Herumhetzen in den amerikanischen Städten erscheint mir hier so unwichtig …«

An seinen väterlichen Freund Serge Koussevitzky berichtete er nach Boston: »Ich bin einfach überwältigt von diesem Land und seinen Menschen. Noch nie habe ich mich so über eine Armee, über einfache Bauern, über ein Konzertpublikum gefreut … Und Jerusalem – was soll ich über mein geliebtes Jerusalem sagen, tragisch, unter ständigem arabischen Beschuss, ohne Wasser (nur ein Eimer pro Tag) – Maschinengewehrsalven begleiten draußen unsere Aufführungen von Beethoven-Symphonien!«

KAPITEL 17

Hexenmeister mit dämonischer Begabung

Wir müssen an die Machbarkeit des Guten glauben.
Wir müssen an den Menschen glauben.

Im Mai 1948 hatte Leonard Bernstein ein weiteres emotionales Erlebnis. Er hatte zwar Scheu vor Deutschland, wollte jedoch unbedingt in den Flüchtlingslagern von Feldafing und Landsberg bei Dachau mit überlebenden Musikern auftreten. Die amerikanische Militärbehörde ermöglichte ihm seinen Wunsch. Bereits zwei Jahre zuvor hatte Yehudi Menuhin, der sich als »Brückenbauer« sah, aber auch das »deutsche Schuldgefühl wachhalten« wollte, in Deutschland Konzerte gegeben, auch gemeinsam mit Wilhelm Furtwängler, dem Leiter der Berliner Philharmoniker während der Herrschaft der Nationalsozialisten.

Doch Bernsteins Konzert für Flüchtlinge bewilligte die Behörde nur unter der Bedingung, dass es auch in München mit dem Bayerischen Staatsorchester einen Auftritt geben würde – mit Leonard Bernstein als erstem amerikanischen Dirigenten nach dem Krieg am Pult. »Ich musste mit einem Orchester arbeiten, dessen Mitglieder vermutlich alle Parteiangehörige gewesen waren«, beschrieb Leonard Bernstein 34 Jahre später seine gemischten Gefühle. In einem Brief an Helen Coates schilderte er damals aber auch andere Empfindungen während dieser Maitage des Jahres 1948: »Garmisch, die Zugspitze, welch eine Landschaft! In Amerika vergisst man immer wieder, dass Deutschland ein Land voll von Schönheiten ist und nicht eine stählerne Festung, voll von Leuten, die Stahlhelme tragen und Waffen schmieden. Ganz im Gegenteil! Und Bayern ist ein solcher Traum! Mein Gott, hier gibt es so viel Schönheit und Fröhlichkeit – warum kann es keinen Frieden geben?«

Das Orchester kannte den jungen, jüdischen Musiker kaum. Man war äußerst skeptisch. Doch Generalmusikdirektor Georg Solti hatte Bernstein für ein Konzert ins Prinzregententheater eingeladen. Anders als Vladimir Horowitz, Artur Rubinstein oder Isaac

Stern, die das ehemalige Nazi-Deutschland boykottierten, kam der 29-jährige Leonard Bernstein nach München. Als er ankam, erlebte er eine Stadt im Ausnahmezustand: Die Menschen hungerten und bettelten um Brot. Alles war zerstört. Elend, wohin man blickte. Löhne wurden zumeist in Form von Zigaretten ausbezahlt. Dramatisch auch die Situation im Opernhaus, wo während der letzten Wochen zahlreiche Musiker und Sänger infolge von Unterernährung – wie in einer *Carmen*-Aufführung – ohnmächtig zusammengebrochen waren und der Musikbetrieb durch einen Streik tagelang lahmgelegt worden war. Auch im Orchestergraben wurden am Beginn der Probe mit Leonard Bernstein Zigaretten verteilt, doch die Stimmung der Musiker blieb elend. Und dann sollten sie auch noch einem amerikanischen, jüdischen Unbekannten folgen: die *Dritte Symphonie* von Roy Harris, das *Ravel-G-Dur-Klavierkonzert*, das er vom Flügel aus leiten will … Aber vor allem Schumanns *C-Dur-Symphonie* traute das Orchester dem kaum Dreißigjährigen nicht zu:»Die Musiker wollten nicht einmal von ihren Notenpulten zu mir hinaufschauen, sie benahmen sich ganz schrecklich«, erinnerte sich Bernstein. Doch eine halbe Stunde nach Probenbeginn erlebte jeder den Stimmungswandel im Orchestergraben: Der charismatische Gast hatte die skeptischen Musiker in seinen Bann gezogen. Ein älterer Violinist meinte, dass es in Deutschland vielleicht zwei Dirigenten gäbe, die Schumann so gut wie dieser Amerikaner dirigieren könnten. Beide wären aber schon über achtzig. Dies war für Bernstein »das größte Kompliment, das man mir bisher gemacht hatte. Und das ausgerechnet in Deutschland! Die Musiker lagen mir zu Füßen, sie hielten mein Jackett, sie gaben mir Feuer für meine Zigarette …« Vermutlich waren die verängstigten, verunsicherten Musiker, die den Krieg und die Nazizeit überstanden hatten, doch neugierig auf das, was Amerika an Freiheit und Lebensqualität zu bieten hatte.

Über das historische Münchner Konzert am 9. Mai 1948 schrieb ein Kritiker in der *Süddeutschen Zeitung*: Leonard Bernstein sei ein »mit Musik Geladener, der das Orchester zur Hergabe des Letzten an Klangschönheit und elastischer Subtilität des Vortrags zwingt.«

Eine andere Zeitung nannte Leonard Bernstein »einen Hexenmeister von dämonischer Begabung«. Immerhin zwangen der mehr als zehn Minuten dauernde Applaus und die lautstarken Bravo-Rufe nach Ravels Klavierkonzert die Musiker zur Wiederholung des dritten Satzes. Nach dem Konzert warteten begeisterte Fans vor dem Prinzregententheater auf den Gast aus Amerika und trugen ihn auf ihren Schultern durch die Straßen. Bernstein konnte das alles kaum fassen: »Das Münchner Konzert war der größte Erfolg bisher … Es gibt nichts, was einen mehr befriedigen könnte, als ein Opernhaus voll von begeistert jubelnden Deutschen … Die Musik war die letzte Bastion der Deutschen in ihrem *Herrenrassen-Anspruch*, in München ist die Bastion jetzt zum ersten Mal geplatzt«, fuhr Leonard Bernstein patriotisch fort.

Auch für die amerikanische Militärregierung war das Konzert ein entscheidendes Ereignis. Doch die ergreifendsten Konzerte fanden in Feldafing statt, mit jüdischen Musikern und jüdischen Überlebenden. Leonard Bernstein wurde von einer Kindergruppe mit Blumen empfangen. Jeweils 5000 Lagerinsassen aus Feldafing und Landsberg bei Dachau saßen nacheinander im Publikum. Als Gäste auch die Musiker des Münchner Staatsopernorchesters, etwa hundert Mann samt Intendanz: »Intendant war Frau Fichtmüller, die das Orchester während der ganzen Nazizeit geleitet hatte, eine kräftige Frau, die nach dem Konzert vor mir niederkniete«, erinnerte sich Bernstein. »Sie legten Rosen aufs Podium. Das war eine Art Buße für sie … Mein Herz hat geweint. Es war schön, sich durch Musik den Menschen zu nähern, die vorher nur Hass empfunden hatten.« Bernstein dirigierte das Dachau Symphonieorchester. Man hatte den Namen bewusst beibehalten. Es waren nur mehr 16 Holocaust-Überlebende, die aus einem Orchester von 65 Musikern übriggeblieben waren. Auf Jiddisch munterte der Dirigent am Beginn des Konzerts bei brütender Hitze von einem verstimmten Klavier aus seine Kollegen auf: »Schwitzen wir gemeinsam.« Als Leonard Bernstein am Ende des zweiten Konzerts den Musikern mitteilte, dass er bald nach Israel fahren würde, riefen sie: »Nimm uns mit, nimm uns mit!« Tatsächlich gelang es

Bernstein, zwei Musiker aus dem deutschen Lager in Israel unterzubringen.

Nach dem Konzert überreichte man ihm als Erinnerung die Kleidung eines KZ-Häftlings, mit der Nummer jenes Mannes, der das Orchester leitete, eines Flötisten, der Walter hieß. Bernstein rührte die Geste, er nahm die gestreifte Lageruniform nach New York mit: »Ich wusste nicht recht, was ich damit anfangen soll. Ich ließ sie an die fünfzig Male chemisch reinigen, doch der Geruch ging nicht heraus – es war der Geruch des Todes.«

38 Jahre nach diesen Konzerten erfährt Leonard Bernstein in Deutschland eine große Ehre. Die Karl-Amadeus-Hartmann-Medaille wird ihm verliehen. »Auf Bernsteins Konzerte freut man sich wie auf glückliche Rechtfertigungen unseres Menschendaseins in der Qual der Zeit …«, meint Kritikerlegende Joachim Kaiser in seiner Laudatio, »…man freut sich wie auf eine Mischung aus Weihnachten, Wechselbad, Erleuchtung, Mysterium und sinnlich-heiterem Fest. Denn Bernstein ist der Reinheit fähig, der schlackenlos originären Direktheit des Empfindens! Bernstein fühlt stärker und er hat ein heißeres Herz als wir anderen, ärmeren Erdenbürger.«

KAPITEL 18

Advokat der Abrüstung

Wir haben neue Wunschträume bitter nötig.
Nur wenn wir sie Wirklichkeit werden lassen können, wird es uns gelingen,
unsere Erde zu einem sicheren Ort werden zu lassen.

Seit seinem Aufenthalt in Palästina wurde Leonard Bernstein politisch immer aktiver. Er fühlte sich als Künstler dafür verantwortlich, sich mit gesellschaftlichen Strömungen auseinanderzusetzen. Er wurde Mitglied der *Progressive Citizens for America* und bekämpfte gemeinsam mit den Autoren Moss Hart und George Kaufman sowie mit Lauren Bacall, Humphrey Bogart und Danny Kaye öffentliche Diffamierungen und Berufsverbote. Und Bernstein kämpfte gegen den Kongressausschuss, der *unamerikanische Umtriebe* anprangerte. Die Liste der Künstler, die vor den Ausschuss geladen wurden, liest sich wie ein *Who is Who* der damaligen Kulturszene: Arthur Miller, Charlie Chaplin, Gary Cooper und Robert Taylor. Auch deutsche Emigranten wie Bert Brecht und Thomas Mann waren dort verzeichnet. Brecht, der bereits am Tag des Reichstagsbrands 1933 aus dem nationalsozialistischen Deutschland geflohen war, erst 1942 in die USA gelangte und später schrieb, dass er »das Land häufiger als die Schuhe gewechselt hatte«.

Sie alle einte, dass sie verdächtigt wurden, dem Kommunismus nahezustehen – und damit als »feindliche Spione« die USA untergraben zu wollen. Informationen von Denunzianten wurde Glauben geschenkt, Telefone wurden abgehört, die Akten über die »Staatsfeinde« umfassten manchmal mehr als tausend Seiten. »Sie waren nicht so schlimm wie die Nazis«, meinte Bert Brecht später über die stundenlangen Verhöre ironisch: »Die Nazis hätten mich nicht rauchen lassen.«

Auch Leonard Bernstein wurde *unamerikanischer Umtriebe* beschuldigt. Lange Zeit wurde er vom FBI als linksradikal eingestuft, und zwar in einem 700 Seiten umfassenden Akt, den man bereits 1943 begann über den damals erst 25-Jährigen anzulegen. Im

94

Laufe der nächsten Jahre wurden Aktivitäten Bernsteins beobachtet und als verdächtig eingestuft. Für die amerikanische Geheimpolizei reichte es schon, dass er mit der Schriftstellerin Lillian Hellman zusammenarbeitete, die für ihre »linken Sympathien« bekannt war. Oder es war den Behörden suspekt, dass Leonard Bernstein an den sowjetischen Komponisten Dimitri Schostakowitsch ein Grußtelegramm schickte. Auch der Brief Bernsteins an den amerikanischen Justizminister, in dem er ihn bat, die Ausweisung des linken Komponisten Hanns Eisler – »Und weil der Mensch ein Mensch ist, drum braucht er was zum Essen, bitte sehr!«, heißt es in seinem *Einheitsfrontlied* – zu verhindern, wurde gegen ihn verwendet. Gegen Eisler, einen Schüler Arnold Schönbergs, der sich gerade für ein Filmprojekt in Hollywood aufhielt, wurde im Juli 1940 ein offizieller Haftbefehl der US-Einwanderungsbehörde verhängt, obwohl er als Professor an den Universitäten von San Francisco und New York Vorlesungen hielt.

Später wurde Leonard Bernstein angedroht, man würde seinen Reisepass nicht verlängern und ihm damit die Ausreise unmöglich machen. Er galt als »einer jener Personen, Bürger oder Außerirdischen«, die das FBI »im Falle einer Konfrontation mit der Sowjetunion als gefährlich« befunden hatte. Erst nach der eidesstattlichen Erklärung, dass er weder Kommunist sei noch je mit Kommunisten sympathisiert habe, wurde Bernsteins amerikanischer Reisepass verlängert.

Politische Organisationen unterstützte er immer nur im Zusammenhang mit humanitären Aufgaben. Leonard Bernstein war leidenschaftlicher Humanist, folgte nie der Doktrin einer Partei – und verachtete Kommunismus ebenso wie Faschismus. Er hasste Gewalt und Intoleranz. Er bekämpfte Rassismus voller Engagement und Emotionalität. Er verstand Menschen nicht, die aus der Geschichte nicht lernen konnten. Verzweifelt optimistisch engagierte er sich ein Leben lang für Gerechtigkeit und Pazifismus. Und er war ein Vorkämpfer der amerikanischen Bürgerrechtsbewegung. In seiner Zeit als Chef der New Yorker Philharmoniker engagierte das Orchester sein erstes schwarzes Mitglied, den Violinisten Sanford Allen.

Leonard Bernstein war auch ein Advokat für nukleare Abrüstung. 1985 unternahm er anlässlich des vierzigsten Jahrestages des Atombombenabwurfes eine musikalische »Reise für den Frieden«. Sie begann in Athen, ging über Budapest und Wien – und endete in Hiroshima. Er hoffte, das Weltgewissen aufrütteln zu können. Mit Musik wollte er seine Friedensbotschaft über die Welt verbreiten. Nach dem Konzert wurde er von *Good Morning America* interviewt und meinte voller Naivität: »Ich hoffe, unsere Tour hat zum Verständnis beigetragen, dass der Wahnsinn Krieg für immer gestoppt wird.« Schon zwei Jahre zuvor, anlässlich seines 65. Geburtstages, hatte er einen Aufruf an »alle globalen Musikfreunde« unternommen, als Zeichen atomarer Rüstungsgegnerschaft ein blaues Band am Handgelenk zu tragen. Nicht nur seine Gegner sahen die Aktion als Spleen eines naiven Humanisten. Aber viele ermunterten ihn auch, wie Bruno Kreisky, der in einem Brief zum siebzigsten Geburtstag Bernsteins sein »starkes Engagement für die Menschlichkeit, für die, die unaufhörlich nach einer besseren Welt streben« würdigte, »obwohl das alles manchmal vergeblich erscheint.«

Leonard Bernstein, der sich aus Versicherungsgründen immer wieder Untersuchungen unterziehen musste, war nie selbst von Aids betroffen. Bereits 1987 organisierte er jedoch gemeinsam mit seinem Manager Harry Kraut *Music for Life* in der Carnegie Hall, ein Benefizkonzert für Betroffene der immer mehr grassierenden, heimtückischen Krankheit. Im Publikum der Klassikgala sah man Musiker wie Paul Simon und Hollywood-Größen wie Michael Douglas und Paul Newman. Geladen an Sponsorentischen, die jeweils 25 000 Dollar einbrachten. Insgesamt erzielte man 1,7 Millionen Dollar für die Patientenbetreuung von Aids-Opfern. Ein Quartett der bekanntesten Opernsänger trat auf: Leontyne Price, Marilyn Horne, Luciano Pavarotti und Samuel Ramey. Yo-Yo Ma spielte Cello, Murray Perahia Klavier. Leonard Bernstein und James Levine dirigierten. Als Höhepunkt sang Leontyne Price langsam und getragen *Somewhere* aus der West Side Story. Als Bernstein das Benefizkonzert mit dem Adagietto aus Mahlers *Fünfter Symphonie* beendete, kannten die Emotionen keine Grenzen mehr.

KAPITEL 19

35 Minuten Filmmusik

Jede Art von Musik,
die echter menschlicher Ausdruck ist,
hat für mich Gültigkeit.

1954 wagte sich Leonard Bernstein auf ein weiteres, völlig neues Terrain. Er stellte die immer wieder begonnene Arbeit an der Musik für den Film *On the Waterfront* fertig, das Schwarzweißmeisterwerk mit dem deutschen Titel *Die Faust im Nacken*, in dem, neben Karl Malden, Rod Steiger und Eva Marie Saint in ihrem Kinodebüt brillierten, vor allem aber Marlon Brando als ehemaliger Boxer, als Muskelpaket, als naiver Handlanger bei mafiösen Geschäften der Gewerkschaftsbosse in den Docks von New York. Mit acht Oscars und vier Golden Globes ausgezeichnet, gilt das Drama, ein Meilenstein des neuen Realismus, als ein Meisterwerk der amerikanischen Filmgeschichte, geschrieben von Elia Kazan, der zwei Jahre vor der Premiere des Films bei seiner zweiten Befragung im April 1952, vor dem *Ausschuss gegen unamerikanische Umtriebe*, Freunde und Kollegen denunziert hatte. Darunter auch Arthur Miller. Kazans Aussage hatte die Karriere und das Leben vieler Künstler zerstört und dazu beigetragen, die *Schwarze Liste von Hollywood* zu erstellen. Daher weigerte sich Leonard Bernstein, der bereits zehn Jahre zuvor auch schon vor diesem Ausschuss aussagen hatte müssen, immer wieder, mit Elia Kazan zusammenzuarbeiten. »Was soll ich bereuen?«, meinte Elia Kazan, der neben Marlon Brando auch James Dean für den Film entdeckt hatte, in einem seiner letzten Interviews fünfzig Jahre nachdem der Schriftsteller und Regisseur am Höhepunkt der Kommunisten-Hetze des Senators Joseph McCarthy vor dem *House Commitee of Unamerican Activities* als Informant gedient und gegen acht Freunde ausgesagt hatte: »Als junger Mensch glaubte ich an den Kommunismus. Doch ich sah, dass der real existierende Sozialismus der Ostblockstaaten die Menschen genauso unterdrückte wie die Nazis. Stalin und Hitler – für mich sind beide

Verbrecher. Ich trat aus der kommunistischen Partei Amerikas aus. Als mich das Komitee befragte, nannte ich nur die Namen der Parteigenossen – teilweise sogar mit deren Zustimmung.« Der legendäre Produzent Sam Spiegel konnte Bernstein schließlich zur *On the Waterfront*-Filmmusik überreden: Elia Kazan sei ein glühender Antifaschist geblieben und habe sich immer für die Wahrung der Rechte des Individuums engagiert. Schließlich vollendete Leonard Bernstein die immer wieder abgebrochene Arbeit an der Filmmusik.

Für *Newsweek* hatte der Film »dramatische Universalität«, der Wiener Kritiker und Musikwissenschaftler Hans Keller beschrieb Bernstein in einem britischen Magazin als Schöpfer der »ungefähr besten Filmmusik, die je in Amerika entstanden ist«. *On the Waterfront* wurde für Leonard Bernstein zu einem weiteren Mosaikstein seines musikalischen Schaffens. Plötzlich war der Dirigent, Komponist und Pianist auch ein international anerkannter Filmkomponist. Während der nächsten Jahre folgten viele Angebote, Musik für einen Film zu komponieren. Auch Sam Spiegel lockte Lenny immer wieder – mit extrem hohen Gagen. Doch es kam nie wieder dazu, denn Bernstein war auch über die radikale Kürzung seiner *Waterfront*-Musik verärgert: Es waren nur weniger als 35 Minuten Filmmusik übrig geblieben. Bereits während der Fertigstellung des Films beschloss Bernstein, etwas von der Musik zu retten, die »sonst auf dem Boden des Filmstudios liegen geblieben wäre«. Es entstand eine fünfteilige symphonische Suite, die ohne Unterbrechung zu spielen und in Konzertsälen immer erfolgreich war.

KAPITEL 20

Kultur ohne Schwellenangst

*Man kann den Anfang von Beethovens fünfter Symphonie als das Schicksal,
das ans Tor pocht empfinden. Oder als jenen Morse-Code, der im letzten Krieg
› Victory‹ bedeutete. Beiden Empfindungen liegt dennoch nichts anderes
als die dreimalige Wiederholung der Note G und ein
abschließendes Es zugrunde. Sonst nichts.*

Im Herbst des Jahres 1954 eröffnete sich für Leonard Bernstein
eine völlig neue Welt: Der Fernsehsender CBS Television bat ihn
um seine Mitarbeit für das Magazin *Omnibus*, ein *intellektuelles
Fernsehformat*, von der Ford-Foundation gesponsert – einer Stif-
tung, deren wichtigste Ziele die »Verbreitung der Demokratie« und
die »Reduzierung der Armut« war. Man wollte das Verständnis der
Amerikaner für Kultur wecken – mit Publikumslieblingen wie
James Dean, Marlon Brando und Orson Welles, die in der Sendung
Omnibus auftraten. Für Vorträge über verschiedene Aspekte der
Musik wollte man den populären Leonard Bernstein gewinnen. Die
Live-Sendung, immer am Sonntag – zu Beginn um vier Uhr nach-
mittags, später abends – ausgestrahlt, wurde während der Jahre 1952
bis 1961 wegen ihres unkomplizierten Zugangs zu einem giganti-
schen Erfolg, mit dem niemand gerechnet hatte: Bei Millionen von
Amerikanern war *Kultur* plötzlich kein Fremdwort mehr, in einem
Land, in dem man bis dahin nur mit seichten Soap Operas, Quiz-
Shows und Wildwest-Dramen, Komikern wie den Marx Brothers
oder Schnulzenkönigen wie Perry Como ein Millionenpublikum
vor die Fernseher locken konnte.

Das Publicitygenie Leonard Bernstein erkannte sofort die gigantischen Möglichkeiten dieser TV-Sendung. Als Dirigent, Komponist und Pianist, aber auch als *einfacher Musikliebhaber* verstand er
es, einem Millionenpublikum klassische Musik näherzubringen.
Sensibel, einfach und einprägsam. Er schaffte es, Freude an Musik
zu wecken. Zu Hause vor den Fernsehgeräten. Ohne Schwellenangst
vor Konzertsälen. Der neue Fernsehstar agierte nie wie ein Lehrer,

sondern überzeugte die Seher auf humorvolle Art von seinem eigenen Universum, von seiner ganz persönlichen Welt. Er weckte Interesse für die »unendliche Vielfalt der Musik«, für die Herrlichkeit Mozarts, für Symphonien von Brahms und Beethoven, Tschaikowsky und Dvořák. Aber Leonard Bernstein begeisterte die Zuschauer auch für Unterhaltungsmusik wie Jazz, jene Musikrichtung, die Bernstein »seit seiner Kindheit in sich aufgesaugt hatte«.

In seiner ersten *Omnibus*-Sendung am Sonntag, dem 14. November 1954, exakt elf Jahre nach seinem umjubelten Debüt mit den New Yorker Philharmonikern, begrüßte ein schmächtiger, dunkelhaariger, eleganter Herr mit wohlklingender, samtiger Stimme die Zuseher, Leonard Bernstein, der einen Fernsehkritiker an den jungen Abraham Lincoln erinnerte: »Wir wollen heute versuchen, Ihnen ein etwas sonderbares und ziemlich schwieriges Experiment vorzuführen. Wir wollen uns den ersten Satz von Beethovens *Fünfter Symphonie* vornehmen und ihn neu schreiben ... erschrecken Sie bitte nicht, wir werden dazu nur Noten verwenden, die der Titan selbst geschrieben hat.«

Auf den Boden des Fernsehstudios hatte Produzent Robert Saudek die erste Seite aus Beethovens Partitur – extrem vergrößert – zeichnen lassen, auf der Bernstein auf- und abging. Auf die jeweilige Notenlinie stellten sich Musiker mit ihren Instrumenten. Auf diese Weise konnte der Musikerklärer Lenny visuell und akustisch dokumentieren, wie Beethoven auf einen Teil der Holz- und Blechbläser verzichtet hatte, um in der Einleitung eine besonders dunkle Klangfarbe zu erzeugen: einen *maskulinen Klang*.

Danach ließ Lenny vertraute Beethoven-Melodien in früheren Versionen einspielen und erklärte die Entscheidungen des Komponisten für die spätere, endgültige Fassung. Schließlich hörte man den kompletten ersten Satz. Das Publikum war begeistert, die Medien auch. Man bejubelte den neuen Präsentator, der auf legere Art, in einer »fesselnden und ausgereiften halben Stunde, ein neues Kapitel im amerikanischen Fernsehen« eingeleitet hatte. Für den Sender CBS war klar: Ein neuer TV-Star war geboren. Sofort wurde Leonard Bernstein eingeladen, weitere *Omnibus*-Sendungen zu gestalten. Obwohl er, wie er selbst sagte, »von Natur aus kein Dozent sei«. Doch seine Liebe zur Musik – jeder Art von Musik – und seine ungezwungene Art rissen von Anfang an ein Millionenpublikum mit. Seine Sendung mit dem Titel *Die Kunst des Dirigierens* lockte an einem Sonntagnachmittag mehr als 16 Millionen Amerikaner vor die Fernseher. Mit einem bis dahin unpopulären Thema: mit klassischer Musik.

In dieser überraschend erfolgreichen Sendung, für *Variety* die *perfekte Fernsehshow*, sprach der Dirigent Leonard Bernstein vom Dirigenten als »wohlwollendem Diktator«. Und am Ende seiner musikalischen Philippika meinte er: »Der Dirigent muss die Musiker begeistern, er muss sie mitreißen, ihre Adrenalinausschüttung anregen – sei es durch Schmeichelei, Strenge oder Zorn. Wie er dieses Kunststück schafft, ist ganz gleichgültig, solange er das Orchester dazu bringt, die Musik so zu lieben wie er selbst … Wenn hundert Menschen zur selben Zeit genau seine Gefühle teilen … und auf jede kleine innere Bewegung wie ein einziger Organismus reagieren, dann entsteht eine Gemeinschaft des Empfindens, die nicht ihresgleichen kennt …« Um die amerikanischen Zuschauer schließlich mit dem Satz zu konfrontieren: »… Es ist das, was der Liebe am nächsten kommt.«

Aufgrund des uneingeschränkten Respekts, den Bernstein jedem musikalischen Kunstwerk entgegenbrachte, konnte er die Zuschauer in seiner leicht verständlichen Art von Anfang an fesseln, oft auch mit plakativen Metaphern. Etwa als er sich mit den ersten 19 Takten aus der Suite Nr. 2 *Daphnis und Chloé* von Ravel beschäftigte: Da gebe es 16 206 Noten für nur 75 Sekunden Musik. Und unter all diesen »nur zwölf kleine Noten«, aus denen die Komponisten seit Jahrhunderten tausende verschiedene Werke komponiert haben: »Aber es gibt keine zwei Stücke, die einander genau gleichen; das war auch nicht der Fall, als die Werke der verschiedenen Komponisten große Ähnlichkeit hatten, wie zur Zeit Palestrinas oder in der Periode zwischen Bach und Mozart.« Danach fragte Bernstein, in welche Lage wohl ein Literat geraten würde, wenn er nur zwölf Worte gebrauchen könnte, etwa wenn/und/aber/Brot/Zirkus/Steuern/Liebe/Hass/

verzeihen/hüpfen/springen/Zahnbürste. »Wie sollte man daraus Romane wie *Krieg und Frieden* oder *Moby Dick* machen. Versuchen Sie überhaupt eine vernünftige Behauptung damit aufzustellen. Aber siehe da, der arme Komponist hat nicht mehr als zwölf Noten, mit denen er arbeiten kann. Wir sprechen natürlich ausdrücklich von westlicher Musik und nicht zum Beispiel von Hindu-Musik, bei der Skalen benutzt werden, die etwa 22 verschiedene Noten enthalten. Aber dennoch scheint es wie ein Wunder. Wie ist es möglich, dass bloß aus einem Dutzend Noten solche Fluten von abendländischen Musikwerken entstanden sind?«

In der Sendung über einen *göttlichen, zeitlosen Komponisten* spricht Bernstein darüber, was man bei Wolfgang Amadeus Mozart als Erstes erkennt: »Eleganz, Geist, Zartheit und Innigkeit«. Wenn dies jedoch alles gewesen wäre, dann hätte er immer nur als Künstler seiner Zeit gegolten, ein Genie des Rokokos, das seine Epoche in Musik eingefangen hat: »Doch als das himmlische Genie, das nur dreißig und einige Jahre blieb, die Welt verließ, war sie neu, bereichert und durch seinen Besuch gesegnet. Mozart fing nicht nur das Gefühl, den Duft und den Geist seines Zeitalters ein, sondern auch den Geist und das Wesen des Menschen – des Menschen aller Epochen – des Menschen mit all seiner geheimen Sehnsucht, mit seinem Kampf und seiner Zwiespältigkeit.«

KAPITEL 21

All That Jazz

Alle Musik ist ihrem Ursprung nach primitiv.
Denn sie ging aus der Volksmusik hervor …
Was ist schließlich ein Haydn-Menuett oder Beethoven-Scherzo
anderes als ein veredelter ländlicher deutscher Tanz?
Und die Arie einer Verdi-Oper geht oft auf einen einfachen
neapolitanischen Fischer zurück.

In einer der *Omnibus*-Folgen behandelte Leonard Bernstein, der immer versuchte, zwischen ernster und unterhaltender Musik zu vermitteln, ein für ihn wichtiges Thema: den Jazz. Jene Musikrichtung, in der »nichts ganz traurig oder ganz glücklich ist« und die er wegen ihrer ursprünglichen Art des emotionalen Ausdrucks liebte. Johannes Kunz, selbst Jazz-Experte, erinnert sich an einen überraschenden Musikwunsch des Maestros in Wien: »In den 1980er-Jahren gab es im ORF die Sendung *Wurlitzer*, in der Plattenwünsche erfüllt wurden. Wir hatten in jeder dieser Sendungen einen Stargast, darunter auch Leonard Bernstein. Es war halb neun Uhr abends, und Bernstein kam mit Cowboystiefeln und Jeans, bereits ziemlich illuminiert, in die Livesendung. Er ging ins Studio, nach einem kurzen Gespräch durfte er sich aussuchen, welche Musik er hören möchte. Moderator Peter Rapp schlug Ausschnitte klassischer Musik mit Karl Böhm oder Herbert von Karajan vor, aber Lenny sagte: ›No, thanks, I want Michael Jackson's Thriller.‹« Johannes Kunz erinnert sich auch an Folgendes: »Bruno Kreisky hat Bernstein in Wien gerne im Restaurant *Stadtkrug* getroffen, so auch eines Abends nach einem Konzert mit den Philharmonikern. Als Erstes hat er eine Flasche Whisky zum Abendessen bestellt. Dann hat er sich an das verstimmte Pianino gesetzt, es war inzwischen längst nach Mitternacht: »Special request«, raunte er in einer der ganz seltenen Zigarettenpausen. Die letzten Gäste durften sich wünschen, was er spielen sollte. Er spielte kreuz und quer jede Musik – beginnend mit *Satisfaction* von den Rolling Stones. Und am Ende ein

Chopin-Nocturne. Niemand hat das Lokal vor drei Uhr morgens verlassen.«

Kunz weiter: »Bernstein war in der Waldheim-Causa sehr kritisch und hat dazu auch Stellung genommen. Er sagte: ›Sollte Kurt Waldheim in eines meiner Konzerte kommen, trete ich nicht auf.‹ Dazu kam es jedoch nie. Ich habe mit Bernstein über Jazz geredet, weil ich als damaliger Sekretär Bruno Kreiskys sehr oft bei Mittagessen mit ihm dabei war. Das Interessante am Komponisten Bernstein ist, dass er als Sohn jüdischer Einwanderer aus Europa dies auch in seine Kompositionen einfließen ließ. Nicht nur die gesamte symphonische Musiktradition, sondern auch die amerikanische Musiktradition, nämlich Blues und Jazz. Das hat ihn fasziniert – er hat ja auch selbst in den 1940er-Jahren als Jazzpianist agiert. Bernstein hat sich immer gegen die Trennung von E- und U-Musik verwehrt. Für ihn gab es nur gute und schlechte Musik. Er erzählte mir: ›Die symphonische Musik meiner Zeit, das heißt der 1950er- und 1960er-Jahre, war damals in einer Krise. Zu Zwölftonmusik und Atonalität hatte ich keine Beziehung. Die zeitgemäße Musik dieser Zeit war für mich Jazz.‹«

Johannes Kunz zitiert in seiner *Ella Fitzgerald*-Biografie (LangenMüller) die Verärgerung Bernsteins, wenn Menschen Jazz »primitiv« fanden: »Alle Musik ist ihrem Ursprung nach primitiv. Denn sie ging aus der Volksmusik hervor, die ja notwendig einfach und naturhaft ist. Was ist schließlich ein Haydn-Menuett oder Beethoven-Scherzo anderes als ein veredelter ländlicher deutscher Tanz? Und die Arie einer Verdi-Oper geht oft auf einen einfachen neapolitanischen Fischer zurück.«

In der *Omnibus*-Sendung gab Bernstein zuerst eine klar verständliche Einführung in die Welt des Jazz. Lenny wuchs heran, als man in den 1930er-Jahren begann, Jazz ernst zu nehmen. Viele seiner Partituren, vor allem seine Ballette und Broadway-Musicals, spiegeln die Auseinandersetzung mit dieser Musikrichtung wider. Daher war die Überraschung für das breite Fernsehpublikum wesentlich größer als für den engeren Kreis seiner Bewunderer, als Leonard Bernstein einen verständlichen und mitreißenden Exkurs über den Jazz verfasste. Wie George Gershwin war Leonard Bernstein in der Welt des Jazz, des Boogie-Woogies, der *Tin-Pan-Alley*-Ära ein Leben lang zu Hause. Er erklärte Grundbegriffe wie Improvisation und *blue notes* – Töne, die in besonderem Maß den Bluescharakter von Melodien prägen. Live-Musik dokumentierte die Vielfalt der verschiedenen Stile. Musik und der begleitende Text verschmolzen durch den Moderator Bernstein zu einer Einheit. Und er versuchte, zwischen der Improvisation im Jazz und Mozarts Variationen im Klavierstück *Ah, vous dirai-je, maman* eine Parallele zu ziehen.

Bernsteins Begeisterung für Jazz bewiesen manche seiner flapsigen Aussagen, etwa wenn er die gute Laune dieser Musikrichtung beschreibt: »Da wird wirklich und wahrhaftig mit Noten gespielt. Wir reden zwar ständig davon, Musik zu *spielen*: Wir spielen Brahms und wir spielen Bach und verwenden dabei einen Ausdruck, der vielleicht besser zum Tennis passt. Jazz ist Freude am Spiel und deshalb Unterhaltung im besten Sinn … das Hauptargument dagegen war immer die Behauptung, hier handle es sich nicht um *Kunst*. Ich finde aber Jazz ist Kunst – noch dazu eine ganz besondere.«

Klassik für Kinder

Ich liebe die Musik fanatisch. Ich kann keinen Tag leben,
ohne Musik zu hören, ohne zu spielen,
mit Musik zu arbeiten, über sie nachzudenken.

Bereits in seiner Dissertation 1939 an der *Harvard University* beschäftigte sich Lenny mit den verschiedenen Elementen in der amerikanischen Musik. Seit damals hatte er mehr als hundert Aufsätze und Manuskripte für das Fernsehen verfasst. Zwischen 1958 und 1972 moderierte und dirigierte er 53 verschiedene Konzertprogramme. Speziell für junge Menschen. Ein Teil davon wurde auch in Buchform veröffentlicht: *Freude an Musik* erschien 1959, acht Jahre später folgte *Von der unendlichen Vielfalt der Musik* sowie zwei Jahre später der Band *Konzert für junge Leute*, in dem Leonard Bernstein in 15 Kapiteln die Grundlagen der Musik erklärte. Das Buch verdankte seine Entstehung dem Wunsch vieler Eltern, deren Kinder über Jahre eine mitreißende Einführung in die Welt der Musik, die Fernsehsendung *Young People's Concerts*, gesehen hatten – und nach einer Buchfassung dieser erfolgreichen Sendereihe verlangten.

Eines Nachmittags in Denver, Colorado, während eines Spaziergangs im Park, schoss ein Bub auf Bernstein zu und schlug ihm mit seiner kleinen Faust in den Bauch: »Du hast mir nicht Gute Nacht gewünscht!« »Oh Lord«, meinte Lenny, »bei der letzten Übertragung hatten wir überzogen und ich hatte keine Zeit mehr, mich wie üblich zu verabschieden.« Kindern erklärte er als Musikpädagoge lebendig und nie belehrend Instrumentation, Tonarten oder die Intervalle – *musikalische Atome.* Und er beantwortete selbst gestellte Fragen, wie: »Was ist eine Melodie?«, »Was ist klassische Musik?« oder »Kann Musik ganz bestimmte Gefühle ausdrücken?« Die Sendung *A Toast to Vienna in ¾ Time*, Ein Hoch auf Wien im Dreivierteltakt, die am Weihnachtstag ausgestrahlt wurde, erreichte einen neuen Rekordwert: 27 Millionen Zuseher folgten gebannt dem Fernsehstar der klassischen Musik. Als der beschwingte Lenny den Walzer aus dem *Rosenkavalier* einspielen ließ, sah es aus, als würde er jeden Augenblick vom Podium tanzen … »Manchmal sehe ich mich auf dem Fernsehschirm und denke: Um Himmels willen, was macht denn der da«, bekannte Bernstein, »da steht ein erwachsener Mann auf einer Holzkiste und macht solche verrückten Bewegungen …«

Bereits als Chef der New Yorker Philharmoniker hatte Bernstein in der Carnegie Hall damit begonnen, Kindern Klassische Musik zu erklären – voller ansteckendem Enthusiasmus. Mit seiner Gabe, Begeisterung bei Menschen wecken zu können, fand er auch bei den Kindern auf Anhieb einen Ton, der nicht kumpelhaft und nicht überheblich war. So konnte er ihnen die Liebe zur Musik weitergeben. Mit großen Augen hingen sie an seinen Lippen. Er schaffte es sogar, seine jungen Zuhörer für Gustav Mahlers *Vierte Symphonie* zu begeistern. Zwischendurch, zur Auflockerung, spielte er Beatles-Songs und sang dazu. Eines konnte das musikalische Universalgenie allerdings sicher nicht: singen. Er hatte eine Stimme wie ein Frosch.

Für die jugendlichen Musikfans fasste er das Wesen der klassischen Musik zusammen: »Es gab Hunderte von klassischen Komponisten, die zur Zeit Mozarts schrieben – schöne Stücke, die nach genauen Regeln komponiert, elegant und richtig waren. Aber ihre Musik ist dennoch nicht von Dauer, weil sie in den Menschen, die sie hören, kein Gefühl auslöst – sie spüren nicht die klassische Vollkommenheit, die gewisse besondere Note. Dieses gewisse Etwas ist die Schönheit, und was wir Schönheit nennen, hat mit unseren Gefühlen zu tun.« Über den Komponisten Ludwig van Beethoven schwärmt Leonard Bernstein: »Er wandte alle klassischen Regeln von Haydn und Mozart an und erweiterte sie, bis seine Musik in jeder Hinsicht größer wurde … Er wusste wie der größte aller Propheten und Lehrer, das Wesentliche und grundlegend Wahre aus der Luft zu pflücken … im ganzen Reich der Kunst wird man keine Einfachheit finden, welche derjenigen Ludwig van Beethovens gleichkommt.«

Das Verständnis für die Geheimnisse großer Kunst suchte Bernstein auch immer wieder in den Tiefen philosophischer Forschungen: Er setzte sich mit der Verbindung von wissenschaftlichen und spirituellen Eigenschaften der Philosophen Platon und Sokrates auseinander. Aber er betonte für das Begreifen eines musikalischen Kunstwerks auch immer wieder die Bedeutung von Akustik und Logik. Und mit größtem Respekt vor der höheren Mathematik zeigt er die ganze Milchstraße der Möglichkeiten auf, die in den zwölf Tönen der chromatischen Tonleiter verborgen ist. Leonard Bernstein war auch überzeugt, man müsse in der Musik auch auf historische Einflüsse, gesellschaftliche Verhältnisse und Religion achten. Sie seien ganz wesentliche Dinge, die manchmal auf die Musik einer Epoche oder eines Komponisten eingewirkt haben. »Die goldene Mitte zwischen einer Erkenntnis der Bedeutung der Noten und einer außermusikalischen Bezugnahme, wo diese die Noten erklären hilft«, sei der ideale Weg zur Einführung in die Welt der Musik.

KAPITEL 23

Der Dirigentenkrieg

Im ganzen Reich der Kunst wird man keine Einfachheit finden,
welche derjenigen Beethovens gleichkommt. Es ist eine Einfachheit,
die umso reiner strahlt, je verworrener die menschlichen Gefühle sind.

Im Frühjahr 1948 anlässlich seiner Auftritte in Deutschland trat Bernstein nach Budapest am 28. Mai zum ersten Mal in Wien auf. In Budapest dirigierte er Béla Bartók. Publikum und Kritik waren außer sich – noch nie habe man Bartók so spielen gehört. Verständlich, dass der junge Leonard Bernstein auch in Budapest auf den Schultern der Fans durch die Straßen getragen wurde. In Wien angekommen, sang Lenny laut und fröhlich am Perron des Südbahnhofs Passagen aus dem *Rosenkavalier* und war bestrebt, das als schwierig geltende Publikum zu gewinnen. Doch mit den Wiener Symphonikern erlebte er ein »ablehnendes, überarbeitetes Orchester. Zum ersten Mal brauchte ich drei Proben, um die natürliche Feindseligkeit eines Orchesters zu überwinden.« Trotzdem liebte das Wiener Publikum Bernstein sofort. Stürmischer Beifall tröstete ihn über Verrisse der Kritiker hinweg. Einer meinte, er dirigiere »wie ein Boxer«.

In Wien wurde Leonard Bernstein viel später auch Opfer eines Komplotts. Dies hat ein objektiver Kenner der Wiener Musikszene, BBC-Direktor Humphrey Burton, der auch 1987 beim einzigen Neujahrskonzert der Wiener Philharmoniker unter Herbert von Karajan Regie führte, in seiner *Bernstein*-Biografie beschrieben: »Bald war er tief in eine typisch Wiener Intrige verstrickt. Politisch war die Stadt in vier Besatzungszonen aufgeteilt, doch die Musikwelt erkannte nur zwei Domänen an: die Wiener Philharmoniker im Musikverein und an der Staatsoper sowie deren Konkurrenz, die Bernstein engagiert hatte, die etwas weniger konservativen Wiener Symphoniker im Konzerthaus. Der junge Impresario Egon Seefehlner wollte das Programm ändern und das Bartók-Werk mit aufnehmen, mit dem Bernstein in Budapest Furore gemacht hatte. Doch es hieß, Herbert von Karajan habe das Stück vor Kurzem mit den Wiener Philharmonikern aufgeführt, wobei es fast einen Skandal gegeben habe, denn viele Konzertbesucher hätten den Saal verlassen, und einige hätten randaliert. (Bartóks Musik war während der Nazizeit verboten gewesen). Seefehlner machte keinen Hehl daraus, dass er seinem Rivalen, dem Impresario des Karajan-Lagers, Rudolf Gamsjäger, etwas zu Fleiß machen wollte. Es ehrte Bernstein, dass er sich auf diesen *Dirigenten-Krieg*, wie er es nannte, nicht einließ.«

Doch diese Intrige hatte ihn so verärgert, dass er lange nicht mehr nach Wien zurückkehren wollte. Es dauerte fast zwanzig Jahre, bis Bernstein wieder ein Engagement in Wien annahm.

Zwischen dem »Sonnenkönig der Musikwelt« Herbert von Karajan, der gerne als Mythos des Machtmenschen personifiziert wurde, der »symphonische Hochämter mit ritualisierter Makellosigkeit« (*Der Spiegel*) zelebrierte und dem charismatischen »Wunderkind aus Amerika« Leonard Bernstein, sarkastisch auch als »mannshoher Vibrator« bezeichnet, der in die »europäischen Elfenbeintürme ihrer Stabwedler drängte«, entwickelte sich über Jahrzehnte eine freundschaftliche Rivalität. Ihre angebliche Feindschaft hatten beide publikumswirksam genutzt. Am liebsten ging man sich aus dem Weg. Doch immer wieder kreuzten sich die Wege der beiden Ausnahmemusiker.

Bernstein lud als musikalischer Leiter der New Yorker Philharmoniker Karajan als Gastdirigent nach New York ein, und Karajan duldete Bernstein 1959 und 1975 in *seinem* Salzburg. Im August 1959 berichtete ein Kritiker von »fast tumultuöser Begeisterung« beim Salzburger Debüt Bernsteins. Der deutsche Musikjournalist Heinrich Lindlar war jedoch alles andere als begeistert und beschrieb Bernstein plastisch: »Der ganze drahtige Mann krümmt und windet sich unter dem Schmerz-Lust-Gewoge oder scheint auf Wasserskiern zu reiten oder wechselweise Rumbarasseln zu schwingen und Cocktails zu mixen …«

Bei einem Galaempfang für Bernstein und die New Yorker Philharmoniker, den der amerikanische Generalkonsul im Hotel Österreichischer Hof gab, trafen die beiden freundschaftlichen Rivalen

Leonard Bernstein und Herbert von Karajan aufeinander. Man begegnete einander höflich und voller Respekt, hatte sich aber nicht viel zu sagen. Zwei Rivalen, die ihr Publikum beherrschten: Herbert von Karajan, der seine andächtige Gemeinde brauchte, die stumm zu ihm aufblickte und dann seine Platten kaufte. Und Leonard Bernstein – Emphase pur auf dem Podium, der zur Bestform auflief, wenn sein Publikum ihn wie einen Popstar feierte und dann seine Platten kaufte. Beide waren süchtig nach Anerkennung. »Ich möchte, dass alle Welt mich liebt«, meinte Lenny zu einem Freund. »Das ist aber unmöglich«, war die Antwort. Darauf er: »Das ist meine Tragik …«

Zwei Jahre vor Karajans Tod gastierte Bernstein mit den Wiener Philharmonikern wieder während der Salzburger Festspiele in Karajans Heimatstadt und wurde vom offiziellen Österreich umjubelt und gefeiert. Bundeskanzler Franz Vranitzky hing dem Maestro bei seinem Geburtstagsempfang als Geschenk der Republik Österreich einen zünftigen, grauen Wetterfleck um. Jetzt war Lenny schon fast ein Österreicher.

»Ich bin nicht die Faust im Nacken Karajans oder der musikalische Gegenpapst, ich bin mit Herbert von Karajan befreundet, wie mit vielen anderen Dirigenten auch, aber die Presse lässt uns keine Freunde sein. Man will unbedingt einen Keil zwischen uns treiben«, meinte Bernstein, der Karajan seit 1954 kannte. Man traf schon damals in Mailand aufeinander, wo beide an der Scala dirigierten. Tatsächlich war es ein beliebtes Spiel der Medien, die beiden Antipoden der klassischen Musik zu vergleichen und gegeneinander auszuspielen. Herbert von Karajan, der sich der Musik geopfert hat, ein Perfektionist, ein Mann, für den Ordnung und Selbstdisziplin Maximen des Lebens waren. Karajan wurde zumeist als »seriöser Diener der Künste« beschrieben, der »E-Musik als Gottesdienst zelebriere«. Leonard Bernstein wiederum galt als derjenige, der sich überschwänglich der Musik hingegeben hat. Er war ein Besessener, der es schaffte, mit dem Orchester, mit mehr als hundert Menschen gemeinsam, Emotionen auszuleben. Bernstein wurde gerne als das »vibrierende, zuckende Kraftbündel« bezeichnet und oft ins Showbusiness abgeschoben. Und man meinte, er führe seine »symphonischen Orgasmen nach choreographischem Ritual« auf. Schließlich meinte er ja selbst einmal: »Dirigieren ist wie ein Liebesakt.«

Die Kritiker waren glücklich, über beide berichten zu können. Als am 9. Juni 1970 Herbert von Karajan – nach sechs Jahren Abstinenz – mit den Berliner Philharmonikern wieder in Wien auftrat, dirigierte Leonard Bernstein am selben Tag auch in Wien Beethoven. Karl Löbl verglich die beiden Dirigenten: »Karajan erhitzt die Musik, Bernstein zündet sie an … Karajan dirigiert Beethoven, Bernstein fühlt sich als Beethoven. Bernstein zeigt seine Gefühle, Karajan gäbe sie niemals preis. Beide sind Musiker. Wie schön, dass wir (derzeit) beide haben.«

KAPITEL 24

We love you – stop smoking!

Mozart ist ganz Musik … geistreich, sachlich, graziös, köstlich.
Und doch, über dem Ganzen schwebt der größere Geist, der Mozart eignet –
der Geist der Leidenschaft, der Liebe zur Welt und sogar des Leidens.
Ein Geist, der keine Epoche kennt und aller Ewigkeit gehört.

Nach dem *Fidelio*-Triumph 1970 im Theater an der Wien wurde der erfolgreiche, smarte Lenny, ein *Dirigent zum Anfassen*, von einer Party zur nächsten weitergereicht. Längst hatte er mit Charme und Charisma in Wien viele Freunde wie die zweite Frau Karajans, Anita, gewonnen. »Egozentrisch, einsam, intolerant und unbestechlich« hat Anita von Karajan ihren Mann Herbert später genannt. Eine Frau auf Karajan-Augenhöhe, die das *Wunder Karajan* an ihrer Seite verteidigte und »die Raubtiere beiderlei Geschlechts, die nachts um sein Lagerfeuer strichen«, wie es Dramatiker John Osborne bezeichnete, »in Schach hielt«. Zwischen Lenny und der selbstbewussten, exaltierten Anita funkte es sofort. Man verbrachte ein gemeinsames Wochenende in der Karajan-Villa, die Herberts Vater Ernst, ein Salzburger Primararzt, am Grundlsee erbaut hatte. Im Wiener Domizil in Grinzing fühlte sich Bernstein bald wie der Hausherr – und zeigte dies auch. Nach einem Konzert wurde in der Karajan-Villa ausgiebig gefeiert – mit Gwyneth Jones und einigen Philharmonikern. Mit der Frau eines Hornisten, einer Staatsopernballerina, legte Lenny ein schwungvolles *Pas de deux* hin und sprang in den Swimmingpool.

Man hielt Bernstein vor, er wolle Amerika den Rücken kehren und rüste zu einem »Großangriff auf Karajans mächtiges, multimediales Imperium«, wie es *Der Spiegel* ausdrückte: Kaum hatte Karajan seine neueste Version der Beethoven-Symphonien auf Platten herausgebracht, ging auch Bernstein daran, das symphonische Werk Beethovens für Schallplatten und das Fernsehen aufzunehmen. Leonard Bernstein konterte: »Das ist lächerlich. Wenn Karajan ein Imperium hat, dann soll er es gerne haben und behalten, sich daran freuen und lange damit leben. Ich habe kein Imperium. Ich bin kein Imperial-Dirigent. Ich mache Musik, ich dirigiere, ich spiele Klavier, ich komponiere, ich unterrichte.« Das Verhältnis Karajan – Bernstein war immer eine spielerische Konfrontation der beiden. Einmal meinte Herbert von Karajan über Leonard Bernstein: »Das Einzige, was ich an ihm bewundere ist, dass er zehn Jahre jünger ist.«

Im Oktober 1988, in seinem letzten Lebensjahr, dirigierte der gebrechliche achtzigjährige Titan Karajan im Wiener Musikverein mit den Berliner Philharmonikern Arnold Schönbergs *Verklärte Nacht*. Nach dem Konzert besuchte Bernstein Karajan im Dirigentenzimmer. Karajan bot Bernstein – nicht zum ersten Mal – an, sein Orchester zu dirigieren: »Sie wollen dich, sie brauchen dich, sie lieben dich, du bist der Einzige«. Danach gab es eine äußerst intime Begebenheit. Bernstein half Herbert von Karajan, der unter schmerzhafter Arthritis und chronischem Bandscheibenleiden litt, in der Garderobe des Musikvereins beim Waschen.

Auch Karajans dritte Ehefrau Eliette, das ehemalige Societygirl und Dior-Mannequin, meinte noch zwanzig Jahre nach dem Tod ihres Mannes, es wurde immer ein Feindbild zwischen den beiden aufgebaut. Sie waren Konkurrenten, aber respektierten einander: »Kurz vor Herberts Tod 1989 haben sich die beiden Männer getroffen. Sie haben über ihre Wehwehchen geredet – und haben sich ganz gut verstanden. An diesem Abend beschlossen sie auch, gemeinsam mit den Wiener Philharmonikern auf Tournee durch Amerika zu gehen. Einen Teil sollte der eine, den anderen der andere dirigieren. Dazu ist es leider nicht mehr gekommen. Herbert starb am 16. Juli.«

Am Todestag Karajans dirigierte Bernstein in Paris das Studentenorchester des Schleswig-Holstein Musik Festivals. Es handelte sich um eines der Eröffnungskonzerte des neuen Opernhauses Bastille. Als Bernstein während des Konzerts vom Tod Karajans erfuhr, bat er das Publikum um eine Trauerminute für den Verstorbenen. Am 16. September 1989 dirigierte er im Wiener Musikverein anlässlich des feierlichen Karajan-Gedenkkonzerts Mozarts *Maurerische Trauermusik c-Moll KV 477* und die chorische Fassung des dritten

Satzes von Beethovens *Streichquartett F-Dur op. 135* – ein würdiger, passender Abschied für einen großen Kollegen.

Leonard Bernstein wurde von manchen Philharmonikern und auch Kritikern für die Leitung der Wiener Staatsoper vorgeschlagen, als Dreierspitze gemeinsam mit Peter Weiser und Marcel Prawy. Dieser erklärte: »Wir in Wien – wo Beethoven, Brahms und Richard Strauss gearbeitet haben – halten Leonard Bernstein für den größten heute lebenden Musiker.« Doch der *Größte* wollte weiterhin komponieren und unabhängig bleiben, lehnte den Vorschlag nach einer Phase des Überlegens ab. Obwohl er sich damals in Wien extrem wohlfühlte, man ihm auf den verschiedensten Gebieten entgegenkam und es für ihn ein Privileg gab, wie für sonst niemanden: Wegen des strikten, selbstverständlichen Rauchverbots im Bühnenbereich der Staatsoper wurde dem nikotinsüchtigen Dirigenten ein Feuerwehrmann zur Seite gestellt – immer mit einem Wasserkübel in der Hand. In New York hatten Fans den Kettenraucher einige Wochen zuvor beim Bühnentürl mit Schildern, auf denen stand: »We love you – stop smoking!«, empfangen.

KAPITEL 25

Skandal in der Sowjetunion

Es sind die Künstler auf dieser Welt,
die Fühlenden und die Denkenden, die uns schlussendlich erretten werden,
denn sie sind in der Lage, die großen Träume auszudrücken.

Im Spätsommer 1959, nach seinem Debüt bei den Salzburger Festspielen, unternahm Bernstein eine Tournee durch die Sowjetunion, die ursprüngliche Heimat seiner Familie – eine bewegende Reise, auf der ihn seine Frau Felicia begleitete. Lenny hoffte, seine in Russland verbliebenen Verwandten überreden zu können, mit ihm nach Amerika zu übersiedeln. Bereits kurz nach der Landung in Moskau trafen die Bernsteins mit Lennys Onkel und Cousin zusammen, mit Schlomoh Bernstein und Mikhael Zvainboim. Nur mit größter Mühe hatten sie das Visum in ihren Inlandspässen mit dem Vermerk *Jude* für die Reise von Nowosibirsk (Schlomoh) und Dnjepropetrowsk (Mikhael) nach Moskau erhalten.

Bei einem Treffen im historischen Luxushotel *Ukraina* am Ufer der Moskwa rief Lenny seinen Vater in Boston an. Als die beiden Brüder Sam und Schlomoh kurz miteinander telefonierten, war Sam derart berührt, dass er nach Moskau flog. Doch nach wenigen gemeinsamen Tagen in der Sowjetunion merkten die beiden Brüder, dass man sich auseinandergelebt hatte. Leonard erinnerte sich schockiert an die Zähne seines Onkels aus rostfreiem Edelstahl und daran, dass »Sam und Schlomoh einander umarmten, sich dann aber absolut nichts zu sagen hatten.« Rund fünfzig Jahre waren inzwischen vergangen, man führte ein anderes Leben. Boston und Nowosibirsk waren mehr als 10 000 Kilometer entfernt und zu deutliche Antipoden. Lennys versuchte Familienzusammenführung blieb erfolglos. Sam Bernstein freute sich aber über die begeisterte Aufnahme, den Triumph seines Sohnes in der ehemaligen Heimat. Das Publikum feierte Lenny schon beim ersten Konzert in Moskau mit frenetischem Applaus. Das Sprachgenie Lenny hatte einige Worte Russisch einstudiert und bedankte sich beim überraschten Publikum mit »bol'shoye spasibo Moskva«, vielen Dank Moskau.

Wenige Tage später, am Vorabend seines 41. Geburtstages, stellte er ein abwechslungsreiches, mutiges Programm zusammen: Es enthielt auch Werke eines Komponisten, der in der Sowjetunion lange als *dekadent* gegolten hatte und verfemt gewesen war: Igor Strawinsky. Der Komponist durfte drei Jahre nach Bernsteins Moskauer Konzert erstmals seine alte Heimat besuchen. Fast fünfzig Jahre hatte er zuvor im Exil verharren müssen. Leonard Bernstein sorgte für einen Skandal: Er wählte neben dem *Konzert für Klavier und Blasinstrumente* Strawinskys *Sacre du Printemps* aus und schockierte die Sowjetfunktionäre – wie bei der Premiere in Paris 46 Jahre zuvor. Damals war es beim wohl bekanntesten Skandal der Musikgeschichte sogar zu Handgreiflichkeiten gekommen. Die Pariser Premierentumulte am 29. Mai 1913 im neu erbauten Théatre des Champs-Élysées machten den Komponisten Strawinsky weltberühmt. Für manche wurde damals die moderne Musik geboren: Man hatte begriffen, dass hier etwas völlig Neues passierte.

Bei jenem Moskauer Konzert 1959 hielt Bernstein vor Beginn eine Rede und meinte, dass »*Le Sacre du Printemps* fünf Jahre vor Eurer Revolution eine musikalische Revolution geschaffen hatte.« Doch die Aufbruchsstimmung war nicht nur in der Kunst zu bemerken. Man spürte, erinnerte sich später Stefan Zweig, »dass eine Revolution oder zumindest eine Umstellung der Werte im Anbeginn war«. 1913 war auch das Jahr, in dem Karl Marx' *Kapital* als Volksausgabe erschien; Strawinskys Heimat, das zaristische Russland, wurde von Attentaten, Streiks und Demonstrationen erschüttert. Igor Strawinsky schrieb seinem Bruder von der »gewaltigen Revolution, die unausweichlich kommen wird – vor der ich keine Angst habe«.

Neben mehreren Konzerten in Moskau dirigierte der Amerikaner Leonard Bernstein – mitten während des *Kalten Krieges* – auch in Kiew und Leningrad. Der Musikkritiker einer offiziellen sowjetischen Kulturzeitschrift hielt dem Gast aus Amerika vor, er hätte eine »Show mit dem Titel Leonard Bernstein lüftet den Eisernen Vorhang in der Musik« veranstaltet. Vor dem letzten Konzert in der Sowjetunion besuchten Lenny und seine Frau Felicia Boris Pasternak, den Dichter, der den Welterfolg *Doktor Schiwago*, der in der Sowjetunion nie veröffentlicht werden durfte, geschrieben hatte. Er lebte in einem kleinen Dorf in seiner hölzernen Datscha, eingebettet zwischen Hügeln und Tannen, in Peredjelkino, vierzig Minuten von Moskau entfernt. Die Bernsteins luden Pasternak zum Moskauer Abschiedskonzert am 11. September 1959 ein. Er nahm die Einladung »überaus gerührt und höchst dankbar« an. Ein Jahr zuvor hatte der Schriftsteller den Nobelpreis für Literatur erhalten, den er zunächst annahm, aber später auf Druck der sowjetischen Obrigkeit ablehnen musste. Doch aus einem Brief Boris Pasternaks an Nikita Chruschtschow geht hervor, dass er trotz der massiven Angriffe seine Heimat Sowjetunion nie verlassen wollte.

Nach dem Konzert kam es zu einer berührenden Begegnung: Der sowjetische Dichter umarmte den amerikanischen Musiker und meinte: »Vielen Dank dafür, dass Sie uns in den Himmel geführt haben. Jetzt müssen wir auf die Erde zurückkehren ...« Acht Monate nach dem Aufeinandertreffen starb Boris Pasternak, völlig zurückgezogen in seiner Datscha in Peredjelkino.

KAPITEL 26

Vulkan und Jesusgestalt

Jeder Künstler ringt mit der Wirklichkeit mittels seiner Einbildungskraft ...,
allgemein bekannt unter dem Namen Fantasie.
Und da seine Arbeit sein ganzes Leben ist,
wird seine Fantasie fortwährend strapaziert. Sein Leben ist geträumt.

Wohl und geborgen fühlte sich Bernstein auf Anhieb 1948 in
Paris. »Das hiesige Orchester ist engelhaft ... Die Musiker
hier sind so schnell und gut und begeistert von mir, dass ich die
heutige Probe ausfallen ließ ...«, berichtete er Helen Coates nach
Amerika. Einer Freundin der amerikanischen Schauspielerin Ellen
Adler schenkte er einen Baudelaire-Band und übersetzte die Gedichte bei einem Spaziergang während der *L'heure bleue* aus dem
Stegreif ins Englische. Abends Drinks im *Maxim's*, manchmal eine
Nachtvorstellung in einem Kino auf den Champs-Élysées, ein Bum-
mel durch die Jazzlokale am *Rive Gauche*, danach eine Schwulenbar,
die Lenny gewissenhaft in einem kleinen schwarzen Kalender
notiert hatte. »Er wollte immer zwanzig verschiedene Lokale auf
einmal besuchen«, berichtete ein Freund. In späteren Jahren ging er
dann noch auf einen Sprung ins Transvestiten-Kabarett *Grande
Eugène*, wohin sich die Großen der Welt längst nicht mehr scheuten
zu gehen: die Callas, der Ballett-Revolutionär Maurice Béjart, der
unermüdliche Ted Kennedy und Leonard Bernstein. Zu Bach,
Mozart und Popmusik zelebrierten elf gut gebaute Herren – keiner
älter als 25 – die hohe Kunst der Travestie. Lässig und lasziv. Fern
billiger Burleske. Mit Hilfe von vielen Kilos Schminke, 77 Kostümen
und 120 Perücken begeisterten sie als Lili Marleen, Mistinguett oder
Juliette Gréco.

Als letzte Adresse peilte Lenny oft *Chez Michou* an, das Traves-
tie-Cabaret des heute fast neunzigjährigen Michou, der Nacht für
Nacht in Feierlaune ist und immer noch reichlich Champagner kon-
sumiert. Er gilt als der *König des Montmartre* und hält am Place du
Tertre Hof, ganz oben auf dem berühmtesten Hügel von Paris im

kleinsten Revuetheater der Welt. Vor Kurzem feierte sein exakt 87 Personen fassendes Etablissement das sechzigjährige Jubiläum. Mit Prominenten wie Alain Delon und Jean-Paul Belmondo, an den Wänden die Fotos der früheren Stammgäste: Sophia Loren und Liza Minnelli, George Brassens und Romy Schneider. Auf der nur drei Quadratmeter kleinen Bühne treten – gestern wie heute – Travestie-künstler auf: als Marlene Dietrich oder Édith Piaf. Maître Michou galt immer als Symbol des gewagten Pariser Nachtlebens und bekannte sich schon zu seiner Homosexualität, als man dafür noch Mut brauchte.

In Leonard Bernsteins kleinem schwarzen Büchlein fanden sich auch die speziellen Adressen in anderen Städten wie Kay's Bistro in München. Eine Welt voll Glanz und Glamour. Pompös. Kitschig. Überladen. Eine Insel der Individualisten. Das erweiterte Wohn-zimmer von Stars, soignierten Adeligen und schwulen Selbstdarstel-lern. Eine glitzernde Oase als Zufluchtsort aus manch beklemmend biederem Leben. Kay Wörsching, der fantasievolle *Maître de Plaisir*, bot am Viktualienmarkt Nacht für Nacht ausgelassene Stimmung – dreißig Jahre lang. Manchen fiel es schwer, am frühen Morgen in die Realität hinauszuwanken.

Immer wieder hatten Kay und sein Partner Achim ihre Glitzer-welt neu dekoriert. Mal leuchtete New Yorks Skyline, mal hing der Himmel voller Teddybären, mal schaukelten auf den Tischen bunt beleuchtete venezianische Gondeln. Oder alles war mit dem Union Jack geschmückt. Schließlich galt es, den Geburtstag der Queen zu feiern. Bis 2006 verkehrten hier Künstler, deren bloße Aufzählung bei Autogrammjägern Herzrasen auslösen würde: Zsa Zsa Gabor, Mick Jagger, Alain Delon, Paloma Picasso, Tina Turner, Ex-Kaiserin Soraya, die magischen Illusionisten Siegfried & Roy. Und Leonard Bernstein.

1987 erhielt er den höchst dotierten Musikpreis der Welt: Die gesamte Summe von 150 000 Mark der Ernst von Siemens-Stiftung spendete er zwei US-Universitäten zur Förderung des musikali-schen Nachwuchses. Als der Geehrte nach der langen offiziellen Zeremonie nachts Kay's Bistro ansteuerte, postierte sich Maître Kay an der Tür und murmelte aufgeregt: »I'm very happy« – oder so etwas Ähnliches und war sofort von den Augen des »berühmtesten Dirigenten der Welt« fasziniert.

In seinem Buch *Kay's Bistro* (Collection Rolf Heyne) beschrieb er diesen Moment: »Ein alles entwaffnender, ja fast magnetischer Blick, das unbestechliche Urteilsvermögen und dazu die Güte, die er verströmt … der Blick eines Karajan erinnert mich immer an den eines müden, weisen Reptils von den Galapagos-Inseln; Bernsteins Blick, mal verhangen, scheinbar schläfrig, dann bohrend, wieselflink oder lodernd, hat andere Eltern: die Mutter ein Vulkan, der Vater eine Jesusgestalt.«

Von Beginn an fühlte sich Lenny, der nie mit Gefühlen geizte, im offenherzigen Münchner Exil der Individualisten geborgen und wohl. Er ließ bald sein schwarzes, mit blutroter Seide gefüttertes Konzertcape fallen und gab sich der Entspannung hin. Hier feierte er mit 127 Virtuosen – dem gesamten Israel Philharmonic Orchestra – seinen 61. Geburtstag, hier tanzte er mit Caterina Valente bei ihrem fünfzigsten Geburtstag Tango und hier spielte er frühmorgens am weißen Flügel *Nocturne Opus 9 No.2* von Chopin oder Blues von Bessie Smith. Dazu sang er laut und leidenschaftlich. Als Treibstoff durch die Nacht gab es – von Kay liebevoll vorbereitet – Ballantine's 12 Years old Whisky.

KAPITEL 27

Pompöses Getöse

Unsere größten Denker, die, die unsere Welt von Grund auf verändert haben,
sind auf ihre Wahrheiten gestoßen, als sie sie träumten:
Auch Einstein sprach offen aus, dass er seine Relativitätstheorie
längst erträumt hatte,
ehe er beweisen konnte, dass sie wahr sei.

Zurück ins Jahr 1947: Im November veröffentlichte Leonard Bernstein einen aufsehenerregenden Beitrag, in dem er das Bildungssystem der USA dafür verantwortlich machte, dass es in den Orchester- und Bühnenensembles fast keine ausgebildeten schwarzen Musiker gab. Zwischen seinem politischen Engagement und einem musikalischen Non-Stop-Programm gab es in diesem Winter auch private Weichenstellungen. In einem Brief distanzierte sich Felicia von den gemeinsamen Heiratsplänen: »Wären wir beide sicher, dass wir irgendwann doch noch heiraten, dann herrschte vielleicht weniger Spannung und Verdruss. Aber Du bist immer noch nicht sicher, ob ich die Richtige für Dich sei. Es ist nicht so sehr, dass Du Angst hast, Du könntest mich verletzen, als dass Du womöglich *den Salat am Hals hast.* Damit Du eine Entscheidung weniger zu fällen hast – blasen wir es ab … Mit Deinem unerträglichen Kritisieren hast Du mir jegliche Selbstsicherheit geraubt.« Als Reaktion darauf stürzte sich Leonard Bernstein noch besessener in seine musikalische Welt. Im Herbst dieses Jahres dirigierte er in Boston mehrmals hintereinander Gustav Mahlers *Auferstehungssymphonie* – seine erste Auseinandersetzung mit der emotionalen Intensität Gustav Mahlers. Das Konzert widmete er, in Erinnerung an den aufwühlenden Aufenthalt im *gelobten Land,* der *Auferstehung Palästinas.* Doch die Abneigung der Musikwelt gegen Gustav Mahler, gegen die sich Leonard Bernstein schon damals als 29-Jähriger zur Wehr setzte, fand sich in bösartigen Bemerkungen der Kritiker wieder. Einer beschrieb das Konzert als das »pompöseste, hohlste Getöse, das je fabriziert wurde …«

Leonard Bernsteins Seele war angegriffen und flüchtete in physische Schwäche. Zeitungen berichteten von einer Operation, Helen Coates dementierte: »Stimmt nicht!« Unter welchen körperlichen Beschwerden Bernstein damals litt, ist unklar. Auch, ob es schon die ersten Anzeichen eines Emphysems, bei dem die Lungenbläschen überdehnt oder auch schon zerstört sind, waren. Jedenfalls beschrieb Bernstein vier Jahre vor dem Tod seine gesundheitliche Situation – verbunden mit seiner destruktiven Lebensgier: »Als ich Mitte zwanzig war, wurde bei mir ein Lungenemphysem diagnostiziert. Es hieß, mit 35 würde ich tot sein. Dann sagten die Ärzte, mit 45. Dann mit 55. Doch ich krieg' das schon hin. Ich rauche, ich trinke. Ich bleibe nächtelang auf. Ich vögle herum. Ich habe eben an allen Fronten genug zu tun.«

KAPITEL 28

Ernste Musik, die jeder versteht

Während der nächsten sieben Monate werde ich
nicht dirigieren, da ich eine neue Show schreibe.
Ein ziemlich ernstes und tragisches Musical – man stelle sich das vor ...

Im Jänner 1949 erzählte Jerome Robbins Lenny von seiner Idee eines ernsten Musicals, das vielleicht sogar eine »wirklich bewegende amerikanische Oper« werden könnte. Auch den Arbeitstitel hatte Robbins bereits: *East Side Story*, eine moderne Version von *Romeo und Julia*. An die Stelle der sich befehdenden Adelsgeschlechter der *Capulets* und der *Montagues* im mittelalterlichen Verona sollte die Handlung im aktuellen Milieu New Yorks spielen, William Shakespeares klassische Balkonszene sich auf der Feuerleiter eines elenden Mietshauses im puertorikanischen Viertel von New York wiederholen. Es sollte ein Musical mit einer ungewöhnlich tragischen Geschichte werden, das aber laut Lenny nie ins »Opernhafte« verfallen sollte – mit ernster Musik, die aber jeder versteht. So etwas gab es in Amerika noch nie zuvor.

Doch bald wurde die Weiterentwicklung der Idee von Jerome Robbins aufgegeben. Andere Dinge waren wichtiger. Leonard Bernstein bezog ein neues Apartment am eleganten Park Avenue-Boulevard, unweit des Empire State Buildings. Und er reiste nach Hollywood, wo MGM mit den Dreharbeiten zu *On the Town* – in den Hauptrollen Gene Kelly und Frank Sinatra – begannen. Gene Kelly hatte die Premiere des beschwingten Musicals im Dezember 1944 erlebt – und war begeistert. Für den Produzenten war Lennys Musik zu anspruchsvoll, ohne zugkräftige Ohrwürmer. Leonard Bernstein erhielt ein Honorar von 5000 Dollar und gab seine Zustimmung, die Filmmusik ändern zu dürfen. Judy Garlands Gesangslehrer Roger Edens erhielt von Metro Goldwyn Mayer den Auftrag, sechs Schlager zu schreiben. Als der Film zu Weihnachten 1949 Premiere hatte, war von Bernsteins Musik nicht mehr viel übriggeblieben. Doch New York war begeistert. Die Künstlerbibel *Variety* sprach von einem »geglückten Film, voller frecher Komik und flotter Songs«.

Sechs Jahre blieb der Entwurf für das Musical *East Side Story* nach der Grundidee von Jerome Robbins, das Spiel, Gesang und Tanz anspruchsvoll miteinander verbinden sollte, liegen. 1955 nahm das Team Bernstein/Robbins gemeinsam mit dem Drehbuchautor Arthur Laurents, der für die Texte verantwortlich war, die Idee wieder auf. Laurents, ein gefeierter Autor, hatte sieben Jahre zuvor schon gemeinsam mit Alfred Hitchcock für *Cocktail für eine Leiche* und danach für Filmklassiker wie *Anastasia* oder *Bonjour Tristesse* das Drehbuch verfasst. Stephen Sondheim, der später im Laufe seines Lebens alle wichtigen Preise seines Metiers gewann – Oscar, Pulitzer-Prize, mehrere Grammy Awards und neun Tony Awards – war für die Songtexte verantwortlich. Leonard Bernstein, der immer im Team am besten komponierte, hatte eine perfekte künstlerische Mannschaft zusammengestellt.

Der ursprüngliche Plot der *East Side Story*, in dem ein Liebespaar durch verschiedene Glaubensbekenntnisse voneinander getrennt wird – mitten unter sich bekämpfenden Straßengangs an der Ostseite Manhattans – wurde verworfen. Inzwischen hatten Rassenhass und Jugendkriminalität gegenüber den ursprünglich als Konfliktstoff geplanten religiösen Problemen massiv zugenommen und sich verlagert. Das Stück spielte jetzt auf der Westseite Manhattans. Die *East Side Story* wurde zur *West Side Story*. Die brutalen Szenen der ihr Gebiet verteidigenden Gruppen – die eingesessenen *Jets* und die aus Puerto Rico nach Manhattan eingewanderten *Sharks* – sollten die Handlung bis zum Schluss explosiv gestalten – verbunden mit lyrischen Texten, gefühlvoller Erotik und schwungvoller Choreografie.

Der Schwerpunkt der Handlung hatte sich vom ewigen Romeo-und-Julia-Thema in eine düstere Richtung, zu den Problemen unbefriedigter Jugendlicher im unpersönlichen Großstadtleben, verlagert, in eine hasserfüllte Welt von Unverständnis und Gewalt. Die Streetgangs kämpften nicht nur untereinander, sondern lehnten sich auch gegen die soziale Rangordnung und die autoritäre Welt der

Eltern und Ordnungshüter auf. Die in die Kriminalität getriebenen Jugendlichen fühlten sich ungeliebt und unverstanden, verlassen und vernachlässigt. Beim tragischen Ausgang, der Trennung der Liebenden durch den Tod des jungen *Tony*, sind die Erwachsenen bestürzt, verwundert und machtlos. Sie bleiben – wie es in der Regieanweisung für die Schlussszene heißt – »einsam, überflüssig« zurück. *Maria* folgt mit »stolz erhobenem Haupt« der Trauerprozession ihres Geliebten. Ohne Resignation. Die Erfüllung ihrer Liebe wird *somewhere, irgendwo, in Frieden* stattfinden.

Am 26. September 1957, mehr als neun Jahre nach der ersten Idee für dieses ungewöhnlich ernste Musical – das durch Jazz, Mambo und Cha-Cha-Cha aufgelockert wird – fand mit der *West Side Story* im New Yorker Winter Garden eine der wohl ungewöhnlichsten Premieren des Showbusiness statt, eines Musicals, das eine Sonderstellung einnimmt, das keine Moralansprüche stellt. Die Hauptdarsteller *Maria* und *Tony* sehen der Erfüllung ihrer Liebe mit Optimismus entgegen, aber die triste Problematik der auf die Straße getriebenen Jugendlichen bleibt ungelöst. Dass die *West Side Story* mit der Kritik an den sozialen Zuständen vom Premierenabend an ein gigantischer, andauernder Erfolg wurde, liegt an der Dramaturgie des Broadway-Hits, an den atemberaubenden Szenen, in denen Dramatik und Lyrik in ständig wechselndem Tempo von Melodram, Solo- und Gruppengesang abgestimmt sind, sowie an den packenden Balletteinlagen, die die Handlung permanent weitertreiben. Man hatte acht Monate lang die größte Talentsuche in der Geschichte des Broadways abgehalten – mit mehr als 2000 Auditions. Der Veranstalter Roger Stevens investierte mehr als 700 000 Dollar in die Produktion des Dreamteams Bernstein/Robbins/Laurents/Sondheim. »Am Ende weinte ich vor Freude«, meinte Lenny, »ich rief: ›Wir haben es geschafft!‹«

Zu Beginn des Projekts war er jedoch unsicher gewesen: »Es gibt kein Happy End – stattdessen liegen schon am Ende des ersten Aktes zwei Leichen auf der Bühne … undenkbar am Broadway!« Doch Bernsteins Skepsis war unbegründet: Nicht nur *The Times* bezeichnete das Stück über die tragische Liebe zwischen den Fronten der Gangs als »No. 1 Greatest Musical of All Time.« Ein ganzes Genre wurde neu definiert. Die *West Side Story* – mit Menschen als Darstellern anstatt mit Katzen und Löwen, wie es später üblich war – ist bis heute ein überwältigender Erfolg: mutig, realistisch und brisant. Getanzte Gewalt und offen ausgesprochene Kritik an der Gesellschaft hatte man zuvor noch nie in einem Musical erlebt.

Doch längst hat die Realität die Fiktion auf den Straßen von Harlem oder der Bronx überholt, und zwar mit einem Thema, das sich bis heute dramatisch zugespitzt hat: in der Hölle der Pariser *Banlieues,* im Brüsseler Stadtteil *Molenbeek,* in Rom und Berlin, London und Stockholm. Die Probleme in den Vorstädten der europäischen Metropolen erinnern an das New York vor sechzig Jahren. Arbeitslosigkeit, Drogen- und Bandenkriminalität, Verarmung, Zuwanderung und brutale Straßenkämpfe widerspiegeln die Ghettoisierung, die triste Situation der Jugendlichen. Die Polizei wagt sich nur mehr in größeren Verbänden in diese Gebiete lokaler Rechtsstaatlichkeit, wo Menschen in Schrecken versetzt, ganze Stadtviertel demoliert und Autos in Brand gesetzt werden. Ausweg scheint es keinen zu geben – wie in der *West Side Story* vor sechs Jahrzehnten.

Damals wurden in den Vororten europäischer Großstädte Hochhaussiedlungen aus dem Boden gestampft, die in Paris die *bidonvilles,* die Elendsviertel der Fremdarbeiterfamilien, ersetzten. Zunächst galten diese Bauten architektonischer Tristesse als großer Fortschritt, heute sind sie längst zu einem Ort der Ausgrenzung geworden. Innerhalb weniger Straßenzüge entstanden Subkulturen mit rebellischen Jugendlichen, mit Gangs als urbanem Phänomen der sozial schwächeren Schichten, gekennzeichnet durch gesellschaftliche Entfremdung, nicht funktionierende Familienstrukturen und maskulines Rollen- und Konfliktverhalten. Und diese Gebiete wurden auch längst zu Keimzellen des IS-Infernos, des globalen Terrors. Gezielt tragen die Dschihadisten den Terror in Europas Hauptstädte, in deren hoffnungslose Vororte – mit einem tödlichen Katz-und-Maus-Spiel zwischen den IS-Sympathisanten und den europäischen Sicherheitsbehörden. Dagegen wirkt der Bandenkrieg der *West Side Story* fast harmlos.

»Es liegt etwas Besonderes in der Liebe zwischen *Maria* und *Tony*, weil sie im Gegensatz zu der sie umgebenden Verruchtheit und Gewalttätigkeit so rein ist«, meinte die *New York Times* anlässlich der Premiere des späteren Welterfolgs, »… weil sie einfach und ehrlich ist. Aber auch, weil sie zwei junge Menschen eine Ahnung davon spüren lässt, wie ekstatisch und wie reinigend ein Leben in einer anständigen Umgebung sein kann.« Durch die mit zehn Oscars preisgekrönte Verfilmung des Jahres 1961 wurde die *West Side Story* weltweit auch bei einem Millionenpublikum bekannt.

Leonard Bernstein, eine strahlende Persönlichkeit des 20. Jahrhunderts

Widmung an seine
jahrzehntelange
Vertraute Helen
Coates

Frühes Foto mit den Eltern Samuel und Jennie

Der junge Komponist am Klavier

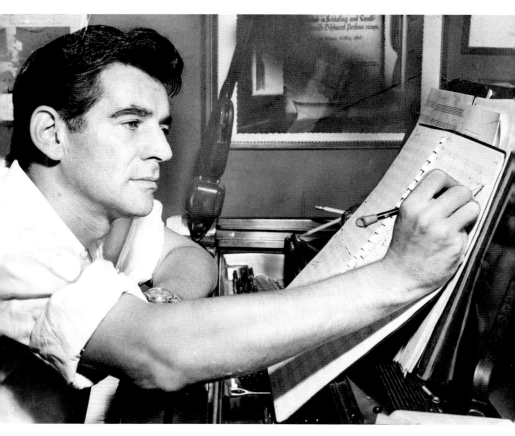

Der Dirigent 1950 während einer Probe

Das Ehepaar
Bernstein mit den
Kindern Jamie
und Alexander

Leonar[d]
Bernstein, de[r]
hochsensibl[e]
Dirigen[t]
Komponis[t]
und Pianis[t]

Im Kreise
der Musiker
des Boston
Symphony
Orchestra

Letzte Probe für ein Konzert in Israel, 1948

Dirigenten unter sich (v. l. n. r.):
Herbert von Karajan, Dimitri
Mitropoulos und Leonard
Bernstein

Besprechung mit Glenn
Gould vor dem legendären
Konzert 1962

Nicht immer war
das Familienleben so
harmonisch …

Christa Ludwig über Leonard Bernstein:
»Er machte nicht Musik, er war Musik.«

)en Maestro und die First Lady Jackie
Kennedy verband eine große Freundschaft.

Leonard Bernstein,
Luchino Visconti und
Maria Callas im
Künstlerzimmer der
Mailänder Scala, 1955

FOLGENDE DOPPELSEITE:
Der Klassik-»Erklärer«
Bernstein in seiner ersten
Omnibus-TV-Sendung, 1954

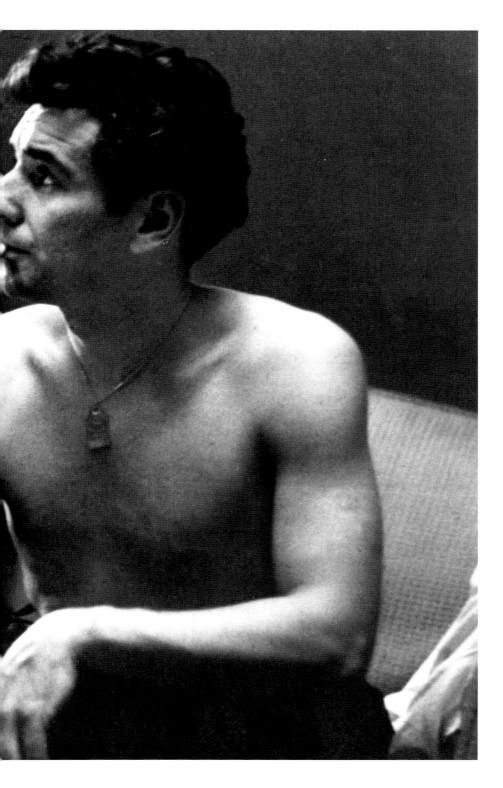

VORHERGEHENDE DOPPELSEITE:
Er suchte die menschliche Nähe.
Und blieb immer ein Einsamer.

Der Wiener *West-Side-Story*-Triumph
wird gefeiert: mit Schrammeln,
Heinz Marecek und Marcel Prawy.

Marcel Prawy ließ es sich selten nehmen,
den Maestro vom Flughafen abzuholen.

Harmonische Momente: Hund und Herrl, Lenny und Henry

(v. l. n. r.): Luchino Visconti, Regina Resnik, Dietrich Fischer-Dieskau, Leonard Bernstein – *Falstaff*-Premierenfeier im Hotel Sacher

Feiern mit Plácido Domingo

Verbundenheit mit Kanzler Bruno Kreisky

Zwei Giganten der Musik: Leonard Bernstein und Otto Schenk

Im Münchner Szenelokal Kay's Bistro: Lenny ließ sich immer Silberstaub geben, um sich damit das rechte Augenlid zu schmücken …

Wiener West Side Story-*Triumph*

Wenn wir einander mit Musik berühren,
berührt einer des anderen Herz, Verstand und Seele –
alles auf einmal.

Im Februar 1968 fand an der Wiener Volksoper – vom ehemaligen Privatsekretär des Startenors Jan Kiepura, dem Dramaturgen und späteren *Opernführer der Nation* Marcel Prawy initiiert – die erste deutschsprachige Aufführung der *West Side Story* statt. Bereits dreizehn Jahre zuvor hatte Amerika- und Musicalfan Prawy Cole Porters *Kiss me Kate* als erstes Musical auf dem europäischen Kontinent produziert. Eine Woche vor der Premiere kam Leonard Bernstein nach Wien. Die ständig überbordenden Liebesbezeugungen *Marcellos* zum selbst nicht gerade zurückhaltenden Lenny gingen ihm ziemlich auf die Nerven. In Marcel Prawys *Unvergesslichen Gesprächen mit dem großen Leonard Bernstein* meinte der Maestro, dass man in Europa fälschlicherweise im Musical eine modernisierte Form der Operette erkennen wolle, doch für ihn wäre das Musical der »Versuch Amerikas zu einer eigenständigen Form der Oper zu gelangen, die leider noch auf ihren Mozart warte ...«

Prawy, der langjährige Dramaturg der Wiener Volksoper, lernte Bernstein zwei Jahre zuvor auf einem Empfang des amerikanischen Kulturattachés in Wien kennen und war sofort von dessen »imponierender Persönlichkeit tief beeindruckt«. Marcellos Liebe, Bewunderung und Verehrung für den Maestro blieb bis zu seinem Ende 1990 erhalten. Das Verhältnis zu seinem Idol Leonard Bernstein fasste *Marcello* in seinem Erinnerungsbuch zusammen: »Rückblickend glaube ich, dass ich sein Freund war ... Die Überzeugung, dass er mich als seinen Freund betrachtet, entstand, als er mir einmal sagte: ›Marcello, ich bin dir dankbar dafür, dass du mich nicht Lenny nennst.‹ Für mich war er immer der Maestro«. Anlässlich der Wiener *West Side Story*-Premiere im Februar 1968 organisierte Marcel Prawy für den Maestro einen Empfang zu seinem fünfzigsten

Geburtstag. Bernstein seufzte: »Marcello, you make me older.«
Denn Bernsteins Geburtstag war erst im August. Als Prawy zwei
Jahre zuvor den Maestro um Rat gefragt hatte, ob es künstlerisch
vertretbar wäre, trotz so mancher tänzerischen Unzulänglichkeiten
eine deutsche Erstaufführung an der Volksoper zu riskieren, antwortete Bernstein gelassen: »Die werden schon gut tanzen, vergiss
das. Aber ich will, dass *Tony* und *Maria* singen wie *Rodolfo* und
Mimi in *La Bohème*«.

Anschließend gab es rund 1200 Vorsingen, die in Amerika, München, Madrid und Wien stattfanden. Es wäre nicht Wien, wenn
nicht während der Probenzeit manche Skeptiker Unsicherheit
geschürt hätten: Der *labile Musicalenthusiasmus* dürfe nicht auf die
Probe gestellt werden mit einem tragisch endenden Werk, mit vielen unbekannten Künstlern aus aller Welt. Doch es kam anders: Das
Wiener Premierenpublikum war begeistert, spendete immer wieder
Zwischenapplaus und jubelte am Ende mehr als zwanzig Minuten
lang. Lenny und Marcello konnten auch jubeln, einander umarmen,
küssen und loben. Marcel Prawys riskantes Unternehmen *Wiener
West Side Story* wurde zum Triumph. Ein Kritiker schwärmte: »Jeder
spielt und tanzt und singt um sein Leben!«

An der Wiener Volksoper brillierte die Opernsängerin puertori-
kanisch-griechischer Abstammung, Julia Migenes, mit ihrem unver-
wechselbaren Timbre und ihren temperamentvollen Tänzen als
Maria. Leonard Bernstein hatte ihr Talent schon erkannt, als sie
noch ein junges Mädchen gewesen war. Am Broadway gelang Migenes als *Tevjes* Tochter in *Fiddler on the Roof* der Durchbruch. Rund
zwanzig Jahre später versetzte sie die Opernwelt in Entzücken: In
einer *Carmen*-Verfilmung an der Seite von Plácido Domingo. Während der *West Side Story*-Proben an der Wiener Volksoper lernte sie
Heinz Marecek, der den *Action* verkörperte, kennen – und lieben.

Schauspieler Heinz Marecek erinnert sich an die Zusammenarbeit bei der *West Side Story* mit seiner ersten Frau Julia Migenes
und an intensive Touren durch das nächtliche Wien mit Leonard
Bernstein: »*Seid umschlungen, Millionen! Diesen Kuss der ganzen
Welt!* Den Satz aus Schillers *Ode an die Freude* könnte sich Leonard

Bernstein als Lebensmotto gewählt haben. Wo immer er hinkam, wurden die Menschen umarmt und geküsst. Und wenn es vielleicht auch nicht Millionen waren, etliche Tausend waren es sicher. Mit seiner Musik hat er tatsächlich Millionen umschlungen. Wenn Leonard Bernstein einen Raum betrat, hatte man das Gefühl, die Weihnachtsbeleuchtung ging an. Ich hatte das Privileg und das unvergessliche Vergnügen, bei der Aufführung von zwei seiner Werke mitwirken zu dürfen. In *West Side Story* 1968 an der Wiener Volksoper spielte ich den *Action* und in *Candide* einige Jahre später in der *Wiener Stadthalle* den *Dr. Pangloss* nebst einigen anderen kleinen Rollen. Bernstein hat zwar nicht selbst dirigiert, aber er kam in beiden Fällen eine Woche vor der Premiere nach Wien, sah sich eine Probe an, küsste – wie gehabt – alle, erklärte strahlend, wie sehr ihm alles gefiele und machte sofort jede Menge Vorschläge, wie man das ohnehin schon sehr Gute, vielleicht noch ein bisschen besser machen könnte. Mit einer Mischung aus Leidenschaft, Zärtlichkeit, Humor und Charme, der man sich einfach nicht entziehen konnte. Produzent dieser beiden Produktionen war Marcel Prawy. *Marcello* verehrte und liebte Bernstein geradezu abgöttisch. Wenn er ihn ansprach, hauchte er backfischhaft: ›Maestro‹. Bernstein war aber nicht nur bei den Proben anwesend. Er erkundigte sich, wo die Schauspieler, die Sänger, die Tänzer, am Abend denn so hingingen. Nun sind ja Tänzer erstaunliche Wesen. Nachdem sie vormittags drei Stunden im Ballettsaal die grandiose Choreografie von Jerome Robbins geprobt, am Abend wieder drei Stunden bei der Probe getanzt hatten, gingen sie anschließend natürlich – tanzen! In irgendeine Diskothek. Und Julia Migenes und ich wurden ständig zum Mitkommen animiert. Und mitten unter uns saß Lenny. Er liebte es, unter jungen Menschen zu sein. Und amüsierte sich sichtlich. Ein Zwölfzylindermotor mit 1000 PS braucht natürlich Treibstoff. Untertags war es der Enthusiasmus, mit dem er sein Werk realisiert sehen wollte, in der Nacht in der Disco waren es der Whisky, die Zigaretten, mit gelegentlichem Kerosinzusatz aus der Unterhaltungs-Chemie. Und er sprühte, wollte dieses Leben mit aller Intensität konsumieren, frei nach dem Motto: *Zum Ausrasten ist auf dem*

Friedhof immer noch Zeit genug. Ich war damals ein junger, extrem sportlicher Mann, konnte als *Action* ohne große Mühe in den Kampfszenen zwischen den *Jets* und den portorikanischen *Sharks* über die Köpfe meiner Gegner springen, und ähnliches. Das gefiel ihm sichtlich. Und irgendwann einmal in der Nacht, als wir uns wieder einmal in irgendeiner Disco verabschiedeten, nahm er mich an den Schultern und fragte mich nach dem rituellen Verabschiedungskuss: ›Heinz, how old are you?‹ Wahrheitsgemäß antwortete ich: ›Twentythree.‹ Darauf er mit einem fast traurigen Lächeln: ›That's younger than I ever was! Good night! God bless you!‹«

KAPITEL 30

Gauner, Mädchenhändler, Menschenfresser

Das Herz schlägt nun einmal –
im Gegensatz zur Wiener Propaganda –
nicht im Dreivierteltakt.

Die nächste Erstaufführung eines Werkes von Leonard Bernstein in Europa nach *West Side Story* war *Candide*. Die Handlung des Musicals basiert auf der menschenverachtenden Satire von Voltaire. 1976 fand die Premiere in der Wiener Stadthalle statt. Für Marcel Prawy war die gallige Geschichte vom unehelichen *Candide*, der voller Optimismus die beste aller möglichen Welten bereist, dabei aber von einer Katastrophe in die andere schlittert, eine »reizvolle, artistische Spielerei, eine Ariadne des Musicals« – mit Gaunern, Mädchenhändlern und Menschenfressern. Lange ließ Leonard Bernstein die *Candide*-Vorbereitungen immer wieder liegen. Wunschkandidaten für die Regie waren Gene Kelly und der französische Kultfilmer René Clair. Doch es wurde der britische Regisseur Tyrone *Tony* Guthrie, dessen besonderes Interesse schon immer Shakespeares Dramen galt. Er war Direktor des ehrwürdigen, 200 Jahre bestehenden Old Vic Theater in London, hatte in der dänischen Hafenstadt Helsingor Regie in Laurence Oliviers *Hamlet* geführt und liebte Opern – nicht wirklich die ideale Voraussetzung für eine Regiearbeit am Broadway.

In Wien sah man die *komische Operette* genau zwanzig Jahre nach der Premiere im New Yorker Martin Beck Theatre im Jahr 1956 nach drei Wochen Einspielaufführungen in Boston. Die US-Kritik war sich uneinig. Walter Kerr schrieb in der *New York Herald Tribune*: »Drei der talentiertesten Leute unseres Theaters, Lillian Hellman (Autorin), Leonard Bernstein (Komponist) und Tyrone Guthrie (Regisseur) haben gemeinsam Voltaires Stück in außergewöhnliches Unheil verwandelt.« Er kritisierte Hellmans »akademische, platte und schamlose« Versuche, Voltaires Satire gerecht zu werden. »Ein künstlerischer Triumph«, schrieb allerdings die *Daily News*.

133

Die positive Beurteilung der *New York Times* – fast immer entscheidend für Flop oder Erfolg am Broadway – garantierte fast 200 Jahre nach der Entstehung des Romans den Musicalerfolg: »Ohne jeden Zweifel würde sogar Voltaire als Theatermann vom Glanz und vom Reichtum des Musicals *Candide* überwältigt worden sein.« Und Kritiker John Chapman schmeichelte Bernstein mit der Aussage »Dies ist die beste leichte Oper, seit Richard Strauss seinen *Rosenkavalier* geschrieben hat.« Doch nach anfänglichem Erfolg gingen die Besucherzahlen massiv zurück. Ein Desaster zeichnete sich ab. Für die Zuschauer gab es keinen einzigen Star, keinen einzigen musikalischen Hit, nur eine schwer verständliche, »esoterische Art der Satire«. Bereits zwei Monate nach der Premiere fand *Candides* letzte Reise statt. Der Versuch, Voltaires gesellschaftskritische Satire zu entgiften, gelang nicht. Übrig blieb beschwingte Musik. Doch die »mangelnde Fähigkeit Schlager zu schreiben«, die Bernstein selbst in seinem Buch *Joy of Music* beklagt, ist evident. Voltaires bearbeitete Satire auf die beste aller Welten erlebte am Broadway nur 73 Vorstellungen, obwohl die Hellman-Bernstein-Fassung – angenehm für das Publikum – ein Happy End hatte. Zwar heiratet *Candide* auch bei Voltaire seine *Kunigunde*, jedoch widerwillig und ohne jede Freude, weil sein Mädchen inzwischen hässlich wie die Nacht ist. Anders am Broadway: Hier ist die Schönheit der Braut von allen »Unwettern des Schicksals« unbeeinträchtigt. Der aus Paris an den Broadway angereiste Kritiker des *France Soir* meinte ironisch: »Der unerschütterliche Optimist Voltaire war ein Vorläufer Hollywoods.«

KAPITEL 31

Fleischgewordene Elektrizität

*Meine Beziehung zur Musik ist
eine totale Umarmung.*

La Divina, Primadonna assoluta, Inbegriff einer Operndiva: Maria Anna Sofia Cecilia Calogeropoulos, genannt die Callas, eine reizbare, rätselhafte Künstlerin, als Tochter griechischer Einwanderer temperamentvoll und unberechenbar. Eine Sopranistin, die überall Kassenrekorde sprengte. Man verglich sie mit Stimmphänomenen des 19. Jahrhunderts. Und auch die Musikkritik bestätigte, was entzückte Opernliebhaber längst wussten: Maria Callas verkörpert eine Figur, die seit fast einem halben Jahrhundert ausgestorben schien – den klassischen Typ der italienischen Primadonna. Vielleicht ist der Nachruhm der Primadonna des Jahrhunderts, die im Alter von 53 Jahren starb, so langlebig, weil ihre Karriere so kurz war: Innerhalb von zwanzig Jahren sang die Callas 26 Opernaufnahmen und dreizehn Arienplatten ein und stand in Mailand, Rom, London und New York auf der Bühne. Der entscheidende Durchbruch gelang Maria Callas erst 1951 – am berühmtesten Opernhaus der Welt, dem Teatro alla Scala – nach Jahren des Wartens und Trotzens und nach der Zusage, einen astronomisch hohen Betrag zu erhalten: 350 000 Lire pro Abend. Das Zehnfache der Gage von Verona.

Auch die ältesten Mailänder Opernfans – von denen manche ihre Premierenkarten vom Jahre 1910 an lückenlos aufbewahrt hatten –, waren von der *vulkanischen Sängerin* begeistert. Die Scala-Stammgäste konnten sich an nichts Ähnliches erinnern, als Maria Callas, deren Sopranstimme über mehr als drei Oktaven reichte, in einer ihrer glänzendsten Partien auftrat, als *Medea* in Cherubinis gleichnamiger Oper. Es sang eine »entfesselte Furie, die mit Stimme und Gestik die schmerzvolle Geschichte einer verzweifelten Frau schrieb«, hieß es in einer Kritik. Als sie jedoch in der Bellini-Oper *Norma* anlässlich der Eröffnung der römischen Opernsaison nach dem Ende des ersten Aktes für ihre Verhältnisse nur bescheidenen Applaus (mit sieben Vorhängen) bekam, brüllte die launische Diva schon am Weg von der Bühne: »La Norma finisce qui!«, die Norma endet hier. Es folgten turbulente Szenen in der Garderobe, die der italienische Rundfunk live ins ganze Land übertrug. Der Intendant und die Regisseurin Margarethe Wallmann flehten die Callas an: »Maria, Maria, bitte machen Sie weiter! Gronchi sitzt im Publikum!«

Doch auch Giovanni Gronchi, dem italienischen Staatspräsidenten, wurde mitgeteilt, *Norma* sei für heute zu Ende. Nach dem offiziellen Abbruch der Vorstellung rotteten sich wütende Zuschauerhorden vor dem Bühneneingang und später vor dem Hotel Quirinale – dem Domizil der Callas – zusammen, um gegen die zickige Primadonna zu demonstrieren. Die Erregung über den Zwischenfall drang bis ins Parlament: Fünf Abgeordnete richteten am nächsten Tag wegen des *römischen Opernskandals* Anfragen an die Regierung.

Aufregungen um die Callas gab es immer wieder. Weltweit. Das Londoner Royal Opera House Covent Garden musste ein seit Langem ausverkauftes Gastspiel der Operndiva mehrmals verschieben – wegen der englischen Quarantänevorschriften. Sie erlaubten der Callas nicht, ihren Zwergpudel mitzubringen. Eine Sondergenehmigung ermöglichte schließlich den Auftritt der exzentrischen Primadonna. Beim alten Winston Churchill weinte sich die müde, alternde Stimmakrobatin Maria Callas – voller Melancholie – aus, spätabends, an Bord einer der Onassis-Yachten: »Nur, wenn ich sang, wurde ich geliebt.«

Wie konnte Bernstein mit diesem exzentrischen, herrischen Wesen, das Direktoren, Dirigenten und Kollegen erzittern ließ, umgehen? Im Winter des Jahres 1953 befand sich Bernstein auf einer Konzerttournee durch Italien. Antonio Ghiringhelli, ehemaliger Schuhfabrikant und späterer Direktor der Mailänder Scala, bat den in Italien so gut wie unbekannten Leonard Bernstein, eine der Eröffnungspremieren der Saison zu dirigieren: Cherubinis *Medea* mit Maria Callas in der Titelrolle. Der gefeierte italienische Dirigent Victor de Sabata war ernsthaft erkrankt und konnte die Aufführung nicht vorbereiten. Die Callas selbst brachte den Scala-Impresario auf die Idee, Bernstein zu fragen. Sie habe ihn vor einigen Tagen im Radio dirigieren gehört. Sie kenne ihn zwar nicht, aber seine Musikalität habe sie »elektrisiert«. Leonard Bernstein zögerte. Er selbst litt gerade an einer akuten Bronchitis. Außerdem kannte er die Oper nicht und bis zur Premiere verblieben nur mehr wenige Tage. Dennoch ließ er sich die Partitur kommen – und wollte definitiv absagen: Die alte, zerschlissene Partitur war kaum lesbar. Auch die Mischung aus Respekt und Angst vor der unberechenbaren Callas ließ ihn zögern. Doch die Verlockung, als erster Amerikaner am Pult des berühmtesten Opernhauses der Welt zu stehen und ein ausführliches Telefonat mit der Callas ließen den 35-jährigen Lenny schließlich zusagen. Eine ähnliche Situation wie exakt zehn Jahre zuvor, als Leonard Bernstein für Bruno Walter eingesprungen war. Allerdings fürchtete sich Lenny vor der Begegnung mit der unberechenbaren Maria Callas. Doch bereits während der ersten Besprechung der *Primadonna assoluta* und dem leidenschaftlichen Dirigenten konnte man an der *Scala* beruhigt sein: Die beiden Ausnahmemusiker verstanden einander von Anfang an. Bernstein zollte der Diva den gewünschten Respekt, fühlte sich sofort von ihrer geheimnisvollen Erotik und Unnahbarkeit, von ihrer Scheu und ihrem Temperament angezogen. Und die Callas war von dem jungen, amerikanischen Dirigenten beeindruckt und fand Charme, Witz und Brillanz – aber auch seinen musikalischen Instinkt unwiderstehlich. Callas & Bernstein an der Scala. Ein vielversprechendes musikalisches Dreamteam.

Leonard Bernstein hatte bis dahin noch keine große Oper dirigiert und nur fünf Tage Zeit, sich mit der Partitur vertraut zu machen. Diese stammte aus dem Jahre 1797 und war derart zerfleddert und verstaubt, dass sie bei Bernstein eine latente Allergie hervorrief – und ihm während der Proben Tränen über die Wangen laufen ließ. Die Geschwindigkeit, mit der er sich in *Medea*, das ihm völlig unbekannte Werk, vertiefte, faszinierte Maria Callas. Lennys Husten und Niesen ließen sie unbeeindruckt. Und die Tränen … vielleicht weinte er ja vor Glück, weil er mit ihr zusammenarbeiten durfte. Und er war »wie von Sinnen, Maria strahlte fleischgewordene Elektrizität aus«.

Maria Callas ließ sich auf alle Wünsche Bernsteins ein, wie er sich später erinnerte: »Zu meiner Verblüffung begriff sie sofort die dramatischen Gründe für die Umstellung von Szenen und Nummern – sowie das Streichen einer ihrer Arien. Wir kamen wunderbar miteinander aus, einfach prachtvoll. Sie verstand alles, was ich wollte, und ich verstand alles, was sie wollte.«

Am Donnerstag, dem 10. Dezember 1953, *alle ore 21 precise*, fand schließlich in der Mailänder Scala die Premiere von Luigi Cherubinis *Medea* statt. Mit Maria Callas und dem von ihr vorgeschlagenen Leonard Bernstein. Gespannt wartete das verwöhnte, kritische Mailänder Publikum auf das Experiment mit dem Ersatzdirigenten, dem ersten Amerikaner, dem jüngsten Dirigenten, der jemals am Pult der Scala gestanden war. Das *Time-Magazine* berichtete: »Als der Vorhang aufging, war er wieder ganz der alte, selbstsichere Lenny; er bewegte sich athletisch und verzog bei den dramatischen Passagen das Gesicht, um es in den lyrischen Abschnitten so zu entspannen, dass es fast einen Ausdruck von Drogenseligkeit annahm.« An einigen Stellen sang der aufgekratzte Dirigent sogar mit. Manch markante Stellen betonte er durch raues Brummen.

Frenetischer Jubel. Ein triumphaler Erfolg. Das in großer Abendgarderobe erschienene Scala-Publikum forderte Vorhang um Vorhang. Mit einem Schlag wurde der 35-jährige Amerikaner 1953 auch als Operndirigent weltberühmt. Seine Opernaufführungen an US-Universitäten oder in Tanglewood waren bis dahin in der internationalen Musikwelt unbekannt geblieben. Maria Callas und die renommierte Mailänder Scala sollten für Leonard Bernstein ein Meilenstein seiner musikalischen Entwicklung werden.

Zu Beginn des Jahres 1955 kehrte Leonard Bernstein an das Teatro alla Scala zurück. Er sollte Puccinis *La Bohème* leiten. Und vor allem wünschte sich der *rote Graf*, der Film-, Theater- und Opernregisseur Luchino Visconti, Leonard Bernstein als Dirigent für seine Regie bei Bellinis *La Sonnambula*. Er hatte von Bernsteins Mailänder Triumph gehört und schlug ihn Maria Callas als Dirigenten vor.

Die Callas stimmte sofort freudig zu. Obwohl er in *Medea* einige Szenen ausgetauscht und sogar eine Arie gestrichen hatte.

Nach einer radikalen Abmagerungskur – bis 1953 hatte sie prachtvolle 108 Kilo gewogen – erlebte Leonard die Callas bei der ersten Probe »fantastischer denn je«, wie er in einem Brief an seine Frau Felicia schrieb. Innerhalb weniger Monate speckte die üppige Sopranistin 28 Kilo ab. Ihren ewigen Wunsch, »so schlank wie Audrey Hepburn« zu werden, deren zarte Eleganz zu verkörpern, konnte sie sich dennoch nie erfüllen. Bernstein war nach der Callas-Diät jedenfalls begeistert: »Sie ist sozusagen nur noch ein Strich und absolut schön, nicht nur auf der Bühne … Heute sind wir *Sonnambula* zum ersten Mal durchgegangen, sie hat mich fast zu Tränen gerührt.« Nach dem Premierentriumph am 5. März 1955 lud die italienische Musikverleger-Dynastie Ricordi, die unter anderem legendäre Komponisten wie Verdi, Puccini und Rossini verlegte, die drei Protagonisten der *Scala*-Premiere in ihre prunkvolle Villa ein. Die *Primadonna assoluta*, den jungen Amerikaner, der am *Scala*-Pult das Publikum zu frenetischem Jubel verführt hatte, und den Regisseur Luchino Visconti, Spross einer der ältesten Mailänder Adelsfamilien, der ein Leben lang Wanderer zwischen den Welten geblieben war. Bis zum Anbruch des Mailänder Morgens feierten Callas, Bernstein und Visconti im Ricordi-Anwesen. »Wie kommt es, dass alle attraktiven Männer homosexuell sind?«, fragte Maria Callas die beiden Herren. Keiner antwortete. Dann wandte sie sich herausfordernd an Bernstein: »Ich möchte die Wahrheit wissen, die volle Wahrheit: Sind Sie homosexuell?« Wieder keine Antwort.

KAPITEL 32

Wiener Liebesaffäre

Ich zitterte, denn ich wusste,
ich hatte all die nette Rührseligkeit,
all das Schlagobers beseitigt, das die Wiener so schätzen.

An der New Yorker Metropolitan Opera dirigierte Leonard Bernstein erstmals im März 1963 Giuseppe Verdis letztes Bühnenwerk *Falstaff*, und drei Jahre später auch in Wien mit den Wiener Philharmonikern, in der Regie von Luchino Visconti, mit dem er bereits elf Jahre zuvor gemeinsam mit Maria Callas gearbeitet hatte. Alle sechs Vorstellungen waren lange zuvor restlos ausverkauft. Um das Musikgenie aus Amerika von den Stehplätzen des obersten Ranges zu erleben, standen hunderte Opernfans stundenlang Schlange.

Bescheiden, mit einem kleinen Koffer, in dem er alle Utensilien verstaut hatte, erschien Leonard Bernstein zur ersten *Falstaff*-Probe an der Wiener Staatsoper. Noch bevor er das Podium betrat, um die Philharmoniker zu begrüßen, verlangte er, den ersten Takt in den ersten Violinen eine Oktave höher zu spielen. Der Violinist Hans Novak, der 2015 anlässlich seines 95. Geburtstages als ältestes Orchestermitglied in Ruhe gefeiert wurde, erinnerte sich an einen Musikerkollegen, der gemeint hatte: »Na, der macht ja aus der Oper ein Musical …« Doch bald wurden die Philharmoniker eines Besseren belehrt, erzählte Novak: »Es ist nur bei diesem einen Takt geblieben und wir fanden das sogar sehr gut mit der Oktavierung, denn der c-Dur-Akkord, wie er von Verdi original ist, klingt in der Mittellage etwas dick, und wenn die ersten Violinen den ersten Takt eine Oktave höher spielen, dann strahlt es gleich aus.«

Schon von Beginn an verlangte Bernstein viel von den Wiener Philharmonikern. Ein Riesenpensum war während der kurzen Probenzeit zu absolvieren. Niemals wurde er mit den Proben fertig, die der Maestro allerdings auch krank, mit hohem Fieber wie selbstverständlich absolvierte. Bernstein brachte es fertig, dass die Musiker ohne Unruhe, Murren und Widerspruch sitzen blieben. Noch eine Viertelstunde. Noch eine halbe Stunde. Bis er zufrieden war. Bei jedem anderen Dirigenten hätte es einen Aufstand gegeben.

Vor allem die Menschlichkeit Leonard Bernsteins schätzten die Wiener Philharmoniker. Hans Novak erinnerte sich auch an ein Ereignis des Jahres 1970, beim *Fidelio* im Theater an der Wien: »Dort sind die Platzverhältnisse sehr beengt. Während der Probe hat Bernstein in seiner Rage plötzlich den Halt verloren. Er ist ausgerutscht und vom Podium auf das zweite Geigenpult der ersten Geigen runtergefallen. Er muss sich sehr wehgetan haben – er blutete. Aber zuerst hat er den Kollegen gefragt, ob er *ihm* wehgetan habe, ob *ihm* etwas passiert sei. Nicht alle waren wie er. Ein großer Dirigent erschien eines Tages zur Probe und sah, dass ein Kontrabassist fehlte. Er ließ den Orchesterdiener telefonieren, der ihm erschüttert mitteilte, der Kollege sei leider in der Nacht gestorben. Die Reaktion des Dirigenten war: ›Na ja, da muss sofort jemand anderer einspringen!‹«

Neben den *Falstaff*-Aufführungen an der Staatsoper absolvierte Bernstein im Winter 1966 mit den Wiener Musikern ein Riesenpensum. Es gab philharmonische Konzerte und zugleich Schallplattenaufnahmen: Gustav Mahlers *Lied von der Erde* mit James King und *Falstaff* mit Dietrich Fischer-Dieskau, das Mozart-*Klavierkonzert KV 450*, das er auch selbst spielte, und die *Linzer Sinfonie*. Am Beginn meinte ein Musiker skeptisch, wie ein amerikanischer Dirigent wohl die schöne langsame Einleitung dirigieren würde, »sicherlich gehetzt. Aber dann begann Leonard Bernstein in einem herrlichen, bequemen Tempo«, erinnerte sich Violinist Hans Novak.

Im Frühjahr 1968 kam Bernstein wieder nach Wien, um vier Wochen zu bleiben. Er begleitete im Konzerthaus Christa Ludwig und Walter Berry bei Liedern von Gustav Mahler, er ließ sich in der Volksoper bei *West Side Story* feiern – und dirigierte den *Rosenkavalier*: Seit er erlebt hatte, wie sein Lehrer Fritz Reiner eine der beliebtesten Opern in Chicago dirigierte, wollte er es auch versuchen. In Wien ein gewagtes Unternehmen. Mutig ging er an die Arbeit: »Ich nahm die Partitur auseinander, brachte Ordnung in die Rhythmen, änderte die Bogenführung der Streicher … Ich zitterte, denn ich wusste, ich hatte all die nette Rührseligkeit, all das Schlagobers beseitigt, das die Wiener so schätzen.« Voller Raffinement gewann er die Wiener Philharmoniker für sich:»Meine Herren, ich bin zutiefst beschämt. Ein kleiner Amerikaner in der heiligen Stadt der Kunst will mit den großen Philharmonikern den Rosenkavalier einstudieren … bitte betrachten Sie mich nicht als Ihren Lehrer, sondern als Ihren Schüler …« Doch bereits nach wenigen Takten brach er ab und meinte:»Nein, nein, meine Herrschaften, so geht's nicht, das will ich ganz anders …«

Der Beifall am Premierenabend gab Bernstein Recht. Gwyneth Jones als *Oktavian*, Reri Grist als *Sophie*, der *Ochs von Lerchenau* Walter Berry und die *Marschallin* Christa Ludwig begeisterten. Der Jubel des Wiener Publikums kannte keine Grenzen. Wie zwei Jahre zuvor bei *Falstaff* gab es für Leonard Bernstein und sein Team wieder unglaubliche 48 Vorhänge. Die Philharmoniker applaudierten stehend ihrem Dirigenten, der dem *Rosenkavalier* neues Leben eingehaucht hatte. Das *Time Magazine* versuchte Leonard Bernsteins außergewöhnlichen Zugang zu dieser subtilen Oper zu analysieren: »Er fing die elegische Bitterkeit ein, die den Kern des reifen Werkes bildet. Er befreite es von den sentimentalen Verkrustungen, die Strauss nie beabsichtigte; die Folge war, es wirkte schärfer, lebendiger, erhabener.« Bernstein war vor allem von Christa Ludwig begeistert:»Sie war so wunderbar, dass mir die Tränen kamen«, meinte er in der Premierennacht über seine Marschallin.

KAPITEL 33

Hexentanz der Freude

Die Gemeinschaft des Fühlens mit dem Orchester –
unter allen menschlichen Beziehungen, die ich kenne,
ist es diese, die der Liebe am nächsten kommt.

In der legendären *Falstaff*-Aufführung an der Wiener Staatsoper des Jahres 1966 sangen Dietrich Fischer-Dieskau die Titelpartie, des Weiteren Rolando Panerai, Murray Dickie, Graziella Sciutti und Erich Kunz. Fischer-Dieskau war vom sicheren Gefühl, das ihm Bernstein gab, begeistert, die Bewunderung der beiden war gegenseitig. Der große Lied- und Opernsänger meinte: »Man hat das Gefühl, er steht nicht unten am Pult. Man hat das Gefühl, er steht mit auf der Bühne. Er dirigiert bis zum Bühnenhintergrund. Er erreicht jeden mit den Augen und der Spitze seines Taktstocks.« Und auch die Wiener Philharmoniker, die manchmal ihre Kritik nicht nur hinter vorgehaltener Hand aussprachen, eroberte der amerikanische Dirigent im Sturm. Bescheiden und zurückhaltend sei er zur ersten Probe gekommen und habe ein paar Direktiven gegeben. Bereits beim ersten Akkord wurden die Musiker »fast vom Stuhl gerissen. Der Mann ist förmlich explodiert.« Leonard Bernsteins *Falstaff* wurde zu einem ganz großen Wurf und gehörte für so manchen Wiener Musikenthusiasten zum Besten, was Bernstein in Wien außer den Mahler-Symphonien dirigiert hatte. Die Premiere am 14. März 1966 krönten ein mehr als halbstündiger Applaus und unglaubliche 48 Vorhänge. Auch die Kritik jubelte. Karl Löbl sprach von einem »Genie im Dienste Verdis. Von Weltklasse am Pult.« Für Franz Endler war Leonard Bernstein »einer ohne Konkurrenz«.

Das »einzigartige und sehr amerikanische Wunderkind« fühlte sich in Wien auf Anhieb wohl: »Ich bin verliebt in diese Stadt. Weil man hier für Musik machen *musizieren* sagt. Ein wundervolles Wort, das es im Englischen nicht gibt. Und wenn ich mit den Wiener Philharmonikern musiziere, so ist das wie ein Liebesakt. Man fühlt ein unbeschreibliches Zusammengehörigkeitsgefühl, man atmet zusammen …« Manchmal hörte er sogar auf, zu dirigieren. Das war für ihn das größte Vertrauen, das größte Einverständnis, das es zwischen Orchester und Dirigent gab. Es gab keinen schöneren Moment für ihn. Allerdings ist es Bernstein nicht leichtgefallen, die Hände lange unten zu halten …

Nach dem *Falstaff*-Triumph und dem Eröffnungskonzert zum Jubiläum der Staatsoper lag die Musikstadt Wien Leonard Bernstein zu Füßen. Ludwig van Beethovens 200. Geburtstag nahte. Überall wurden Vorbereitungen getroffen, auch in Wien. Bernstein wurde gefragt, was er sich zum Jubiläum des Titans Beethoven wünschen würde: Nichts Geringeres als *Fidelio* mit Otto Schenk als Regisseur und Gwyneth Jones als Leonore. *O namen-, namenlose Freude …*

Am 24. Mai 1970 fand die Premiere als Gastspiel der Wiener Staatsoper im Theater an der Wien statt. Zu Beginn nur kurzer Applaus. Das Wiener Publikum verschenkt keine Vorschusslorbeeren, auch nicht an einen Dirigenten, der hier mit Verdi und Strauss, mit *Falstaff* und *Rosenkavalier*, vor Jahren Triumphe gefeiert hatte. Doch nach und nach spürte man Bernsteins große Beethoven-Nähe, sein Mitleiden mit den Gefangenen, seinen echten Erlösungsjubel. Der Höhepunkt der Oper, die traditionell zwischen Kerkerszene und Finale eingebaute *Leonoren*-Ouvertüre, riss die Zuhörer von den Sesseln. Am Ende genoss der erschöpfte Amerikaner in Wien die Ovationen der Wiener Klassikgemeinde.

So geschah es, dass Beethovens Oper in Wien mit einem amerikanischen Dirigenten und einer britischen Sopranistin aufgeführt wurde, während ein halbes Jahr später Karl Böhm, der Ehrendirigent der Wiener Philharmoniker, mit der Wienerin Leonie Rysanek das Beethoven-Jubiläum an der Metropolitan Opera in New York feierte. Und wieder führte Otto Schenk Regie. Im Publikum jubelten Sängerinnen, die Operngeschichte geprägt haben: Lotte Lehmann und Christa Ludwig, Maria Jeritza und Birgit Nilsson. Kritiker waren von Schenks Debüt an der Met mit Karl Böhm als Dirigenten beeindruckt. Seit damals ist er Stammgast und hat mit 16 Opern mehr als jeder andere lebende Regisseur an der Met inszeniert.

Der vielseitige Künstler Otto Schenk erinnert sich an Leonard Bernstein, an das Überirdische, Dämonische des Universalgenies: »Unsere erste gemeinsame Arbeit war *Fidelio* 1970 im Theater an der Wien. Durch Bernstein war plötzlich alles anders, ich hatte nicht das Gefühl er betreibt Musik, er *ist* Musik. Zwei Seelen in seiner Brust. Die eine war der extrovertierte Showman, aber das war er nicht nur. Er konnte einfach alles. Und hat sich damit nicht zufriedengegeben. Daher ist sowohl in ihm als auch im Orchester der Ehrgeiz entstanden, nur ja keinen Fehler zu machen. Bernstein dirigierte konzentriert mit Aviso. In diesem Moment wurde er für mich plötzlich ein ganz anderer Dirigent, er war weg von allem wirken Wollen, er war nur vom Verlangen geprägt, die Musik zu vermitteln. Das Orchester wurde eins mit ihm. Und das nur durch sein unbeschreibliches Dirigieren, durch eine Suggestionskraft, durch Blicke. In jenem Moment war er weit weg von jeder Show. Es war ein puristisches Dirigieren. Er wollte aus seinem Orchester alles herausholen, war Carlos Kleiber sehr ähnlich. Auf eine ganz andere Art. Aber Kleiber hat aufgegeben, er ist weggegangen, wenn das Orchester nicht Überirdisches geleistet hat. Bernstein hat mich gebeten, ihm immer zu sagen, wenn das Orchester zu laut ist. Daraufhin bin ich einmal hingegangen und hab ihm gesagt: ›Sorry, Maestro, but now it is a little bit too loud.‹ Er hat wild weiterdirigierend geschrien: ›I know, I know.‹ Er war einfach von der Musik so überwältigt. Das war bei ihm oft der Fall, die Musik hat ihn mitgerissen und er war nur mehr Übermittler einer wahnsinnigen Musik. Der verrückte Derwisch, der in ihm war, war ein Dienender. Er ist nur gehüpft und gesprungen, weil er noch mehr aus dem Orchester herausholen wollte. Aber auch weil er das Publikum entzünden wollte.

Marcel Prawy hat Bernstein mit dem Universalgenie Michelangelo verglichen, weil er einfach alles konnte … Er war für ihn ein Herrgott. Und er hatte ja auch etwas Überirdisches, Dämonisches – und Freundliches. Wenn Leonard Bernstein mit einem sprach, hatte man immer das Gefühl, sein bester Freund zu sein. Aber dieses Gefühl hatten alle. Und es war auch während dieses Moments ehrlich. Trotzdem glaube ich, dass er alle durchschaut hat. Er war ein

Küsser. Ich erinnere mich an einen Empfang im *Sacher*. Da hat er zum Abschied die Fürstin Sowieso umarmt, dann den Herrn Sowieso, dann mich abgeküsst und dann stand als Nächster der Ober da. Mit einer wegwerfenden Armbewegung hat er schließlich auch noch den Ober umarmt. Er wollte ihn nicht im Regen stehen lassen. Eine typische Geste Bernsteins. Eine Horde Adeliger war einmal bei einer Probe dabei. Ich habe gleich einen Riesenkrach gemacht und sie hinausgeschmissen. Am nächsten Tag habe ich zu ihm gesagt: ›Lenny, ich will keine Gräfin, keine Fürstin oder keine Prinzessin mehr, ich will in Ruhe probieren.‹ Da hat er sich zu mir umgedreht und gesagt: ›Okay, Otto, just one princess.‹ Damit hat er mir gezeigt, wie sinnlos meine blöde Hysterie war.

Eigentlich ist Leonard Bernstein unbeschreiblich, weil alles, was man über ihn sagt, die andere Seite von ihm einschränkt. Er war populär und nie anbiedernd, er hat geforscht bei der Arbeit und war so unerbittlich in seinen Piano- und Tempiforderungen und zum Schluss war es wie ein Hexentanz der Freude. Bei der Premiere von *Fidelio* gab es im Chor kein trockenes Auge, alle haben geweint, so begeistert waren sie. Das konnte nur er. Und dann irgendwann – auf ganz anderem Weg – auch der Karl Böhm. Er hat über den minimalistischen Weg ein ähnliches Resultat erzielt. Zu Böhm hat Bernstein einmal gesagt: ›You have a magic baton‹ – ›Sie haben einen magischen Stab‹, weil er an ihm bewunderte, mit wie wenig so viel erreicht wird. Wie Bernstein Mahler dirigierte, war außergewöhnlich. Ich saß einmal mit Carlos Kleiber in Mahlers Vierter und habe Kleiber nie so begeistert erlebt wie damals. Und der war ein fürchterlicher Kritiker. Einmal hat er gesagt, außer dem Danny Kaye gefällt ihm überhaupt kein Dirigent.

Bei Bernsteins privaten Exzessen habe ich nie mitgemacht. Ich wollte mir mein Bild von ihm nicht zerstören. Vielleicht nahm er es mir auch ein bisschen übel, dass ich ihn nicht quasi Jünger-mäßig begleitet habe. Eigentlich war nicht er der Verführer, sondern der Verführte … Jedenfalls habe ich diese Seite von ihm geschwänzt. Einmal besuchte er mich in meiner Wohnung in Wien, die größer als seine in New York war – er war ganz erstaunt, dass ein so kleiner

Mann wie ich eine so große Wohnung hat. Wien war für Bernstein eine seiner angenehmsten Enttäuschungen. Er war aufgeregt und betrachtete alles sehr verehrerisch. Die Nostalgie von Wien hat ihn tief berührt, auch wie er den *Rosenkavalier* bedient hat, fast in Verehrung dieser Wienerischen Musik – auch wenn sie von einem Bayern geschrieben wurde.

Leonard Bernstein war nicht sentimental, aber er hat das Sentiment beherrscht. Er war ein wirklicher Könner, neben all dem Schillernden. Zwei Seelen, aber ein Gesicht, das man durchschauen musste. Wer ihn nicht durchschaute, hat ihn nicht verstanden. Manche Menschen haben geglaubt, sein Auftreten sei äußerlich, was absolut falsch war, er war ein zutiefst innerlicher Mensch. Es war eher eine Vermeidung üblicher Formen, andererseits hat er es auch nicht gescheut, ein Derwisch-Benehmen aufzusetzen. Aber das war er nicht, er hat es als Notlösung verwendet – fast als eine Art Verzweiflungstat.«

KAPITEL 34

Gefühle bedingungslos in Liebe umsetzen

Wir hoben ab und schwebten.
Ab dem dritten Takt waren wir nicht mehr zu bremsen.
Wir wussten, dies war eine Bindung fürs Leben.

Das Hamburger Magazin *Die Zeit* meinte zu Bernsteins *Falstaff*-Triumph ketzerisch: »Wien scheint seinen neuen Karajan zu haben.« Zwei Jahre zuvor hatte dieser in Unfrieden als Direktor der Wiener Staatsoper gehen müssen. Herbert von Karajans Co-Direktor Egon Hilbert wurde als alleiniger Direktor inthronisiert. Die beiden Herren konnten nie miteinander. Ihr Streit gipfelte in Karajans Bedingung, Hilbert dürfe sich nicht *Staatsoperndirektor* sondern nur *Direktor der Staatsoper* nennen.

Nachdem Karajan am 5. November 1963 vor den Vorhang trat und das staunende Publikum einer *Bohème*-Premiere nach Hause schickte, wackelte sein Direktionssessel bereits. Gewerkschaftlicher Protest, der in einem Streik des Bühnenpersonals gipfelte, war der Grund des *Bohème*-Skandals: Der Machtmensch Karajan hatte den österreichischen Souffleur durch einen italienischen *Maestro Suggeritore* – eines in italienischen Opernhäusern selbstverständlich mitdirigierenden Souffleurs – ersetzen lassen. Die Gewerkschaft tobte, das Wiener Arbeitsamt verweigerte dem »unnötigen Italiener« die Arbeitserlaubnis. Als er am Premierenabend dennoch im Souffleurkasten saß, streikte das technische Personal. Die Vorstellung, zu der auch Bundespräsident Adolf Schärf erschienen war, fiel aus. »Bitterkeit im singenden, klingenden Wien«, frohlockte ein deutscher Journalist. Ein halbes Jahr später verließ Herbert von Karajan die Staatsoper, nicht ohne eine Erklärung über das Wiener Musikverständnis abzugeben: »In Wien hat jeder Operndirektor eineinhalb Millionen Mitdirektoren, die ihm alle mitteilen, wie die Oper geführt werden muss.«

Als Karajan danach noch einmal als Dirigent von Beethovens *Fidelio* ans Pult der Staatsoper trat, gerieten die Zuschauer außer

Rand und Band. Der Maestro war gerührt, doch es gab nichts mehr zu ändern. In der Szene, in der *Florestan* an *Rocco* die Frage richtet »Wer ist der Gouverneur dieses Gefängnisses?«, tönte von der Galerie laut und deutlich der Ruf: »Hilbert«. Das Wiener *Falstaff*-Fest war jedenfalls Egon Hilbert zu verdanken: Er holte Bernstein – mitten während der Saison der New Yorker Philharmoniker – nach Wien. Mit einer Gage, bei der Lenny nicht Nein sagen konnte.

Robert »Robby« Lantz, der New Yorker *Agent der Stars,* der von seinem kleinen Büro mit Blick auf den Central Park weltweit Gagen für seine prominenten Kunden aushandelte, vertrat auch Lenny bei den Verhandlungen mit Egon Hilbert. Die Liste der Celebrities, für die Lantz – auch noch im hohen Alter – Traumgagen erzielte, liest sich wie das Who is Who Hollywoods: Bette Davis, Yul Brynner, Montgomery Clift, Robert Redford, Elizabeth Taylor und Richard Burton. Robert Lantz war der letzte Vertreter einer *old school*: Der Künstlervermittler arbeitete ohne Computer und besiegelte seine Deals nur mit Handshakes. Für Freund Bernstein verließ Lantz sogar sein kleines New Yorker Büro, um mit Direktor Hilbert in der Wiener Staatsoper *eye to eye* zu verhandeln. Vermutlich dachte Lantz, einem Dirigenten stehe genauso viel Gage zu wie einem Filmstar wie Bette Davis oder Elizabeth Taylor. Er dürfte jedenfalls ein sündhaft hohes Salär ausgehandelt haben, das selbst Maestro Karajan blass gemacht hätte. Bis dahin war immer Herbert von Karajan der Gagenkönig gewesen. Er brauchte *Bewegungsgeld*: Er besaß mehrere Privatjets, eine Yacht mit 21-köpfiger Besatzung und zahlreiche Luxuslimousinen. Porsche baute eigens ein Karajan-Sondermodell ... Obwohl die Gagen vieler Stardirigenten wie ein Staatsgeheimnis gehütet werden, weiß man, dass Lorin Maazel, der lange Zeit als teuerster Dirigent der Welt galt, für einen einzigen Abend bis zu seinem Tod 2014 oft 120 000 Euro Gage bekam. Das wiederum hätte nicht nur Karajan, sondern auch Bernstein und seinen findigen Managerfreund Robby Lantz erblassen lassen.

1967 kam Bernstein wieder nach Wien, um Mahler in der Staatsoper zu dirigieren. Was konnte es Bewegenderes für ihn geben, als an jener Stelle zu stehen, an der einst Gustav Mahler, mit dessen

Werk er sich seit frühester Jugend verbunden fühlte, dirigiert hatte, und zwar mit den Wiener Philharmonikern, die noch wenige Jahre zuvor die *Auferstehungssymphonie* abgelehnt hatten. Israel befand sich damals mitten im Sechstagekrieg. Leonard Bernstein stellte seine Gage – wie Hilde Güden und Christa Ludwig – spontan dem Staat Israel zur Verfügung. Als sich die Philharmoniker seiner Geste anschlossen und einen Teil ihrer Gage dem Roten Kreuz zugunsten israelischer Verwundeter spendeten, war die Zuneigung Bernsteins grenzenlos. Er hatte eine neue musikalische Heimat gefunden. Und schon bald erlag Lenny den Reizen Wiens und dem Musikverständnis der Wiener. Man adorierte ihn, reichte ihn von einem zum anderen Cocktail der Wiener Gesellschaft weiter, überschüttete ihn mit Komplimenten und Vorschusslorbeeren. Damit konnte er gut leben. Und bald hatte er auch Freunde in Wien: Bankiers, Industrielle, Intellektuelle und Adelige wie die charmante Prinzessin Lili Schönburg.

KAPITEL 35

Luxusausgabe der Heiligen Drei Könige

Erstaunlich, dass du mir die Wahrheit sagst –
wo doch die Wiener nie etwas zugeben.

Peter Weiser, Kritiker und Schriftsteller, Generalsekretär des Wiener Konzerthauses, in dem Leonard Bernstein bereits 1948 die Wiener Symphoniker dirigiert hatte, aber auch Leiter der Energieverwertungsagentur – einer fantasievollen Position für einen Kulturmanager, die er seinem Förderer Bruno Kreisky verdankte –, war für Bernstein eine der wichtigsten Wiener Bezugspersonen und wurde bald zu einem verlässlichen Freund. Zwei Bücher Bernsteins hat Weiser ins Deutsche übersetzt: 1979 *Musik – die offene Frage* und 1983 *Erkenntnisse. Beobachtungen aus fünfzig Jahren.* Wie vieles andere einte das Engagement für die Mahler-Renaissance in Österreich Leonard Bernstein mit Peter Weiser.

1967 wollte Weiser Bernstein dafür gewinnen, eine Mahler-Symphonie zu dirigieren. »Hast Du nicht schon Karajan gefragt, ob er den ganzen Mahler-Zyklus dirigieren will?«, fragte Lenny. Peter Weiser bejahte seine Frage. »Erstaunlich, dass Du mir die Wahrheit gesagt hast, wo doch die Wiener nie etwas zugeben«, meinte Bernstein darauf. Weiser konterte: »Ich bin kein Wiener, ich bin Mödlinger.« Lenny verwundert: »Wo liegt das?« Die Antwort: »Dreizehn Kilometer südlich von Wien …« Bernstein schmunzelte und willigte ein, die *Zweite Symphonie* Mahlers zu dirigieren.«

Peter Weisers zweite Frau Emilie Montjoye, zuvor im Konzerthaus dessen rechte Hand, erinnert sich an Leonard Bernstein: »Er war immer ein besonders aufmerksamer, großzügiger Mensch. Reizend und rührend hat er sich um seine Mitmenschen gekümmert. Ich war zum Beispiel nach einem schrecklichen Unfall im Krankenhaus, er hörte davon und schickte sofort einen prachtvollen Blumenstrauß. Bernstein hat aber auch finanziell geholfen, wenn er gehört hat, dass jemand in Not ist. Und er wollte immer Streit schlichten. So hat er auch versucht, in der Auseinandersetzung zwischen Bruno Kreisky und seinem früheren Kronprinzen Hannes Androsch zu vermitteln. Während einer Einladung im Hause Weiser heckte Lenny gemeinsam mit Peter einen Plan aus, Kreisky und Androsch – seit Jahren zerstritten – zu versöhnen. Peter sollte Bruno Kreisky ins Hotel Bristol einladen. Er selbst würde sich um Hannes Androsch kümmern. Am 13. Oktober 1986, zu *Yom Kippur*, dem jüdischen Feiertag, an dem es üblich ist, sich zu versöhnen, war es soweit: Der Abend verlief zunächst friedlich. Bei Vanillekipferln pflegten die Herren *Small Talk* über Musik und Politik. Doch kurz danach sprang Kreisky auf und ging – grußlos, nachdem er Lenny mitgeteilt hatte, er möge ihn nie wieder mit diesem *horrible guy* Androsch zusammenbringen …

Ich erinnere mich auch an ein Abendessen im Hotel *Sacher* mit Bernstein und seiner Frau Felicia, die sehr selten dabei war, eine interessante, elegante, zarte Frau. Lenny gab das Dinner zu Ehren ihres Geburtstages – mit Tischordnung. Als ich sah, dass Peter rechts neben Felicia sitzen würde, habe ich zu ihm gesagt: ›Du musst jetzt unbedingt eine Rede halten.‹ Er ist also aufgestanden und hielt eine launige Laudatio. Danach ist Lenny, der nie gerne Reden gehalten hat, auf ihn zugekommen und hat gemeint: ›Da habe ich mir wochenlang den Kopf darüber zerbrochen, was ich sagen soll, dann stehst du auf und nimmst mir alles ab. Wenn ich das nur früher gewusst hätte.‹

Ein anderes Mal war Bernstein bei einem Abendessen eingeladen, das mein Mann und seine erste Frau Elli gaben, bei dem ich auch dabei war. Es war eine erlesene Runde: Kardinal König, Leonard Bernstein und Henry Grunwald, der während der Amtszeit des angefeindeten Präsidenten Waldheim amerikanischer Botschafter in Österreich war. André Heller kam später dazu, sah die drei Herren nebeneinandersitzen und meinte: ›Na, das ist ja eine Luxusausgabe der Heiligen Drei Könige …‹«

Bruno Kreisky, der immer den Dialog mit Künstlern und Intellektuellen suchte, umgarnte den Maestro aus Amerika. Er kannte ihn bereits aus seiner Zeit als Außenminister in New York. Ähnliche gesellschaftspolitische Ansichten, aber auch Sympathie vom ersten

Zusammentreffen an ließen die beiden bald Freunde werden. Und Kreisky gelang es sogar, Bernstein zu überreden, gemeinsam mit den Philharmonikern den ersten Parteitag unter seiner Kanzlerschaft im Mai 1970 zu eröffnen. Während der Tage des Bernstein-Fidelio-Triumphes im Theater an der Wien.

Das musikalische Wien zeigte sich Leonard Bernstein gegenüber von seiner besten Seite, obwohl man Herbert von Karajan nach seinem Abgang nachweinte. Lange wollte der gekränkte Maestro nicht aus Salzburg nach Wien zurückkehren. Aber zum Glück fanden die Wiener Klassikfans mit Bernstein – während eines schmerzlichen Karajan-Vakuums – bald ein neues Idol, einen faszinierenden Musiker, der die »knisternde Atmosphäre des Außergewöhnlichen« nach Wien gebracht hatte. In Salzburg, in jener Stadt wo Herbert von Karajan vor sich hin schmollte, registrierte man, Leonard Bernstein sei »der Wiener Musikfreunde liebstes Kind«.

Das Verhältnis zu den Wiener Philharmonikern, mit denen er allein in Wien 99 Konzerte gab, war für Bernstein eine Art Liebesaffäre: »Wir hoben ab und schwebten. Ab dem dritten Takt waren wir nicht mehr zu bremsen. Wir wussten, dies war eine Bindung fürs Leben.« Und in einem späteren Interview mit dem deutschen Magazin *Die Zeit* streute Bernstein den Wiener Philharmonikern Rosen: »Kürzlich spielten wir die Orchesterfassung des Beethoven-*Streichquartetts Opus 131* – das war der Höhepunkt meines Musikerlebens: der reine, weiche Klang der Streicher, besser gesagt, die Hingabe der Musiker an den Klang.« Und im Gespräch mit einem Musikerfreund schwärmte er von seiner *illegitimen Affäre*: »Ich bin eigentlich mit den New Yorker Philharmonikern verheiratet. Aber die Wiener, sie spielen mit dem ganzen Herzen … und sie haben auch Humor.«

KAPITEL 36

Meilensteine auf dem Weg zur Unendlichkeit

*Ich kann mich nicht erinnern an
eine höhere Sternstunde als die, die wir zusammen
mit der Neunten Beethoven musiziert haben.*

Violinist Clemens Hellsberg, während der Jahre 1997 bis 2014 Vorstand der Wiener Philharmoniker, fasst die 24-jährige Zusammenarbeit mit Leonard Bernstein – jene Liebe, die auf Gegenseitigkeit beruhte – eindrucksvoll zusammen: »*Verweile doch, Du bist so schön!* Das eigentliche Ziel des permanenten Ringens der Menschheit um Veränderung und Verbesserung mutiert nur allzu oft zur Verklärung einer Vergangenheit, die als Gegenwart ihre nostalgischen Bewunderer keineswegs zum Verweilen eingeladen hatte. Glücklich daher, wer Momente der Vollkommenheit erleben durfte und sie auch bewusst als solche erkannte: zeitlose Meilensteine auf dem Weg zur Unendlichkeit!

Die *Wiener Philharmoniker* hatten in den 24 Jahren der Zusammenarbeit mit Leonard Bernstein das Glück eines derartigen Erlebnisses. Selbstverständlich gelang in rund 240 Konzerten und Opernabenden nicht alles perfekt; aber zum einen gab es sie wieder und wieder – jene Momente, in denen die Zeit stillzustehen schien, etwa im langsamen Satz der *Zweiten Symphonie* von Robert Schumann; und zum anderen war es in jeder Probe, in jeder Aufführung aufs Neue faszinierend, vom ungeheuren Enthusiasmus, mit dem Bernstein Musik erlebte und gleichsam lebte, in den Bann gezogen zu werden.

In jeder genialen Künstlerpersönlichkeit manifestiert sich auch das Lebensgefühl einer Generation. Arturo Toscanini etwa wurde in einer Zeit, in der menschenverachtende Ideologien ganz Europa bedrohten, zu einem Symbol der Freiheit, zu einem Hort der Hoffnung für unzählige Menschen, die um ihr Leben bangten. Herbert von Karajan personifizierte den unbedingten Glauben an den (mittlerweile manchem Zweifel unterworfenen) technischen und in dessen Folge auch künstlerischen und humanitären Fortschritt. Leonard Bernstein wiederum verlieh der Kunstausübung durch seine Liebe zu den Menschen eine höhere Ebene: Sie war von jener bezwingenden Unmittelbarkeit, welche die Friedensbewegungen der Sechziger- und Siebzigerjahre des 20. Jahrhunderts kennzeichnete, und dies erklärt die Begeisterung, die er nicht nur, aber vor allem bei der Jugend weckte.

Es versteht sich von selbst, dass Künstler dieser Dimension auch jene Menschen und Institutionen in besonderer Weise prägen, denen sie sich *durch das Band der Kunst* (wie dies Gustav Mahler einst gegenüber den Wiener Philharmonikern formulierte) eng verbunden fühlen. Die Zusammenarbeit mit Leonard Bernstein bildet einen markanten Abschnitt der Geschichte unseres Orchesters, und diese Tatsache war nicht nur im Moment des Abschieds allen Zeitzeugen bewusst, sondern wird auch im Rückblick aus mittlerweile historischer Sicht bestätigt: Wie etwa die Ära Otto Nicolai, die Ära Hans Richter, die Ära Furtwängler ist die Ära Bernstein Teil der philharmonischen Identität.

Ein entscheidender Teil dieser philharmonischen Identität, mehr noch: ihre Voraussetzung ist die Zugehörigkeit zum Orchester der Wiener Staatsoper. Im Sinne dieser seit mittlerweile 175 Jahren bewährten Symbiose kommt der Tatsache besondere Bedeutung zu, dass unsere Ära Bernstein eigentlich im März 1966 im Haus am Ring mit einer längst legendären Premiere von Giuseppe Verdis *Falstaff* begann.

Am Ende unseres gemeinsamen Weges mit *Lenny*, das im März 1990 mit drei unvergesslichen Konzerten in der New Yorker *Carnegie Hall* erreicht war, konnten wir auf 42 Opernvorstellungen sowie 197 Konzerte zurückblicken, 99 davon in Wien, 91 im Ausland, dazu unzählige Schallplatten- und TV-Aufnahmen. Die Zusammenarbeit bestand in gewaltigen, sich meist über mehrere Jahre erstreckenden Projekten, die zu *Meilensteinen* wurden: die auf Tonträgern und im Film dokumentierte Auseinandersetzung Bernsteins mit dem symphonischen Werk von Mahler, Beethoven, Schumann, Brahms oder zuletzt von Sibelius und Schostakowitsch.

Wenn Leonard Bernstein zu uns kam, so bedeutete dies stets eine Phase anstrengendster, weil leidenschaftlicher, konsequenter und konzentrierter Arbeit, aber gleichzeitig eine Fülle tiefster musikalischer und menschlicher Eindrücke. Er hat gelacht und geflucht, er war glücklich und verzweifelt, er konnte ungeduldig und unbeherrscht sein, aber er verkörperte in jeder Sekunde mitreißenden Glauben und Hingabe an die Musik – und dafür haben wir mit ihm gelacht und geflucht, haben gelitten und waren glücklich, dafür haben wir ihn geliebt, dafür sind wir ihm noch heute dankbar. Wir blicken zurück auf eine unerhörte Intensität des Musizierens, aber auch des Menschseins an sich, und wenngleich es bei einer so faszinierenden Erscheinung wie Leonard Bernstein kaum angebracht erscheint, einzelne Höhepunkte hervorzuheben, da jede Begegnung mit ihm ein Erlebnis war, sei hier auf ein Ereignis besonders hingewiesen, weil es die durch Musik vermittelte Botschaft von Humanität und Versöhnung in berührender Weise verständlich machte: die erste Reise unseres Orchesters nach Israel im September 1988 – Bernsteins Wunsch zu seinem siebzigsten Geburtstag, den ihm sein *Lieblingsorchester*, wie er die Philharmoniker oft und öffentlich nannte, selbstverständlich mit Freude erfüllte.

Die Liebe beruhte auf Gegenseitigkeit. Die Hauptversammlung der Wiener Philharmoniker verlieh Bernstein 1967 die *Nicolai-Medaille in Gold*, 1978 den Ehrenring und ernannte ihn 1983 zu ihrem Ehrenmitglied. Die damit zum Ausdruck gebrachte Wertschätzung entsprach nicht nur der Bewunderung für einen großen Künstler, sondern auch der freundschaftlichen Beziehung, die sich im Laufe der Jahre entwickelte und zeit seines Lebens ungetrübt blieb.

Leonard Bernstein hat zahllose Menschen in aller Welt glücklich gemacht, er hat mit seiner Musik auch seine Liebe und Begeisterungsfähigkeit in viele, viele Herzen getragen. Sein einziger handgeschriebener Brief an unser Orchester bringt besser als jeder Kommentar zum Ausdruck, in welcher Atmosphäre seelischer Übereinstimmung unsere Konzerte mit ihm stattfanden – und seine Worte sollen daher diese Hommage an ihn beenden. Nach zwei

Aufführungen von Beethovens *Neunter Symphonie* in der Wiener Staatsoper im September 1979 schrieb er voll Begeisterung: ›An alle meine Collegen der Wiener Philharmoniker: Brüder! Ich kann mich nicht erinnern an eine höhere Sternstunde als die, die wir zusammen mit der *Neunte[n]* Beethoven musiziert haben. Herzlichst Danke! Leonard Bernstein.‹«

Als Lenny einmal nach einer triumphalen Konzertserie mit den Wiener Philharmonikern nach Amerika zurückkehrte, verletzte er *seine* New Yorker tief: Er schwärmte von seinem Lieblingsorchester, den einzigartigen Wiener Musikern und ihrem gefühlvollen Spiel und beendete – nicht mehr ganz nüchtern – die Eloge mit der Äußerung: »Ihr habt noch nie so gut gespielt wie die Wiener …«

Düstere Kapitel der Wiener Philharmoniker wie die massive NS-Verstrickung des Solo-Trompeters Helmut Wobisch, die aus dem Archiv des Orchesters eindeutig hervorgeht, verdrängte Leonard Bernstein in ungewohnt jovialer Weise. Und nannte Helmut Wobisch öffentlich: »My dearest Nazi.« Elf Jahre später, 1977, ließ er sich von ihm sogar engagieren. Wobisch war inzwischen Intendant des Carinthischen Sommers in Ossiach und organisierte für Leonard Bernstein ein Fest, das eine Woche dauerte – mit Konzerten, Vorträgen und Filmvorführungen, pompös das Erste Europäische Leonard-Bernstein-Festival genannt.

Lennys Wiener Intimus Marcel Prawy überredete Wobisch dazu und führte als Conférencier durch die Konzerte. Er beschrieb das »Phänomen Bernstein als Dirigenten, Komponisten, espritvollen Schriftsteller und als Lehrmeister der amerikanischen Nation.« Ausgerechnet das Israel Philharmonic Orchestra, das gerade seine dreißigjährige Zusammenarbeit mit Leonard Bernstein feierte, trat beim Festival des ehemaligen SS-Unterscharführers Helmut Wobisch gemeinsam mit dem Dirigenten auf. Unter anderem wurde Bernsteins gesamtes symphonisches Schaffen aufgeführt. Für Kärnten ein großes gesellschaftliches Ereignis.

Elf Jahre zuvor erschien Bernstein in der ORF-Sendung *Ihr Auftritt bitte* noch demonstrativ in einem Trachtenanzug und beantwortete geduldig die Fragen des Moderators Heinz Fischer-

Karwin. Das Markenzeichen des Kulturjournalisten und charmanten Interviewers war seine sanfte, kultivierte Bosheit. Als ihn ein britischer Journalist auf seine *Verkleidung* ansprach, meinte Leonard Bernstein: »Das trage ich als Therapie gegen deutschen Nationalismus.«

KAPITEL 37

Eine Kerze, die an zwei Enden brennt

Wenn sie uns etwas sagt –
nicht etwas erzählt oder ein Bild beschreibt,
sondern ein Gefühl erweckt – wenn sie eine Veränderung in uns bewirkt,
dann verstehen wir Musik.

Christa Ludwig, die bedeutendste Mezzosopranistin des 20. Jahrhunderts, erinnert sich an ein »musikalisches Universalgenie des 20. Jahrhunderts« fast fünfzig Jahre nach dem gemeinsamen *Rosenkavalier*-Triumph: »Leonard Bernstein war der einzige Dirigent, nach dessen Tod ich geweint habe. Er war ein Genie, nicht nur ein genialer Interpret – das waren einige andere auch –, sondern er war universal: Er schrieb, er komponierte, er dirigierte, er lehrte, aber nie mit erhobenem Zeigefinger. Er lehrte durch sein Wesen. Erst durch ihn habe ich zum Beispiel die *Missa Solemnis* verstanden. Sein Leben war wie eine Kerze, die an zwei Enden brennt. Es war alles in ihm und er hatte keine Scham, es zu zeigen. Das finde ich so enorm, gerade heute, in einer Zeit, in der alles so perfekt sein muss … Das Einzige, das ihm in seinem Leben nicht gelang, war eine Oper zu komponieren. Das wollte er immer, aber dazu ist es nie gekommen. Auch seine ersten Lieder und seine ernste Musik waren sehr schön, ich habe sie gerne gesungen, aber sie haben sich nie durchgesetzt. Kennengelernt haben wir uns in New York, nach einer Aufführung zu *Frau ohne Schatten*. Karl Böhm hat diese Oper nach New York gebracht und ich war die *Färbersfrau*. Das hat Leonard Bernstein gesehen. Nach einem Konzert von Wilhelm Kempff besuchte ich ihn im Künstlerzimmer. Da war auch Bernstein und sagte: ›Sie sind meine neue Marschallin!‹ Das habe ich nie vergessen. Auch später begrüßte er mich noch einmal während einer Orchesterprobe zum *Rosenkavalier* in Wien: ›Hello, my Marschallin, will you marry me?‹ Nein danke, zum Heiraten war er nichts.

Danach sang ich mit ihm in Wien die *Zweite Mahler* – noch vor der Marschallin. Ich war fasziniert von ihm. Ich habe die *Zweite*

Mahler mit sämtlichen wunderbaren Dirigenten gesungen – aber Bernstein ging so frisch an das Stück heran. So, als entdeckte er es neu. Und damit entdeckten wir es auch neu und konnten mit ihm auf Entdeckungsreise gehen.

Er war nicht einer von jenen Dirigenten, die gleich mit Mozart oder Mahler im Himmel telefonierten und die sagten: So muss es sein! Er war ein ewig Suchender. Das gab er auch zu. Und es braucht ein großes Selbstvertrauen, das zuzugeben. Mit diesem Suchen fand er Dinge, die andere Dirigenten nicht fanden – das faszinierte mich vom ersten Tag an. Dazu kam, dass er so menschlich war, ein echter Mensch und nicht ein Musikpapst, und er war hochintelligent, was ja bei Dirigenten nicht so häufig ist …

Wenn man die großen Dirigenten Böhm, Karajan und Bernstein vergleicht, kam für mich jeder der Drei im richtigen Alter. Mit 27 Jahren begann ich an der Wiener Staatsoper, da war Karl Böhm, der sehr viel Wert auf die Präzision legte, dass Pausen richtig eingehalten werden und die *Achtel-Nötchen* mit den richtigen Pünktchen richtig sind – von ihm lernte ich Präzision.

Dann kam 1957/58 der Karajan, da war ich bereits etwas älter, der wollte die Ästhetik, die Schönheit der Phrasierung. Er sagte zu den Sängern, hört auf das Orchester, wie es spielt und zum Orchester sagte er, hören Sie zu, wie die Sänger singen. Zum Beispiel beim *Lied von der Erde* ist, bevor die Artistin wiedereinsetzt, beim letzten Lied, ein Cello-Solo und mit demselben Ton, mit dem das Cello-Solo endet, fängt die Sängerin an. Er wollte, dass ich genau denselben Klang nachmache, welchen das Cello hatte, damit dies homogen ineinander übergeht. Darauf legte Karajan Wert, wie kein anderer.

Und als ich schließlich 38 Jahre alt war, lernte ich 1966 Leonard Bernstein in New York kennen. Er war im Vergleich zu Böhm und Karajan ganz anders und hatte von Oper im Grunde keine Ahnung. Die beiden waren Korrepetitoren, wussten wo die schwierigen Stellen für die Sänger waren und konnten helfen – Bernstein nicht. Ich musste vorher mit ihm sprechen und sagen: ›Lieber Lenny, da und da ein bisschen schneller oder langsamer, dort und da musst du mir helfen, und so weiter.‹ Das hat er dann ja auch getan. Und wir harmonierten wunderbar. Jemanden wie Bernstein gibt es heute nicht mehr. Er *machte* nicht Musik, er *war* Musik. Er hat mir eine wunderbare, alte Bernsteinkette vererbt, die mir später leider aus meinem Haus in Mougins gestohlen wurde.

Musik verbindet die Menschen, das ist ein Geben und Nehmen. Und es war immer eine gewisse Aufregung, wenn Bernstein dirigierte. Er kam ans Pult und war ein elektrisierendes Etwas. Er war immer extrovertiert, auf der Bühne und privat. Karajan machte auf *Gottvater*. Lenny hatte keine Hemmungen, er war ein Hemmungsloser, ein Küsser. Für ihn war das eine Liebesbezeugung. Ob man sich nun mit der Zunge oder vollem Munde küsst, war für ihn dasselbe. Auch entspannt hat sich jeder der drei auf ganz andere Art und Weise: Bernstein machte immer Anagramme, das war seine Ablenkung von der Musik. Und er brauchte immer Gesellschaft: ›Ich habe noch nie alleine gegessen und bin noch nie alleine ins Kino gegangen.‹ Böhm las Kriminalromane, Karajan fuhr kurz vor Probenbeginn mit seinem schönen Flügeltür-Mercedes einmal von Salzburg nach München und zurück. Um sich abzulenken.

Ich probierte einmal in Lennys Wohnung im *Dakota House* in New York. Es standen zwei, drei Klaviere darin, und seine drei Kinder kamen herein und haben ihren Daddy begrüßt und geküsst, sind wie kleine Äffchen auf ihm gehangen, so geliebt haben sie ihn und er sie auch. Genauso seine Frau. Er hat sie geliebt und sehr getrauert, als sie starb. Nach jüdischem Brauch, während der Schiwa, hat er sich sieben Tage lang nicht rasiert. Ich glaube nicht, dass er nach dem Tode seiner Frau je noch einmal eine Beziehung zu einer Frau hatte. Er war immer bisexuell und das hat jeder gewusst. Aber er hat sich nicht – so wie viele andere, beispielsweise Levine oder Nurejew – die Männer von der Straße geholt.

Seine Liebhaber waren Teil seiner Entourage, sehr fesche Burschen mit sehr knackigen Popos. Sodass Leonie Rysanek mit ihrem großen Busen einmal zu mir sagte: ›Christa, da geniert man sich ja für seine Figur.‹ Aber ich habe nie von ihm gesehen, dass er seine Liebhaber in der Öffentlichkeit küsste. Diesbezüglich war er nicht extrovertiert. Er wusste, was sich gehört. In der Musik war dies aber immer egal, es war zwar gesellschaftlich noch nicht akzeptiert, aber in der Musik war man immer toleranter. Außerdem gehören wir ja auch nicht zur guten Gesellschaft ...

Bei den wilden, exzessiven Partys, die er feierte – setzte er sich immer sofort ans Klavier und spielte unentwegt. Ich war einmal bei einer privaten Einladung dabei, aber danach nie mehr wieder. Als Sängerin war es mir nicht möglich, nächtelang durchzumachen, ich musste am nächsten Tag wieder auf der Bühne stehen. Mit Stimme. Als ich früh ging, meinte Lenny: ›Christa, sei nicht so pragmatisch ...‹ Lenny hat immer exzessiv gelebt. Nach jedem Auftritt wartete sein Manager Harry Kraut hinter der Bühne mit einem Glas Whisky und einer Zigarette. Das brauchte er, um wieder fit zu sein. Einmal sagte er zu mir: ›Weißt Du, Christa, ich kann nicht Aids bekommen, dazu trink ich zu viel Whisky.‹

Jeder Künstler, jeder Sänger, muss ungeheuer diszipliniert sein, anders geht es nicht. Das ist das Einzige, was Gundula Janowitz und ich gemeinsam haben: die Disziplin. Man ist von seinen Stimmbändern abhängig. Aber auch Karajan hatte eine ungeheure Disziplin. Und auch Bernstein. Privat nicht, aber bei der Arbeit. Er war mit sich selbst nie zufrieden. Er hatte unentwegt Zweifel, ob es gut genug ist. Immer hat er hinterher gefragt: ›Wie war es, war es gut?‹ Während Karajan immer gesagt hat: ›Wir sind zu gut fürs Publikum.‹ Das ist der Unterschied zwischen den beiden.

Ohne Talent geht gar nichts. Das ist wie beim *Kleinen Prinzen* von Saint Exupéry. Unter dem schwarzen Hut müssen Fleiß und Disziplin stecken, sonst hat alles keinen Sinn. Aber wenn das alles vorhanden ist, ist man zum Talent verdammt. Und wenn man das nicht nützt, begeht man eine Sünde. Bernstein wusste ob seines Talentes und nützte es. Er sagte immer: ›Wenn mich ein junger Künstler fragt, ob er den künstlerischen Weg einschlagen soll, sage ich *Nein*. Das fragt man nicht, das tut man.‹

Bernstein hat sich politisch immer engagiert, auch oft gegen den Strom gestellt: 1966 hat er sich zum Beispiel die *Black Panthers* in seine Wohnung eingeladen, die Gegenspieler von Martin Luther King. Er wollte die Hintergründe erfahren, er hielt Reden gegen den

Vietnamkrieg und sprach vor Menschen auf der Straße – das ging so weit, dass man ihm den Pass abgenommen hat. Er war ein ungeheurer Mensch, das tat kein anderer, jeder hat sich immer nur arrangiert. Karajan wurde gefragt, warum er denn gleich zweimal in die Nationalsozialistische Partei eingetreten sei, da hat er gesagt: das Parteiabzeichen lag immer dort auf seinem Schreibtisch, wo der Radiergummi und der Bleistiftspitzer lag, so egal war ihm dies: ›Wenn Sie als Skiläufer auf den Berg hinaufwollen, nehmen sie doch auch den Lift und gehen nicht zu Fuß.‹«

KAPITEL 38

Ambivalente Begegnung

Wo die Kunst wirklich lebt,
sind Differenzen unvermeidlich.

Kritischer sieht Gundula Janowitz, die *Herrin der Goldtöne*, Leonard Bernstein, einen *genialen Menschen*: »Ich habe meine ganz eigene, spezielle Beziehung zu Leonard Bernstein. Es war im Jahre 1971. Ich war bei Osterfestspielen und Karajan hat mich gefragt, ob mich *Fidelio* interessieren würde. Ich antwortete, dass ich die *Leonore* zu wenig kennen würde, wollte ihn aber nicht vor den Kopf stoßen und einfach Nein sagen, also schlug ich ihm vor, die Arie zu lernen um sie ihm dann vorzusingen. Wusste aber, dass ich für die Emotionen in dieser Rolle noch nicht weit genug war. So ging ich eines Vormittags auf die Bühne, sang Karajan die Arie so vor, wie man sie wahrscheinlich zu Zeiten von Beethoven mit 25 Orchestermitgliedern im kleinen Theater an der Wien gesungen hätte. Er hörte mir zu, holte mich von der Bühne, hat mir auf die Schulter geklopft und gesagt: ›Sie sind raffiniert, sie wollten mir beweisen, dass es falsch wäre, Sie jetzt damit zu besetzen.‹

Danach habe ich vier Jahre später die Rolle erstmals konzertant gesungen. In Los Angeles mit Zubin Mehta, und da hat es mir gefallen. 1977 bekam ich die Anfrage aus Wien, ob ich beim *Fidelio* in Israel, in Caesarea, gebaut vom Bühnenbildner Schneider-Siemssen, mit Otti Schenk mitmachen möchte. Wir haben im Kibbuz gelebt und es war eine wunderbare Besetzung und ein großer Erfolg. Danach sind wir mit der Inszenierung und dem Israel Philharmonic Orchestra noch weiter nach Orange gegangen und davon wurde dann auch ein Film gemacht. Meine interessanteste Filmarbeit. Jeder Sänger bekam einen eigenen Kameramann. Das war eine meiner tollsten Filmarbeiten. Damit konnte man alle Regungen des Sängers einfangen. Sehr aufwendig, aber eine sehr schöne Arbeit.

Im Jahr 1977 war ich im Frühherbst in Berlin, habe meine Schubert-Lieder aufgenommen und bekam einen Anruf von Egon Seefehlner. ›Wir machen im Jänner in Wien *Fidelio* und Sie müssen die *Leonore* singen.‹ Ich war erstaunt und habe ihm gesagt, dass ich bereits vor Monaten einen Urlaub eingereicht hätte. Und außerdem hatte mich Solti eingeladen, *Fidelio* in Chicago zu machen. ›Das müssen Sie absagen‹, meinte Seefehlner. Also habe ich Solti einen Brief geschrieben und er hat mich netterweise aus der Rolle entlassen. So kam ich also zur ersten Probe mit Leonard Bernstein.

Er hat mich weder angeschaut, noch gegrüßt … Er hat mich einfach ignoriert. Das war alles höchst seltsam. Er hat mir keinen Einsatz gegeben, die Tempi waren zu langsam, aber ich habe mir noch immer nichts dabei gedacht. Also der Rede kurzer Sinn: Bernstein wollte Gwyneth Jones und Seefehlner wollte mich und Gwyneth Jones. Also hat er Bernstein quasi gezwungen. Das war die Misere des Ganzen, weil Egon Seefehlner auf mich bestand. Wenn ich das von Anfang an gewusst hätte, wäre ich sofort zurückgetreten. Es kam nie zu einem Gespräch zwischen Bernstein und mir. Er hat mich während der ganzen Zeit geschnitten, auch bei den Plattenaufnahmen … Ich wollte nicht aufgeben, und ich habe es ihm auch nicht nachgetragen – *Wer nachträgt, hat viel zu tragen.*

Nach drei unangenehmen Wochen war Premiere. Sie wurde zu einem großen Erfolg und nachdem er mich drei Wochen ignoriert hatte, küsste er mich bei der Premiere vor dem Vorhang. Bei den Aufnahmen sieht man, wie ich mich steif gegen diesen Kuss gesträubt habe, fast schlecht war mir, ob dieser Geste, wo er mich doch so geschnitten und mies behandelt hat. Dann haben wir noch *Fidelio* in Mailand gemacht – das alles mit einem Dirigenten, für den ich und der für mich nicht existent war. Es kam nie zu einem Wort mit ihm. Heute läuft diese *Fidelio*-Aufführung als eine der besten, die es je gab.

Durch den *Fidelio* mit Bernstein habe ich mir die Gunst Karajans verspielt. Für Karajan war Bernstein eine Konkurrenz und sechs Jahre vorher habe ich ihm vermittelt, dass ich *Fidelio* nicht singen möchte. Und dann tat ich es doch – noch dazu mit seinem Konkurrenten. Im März 1978 während der Osterfestspiele rief mich Herr von Karajan an. Ich sollte das Brahms-Requiem singen, Karajan bat mich, vorher nach Salzburg zu kommen, und ihm vorzusingen. Ich war ganz erstaunt, schließlich hab' ich schon sehr oft das Requiem von Brahms mit ihm gemacht. Also hab' ich ihm vorgesungen, dann gab es zwei Vorstellungen. Früher hat er sich immer sehr herzlich und lieb von mir verabschiedet. Diesmal war alles anders. Er hat meine Hand genommen und nur gesagt: ›Leben Sie wohl‹. Da habe ich gewusst, fast zwanzig Jahre mit ihm sind vorbei. So haben sich für mich aus diesem *Fidelio* mit Bernstein enorme Folgen ergeben. Das war mein einziges Bernstein-Erlebnis. Danach hatte ich keinen Kontakt mehr mit ihm.

In mehr als vierzig Jahren hatte ich mit keinem anderen Dirigenten so eine unangenehme Erfahrung. Heute mit achtzig bin ich felsenfest davon überzeugt, dass einem alles vorbestimmt ist. Jede menschliche Begegnung kommt wahrscheinlich so, wie sie kommen muss. Auch meine Begegnung mit Bernstein. 2005 habe ich meinen letzten Liederabend gesungen. Das letzte Lied war *Befreit* von Richard Strauss. Meine Maxime ist: Alles was man selbst macht und wofür man sich selbst entschließt, ist leicht. Schlimm ist es, wenn andere finden, dass es Zeit ist, aufzuhören …«

KAPITEL 39

Topfenpalatschinken für den Maestro

Was ich an Wien so liebe ist,
dass in aller Schlamperei
»a little genius« steckt.

Kurt Rydl, der *Pavarotti der tiefen Töne*, erinnert sich an eine andere *Fidelio*-Produktion – und wie er Leonard Bernstein in New York kulinarisch verwöhnen durfte: »Ich habe ihn 1979 bei einem *Fidelio*-Gastspiel im Kennedy Center in Washington kennengelernt. Wir haben während dieser Produktion zirka drei Wochen zusammen verbracht, ich erinnere mich noch gut an die erste Begegnung mit Lenny: Der Respekt aller ihm gegenüber war enorm. Er war nicht ein *Maresciallo* wie Riccardo Muti und hat auch nicht so wie Karajan den Chef herausgekehrt, Leonard Bernstein hatte eine natürliche Größe. Er war nicht einfach nur der Dirigent, er war auch durch seine *West Side Story* ein Weltstar, der Chefdirigent des berühmten New York Philharmonic Orchestra.

Imponiert hat mir auch, dass er den Korrepetitor sofort weggestampert und sich selbst hingestellt und gezeigt hat, wie er sich eine Szene vorstellt. Je größer die Dirigenten, desto einfühlsamer sind sie und umso mehr fragen sie. Er war ja auch ein begnadeter Pianist und als ich zu ihm Lenny sagen durfte, empfand ich das als eine Art Ritterschlag. Er sagte: ›You are my newest best friend …‹ Mit grünem Stift hat er mir in die Noten geschrieben, was ich wo ich was zu tun habe … Voller Ehrfurcht hab' ich zu ihm aufgeschaut und da war ein leises, zufriedenes Lächeln, das mich sehr beruhigt hat.

Als er die *Leonore Ouvertüre Nr. 3* dirigiert hat, musste ich hinter der Bühne weinen, so schön war das. Es gab drei Minuten durchgehenden Riesenapplaus – das ist verdammt lang. Die Menschen sind auf den Stühlen gestanden. Alle hatten Tränen in den Augen. Durch den Vorhang sah ich wie Bernstein gesprungen ist, so hat er das genossen. Die Wiener Philharmoniker haben wahnsinnig gut gespielt. Sie haben ihn geliebt. Es gibt zwei Sorten von Dirigenten, die die Wiener Philharmoniker zu solchen Höhen treiben – entweder sie haben Angst und mögen ihn nicht, oder sie lieben ihn. Lenny haben sie respektiert und aufgrund seiner menschlichen Wärme auch geliebt. Jedenfalls war am Ende der Vorstellung großer Jubel, ich war glücklich und habe hemmungslos geweint – auch weil mir alles gut gelungen ist. Da hat mich Lenny vor dem Vorhang umarmt und ich hab' ihn in die Luft gehoben. Dieses Foto erschien am Cover der New York Times …

Nach dieser erfolgreichen *Fidelio*-Premiere lud Bernstein zu einer *kleinen Party* in seine Wohnung am Central Park: Was für eine Zimmerflucht. Jeder Raum in einer anderen Farbe: ein gelbes Zimmer, ein grünes, ein blaues, ein rotes – eines sogar in Orange. Ein verrücktes Haus, dieses Dakota Building, in dem auch Roman Polanski *Rosemary's Baby* drehte. Es war das erste Luxus-Apartmenthaus in New York und Schauplatz meiner ganz persönlichen *West Side Story*.

Kurz danach fragte mich Bernstein: ›I heard you can cook, could you make *Topfenpalatschinken* for me?‹ Zwei Tage später, um acht Uhr früh, rief mich seine Köchin an: ›Mr. Bernstein would like you to come at 8‹, und fragte, was sie für Zutaten für Topfenpalatschinken einkaufen müsse. Ich gab ihr meine Einkaufsliste durch und ging abends ins Dakota-Building zu Lenny. Eingeladen waren an diesem Abend unter anderem der Jazzpianist George Shearing, Bernsteins Manager Harry Kraut und eine seiner Töchter.

Lenny hat eine nach der anderen geraucht und seinen Whisky aus einem Silberbecher – innen vergoldet – getrunken. Meine Topfenpalatschinken nach dem Rezept meiner Mutter sind mir zum Glück sehr gut gelungen. Lenny war begeistert. Danach sind alle Gäste gegangen und Lenny hat mich eingeladen, mit ihm noch einen Drink zu nehmen. Harry Kraut war sehr irritiert, dass er nach Hause gehen musste und ich bleiben sollte.

›Come in my studio‹, hat Lenny gesagt, seinen weißen Cowboyhut aufgesetzt, einen Stetson, seinen Becher mit Whisky in der Hand, die Zigarette im Mundwinkel und hat sich ans Klavier gesetzt. ›What do you wanna hear?‹ Da bin ich also dort gesessen, der Kurti

Rydl aus Wien 4, Schönburggasse 3, Tür 5 und Leonard Bernstein hat über zwei Stunden für mich gespielt. Alles kreuz und quer – von Schubert bis zur *West Side Story*, danach *Ein Amerikaner in Paris* und a bisserl *Rhapsody in Blue*, und so weiter – dazwischen haben wir uns ein paar Witze erzählt und er hat gespielt und gespielt. Als schließlich hinter der Skyline die Sonne aufging, dachte ich, das darf ja alles nicht wahr sein, das muss ein Traum sein ... ich hier mit Leonard Bernstein, der paffte, trank und spielte.

Später hat er mich gefragt, ob ich *Tristan und Isolde*, den zweiten Akt singen möchte, doch Harry Kraut hat das verhindert und ihm erzählt, die Rolle sei bereits anders besetzt. Ich hätte gerne gesungen, aber es sollte nicht sein und so haben wir uns langsam wieder aus den Augen verloren. Bei einem Konzert in Wien habe ich ihn dann wiedergetroffen, wir haben uns herzlich begrüßt und dann im Hotel Imperial zu Abend gegessen. Danach haben wir uns noch ein paarmal geschrieben. Es war ein freundschaftliches Verhältnis, wie ich es selten erlebt habe. Das habe ich danach nur mehr mit Zubin Mehta erlebt, dem ich auch sehr verbunden war. Später auch noch mit Riccardo Muti.

Bernstein konnte sehr gut mit uns Sängern umgehen, war voller Empathie. Gwyneth Jones hat beispielsweise zu ihm gesagt: ›But Lenny, I'd like to do it this way.‹ Sanft hat er geantwortet: ›Okay honey, but for me, you do it this way.‹ Für einen Sänger ist es herrlich zu erkennen, dass bei einem Dirigenten alles mit einem Augenzwinkern, mit Jovialität, gemacht wird. Er wusste genau, was er wollte. Das Genie und seine menschliche Größe waren unglaublich. Er war die ideale Kombination und Mischung aus Kopf und Bauch. Ich kann mir nicht vorstellen, dass jemand mit ihm nicht konnte. Das ist mir unvorstellbar. Jeder hat seine Nähe gesucht, jeder hat ihn bewundert. Mich haben jene Momente mit Bernstein fürs Leben geprägt ...

Interessant ist der Unterschied zwischen zwei der größten Dirigenten: Karajan war viel stringenter, er führte ein strenges Regiment und hat alles unter seine Fittiche genommen, seien es die Salzburger Festspiele, die er mit fester Hand besetzt hat, die Strenge seiner Aufführungen, keiner getraute sich einen Muckser zu machen – alle behandelten ihn mit größtem Respekt. Lenny war der mit der leichteren Hand, alles war ein wenig mehr *easy going*, es ist viel menschlicher zugegangen. Lenny hat das Orchester in einer ganz anderen Weise inspiriert. Allein durch die Art wie er dirigiert hat. Bernstein wirkte, als ruhe er in sich. So lässig wie sein rotes Stecktuch aus seinem Sakko heraushing, so scheinbar leicht und lässig hat er auch dirigiert. Aber voller Souveränität. Er war ein Bündel Musik. Er war mit vielen Talenten beschenkt. Wen die Götter lieben … Er war von der Muse geküsst.

Und Lenny war von Wien so begeistert. Er hatte hier mit Christa Ludwig eine Sängerin, die er liebte. Einmal hat er zu mir gesagt: ›Weißt Du, was ich an Wien so liebe, dass in all der *Schlamperei*, wie Ihr es nennt, *a little genius* steckt.‹ Und das ist seinem Naturell entgegengekommen. Bernstein hatte Witz. Immer war dazwischen ein Lachen. Er liebte es, launige Geschichten zu erzählen, um dann gleich wieder in tiefen Ernst zu verfallen. Er liebte es, sich ans Klavier zu setzen – er war ein begnadeter Pianist, er konnte mit dem Orchester herrlich Schmäh führen. Er hatte musikalischen Witz. Er konnte durch alle Tonarten durchtransponieren. Er war ein Musikgenie, der alles im kleinen Finger hatte. Für mich wäre Leonard Bernstein der ideale Operndirektor gewesen. Ein Vater der Bühne, ein Vater der Künstler, die zu ihm gekommen sind.«

KAPITEL 40

Im Schaukelstuhl Kennedys

Es ist eine Hamlet-artige Folter, wahrhaft liberal zu sein:
Alles wird plötzlich zum Gegenstand einander widersprechender Auslegungen;
Parteinahme wird unmöglich, Meinungen werden flügellahm –
und große Worte kommen nicht in Frage.

Zwei prägende Persönlichkeiten im Amerika des 20. Jahrhunderts, zwei Absolventen der Harvard University, lernten einander 1955 in einem Fernsehstudio in Boston kennen: John Fitzgerald Kennedy und Leonard Bernstein. In einer Folge der *Omnibus*-Sendungen erzählten die beiden von ihrer Zeit an der renommierten Universität. Schon am nächsten Tag lud Senator Kennedy seinen Harvard-Kommilitonen zum Mittagessen nach Washington ein und erzählte ihm stolz, dass er gerade in die American Academy of Arts and Science gewählt worden war. Seit damals waren Lenny und *Jack*, wie seine Freunde Kennedy nannten, befreundet.

Am 19. Jänner 1961, am Vorabend der Inauguration des 35. Amerikanischen Präsidenten John Fitzgerald Kennedy, organisierte Frank Sinatra gemeinsam mit Peter Lawford eine Gala in Washington. Höhepunkt der glanzvollen Feier war Sinatras Song *The House I live In* mit Zeilen wie: »Was ist Amerika für mich? Ein Name, eine Karte oder eine Fahne, die ich sehe? Ein bestimmtes Wort, Demokratie ... Die Gesichter, die ich sehe. Alle Rassen und Religionen, das ist Amerika für mich!« Begleitet wurde Frank Sinatra von einem Orchester unter der Leitung von Kennedys Freund Leonard Bernstein. Und für die offizielle Inauguration am nächsten Tag hatte Lenny eine eigene Fanfare für John F. Kennedy geschrieben.

Neben den Ehrengästen waren bei der Gala auch *normale Bürger* eingeladen, mussten aber 1000 Dollar pro Person bezahlen. Alle wollten das neue amerikanische Traumpaar aus nächster Nähe bewundern. Bewegt bedankte sich Kennedy bei seinen Freunden Frank Sinatra und Leonard Bernstein. Mit der Hymne *The House I live In* war jetzt auch langsam aber sicher die Bürgerrechtsbewegung im Weißen Haus angekommen. Zur großen Freude Leonard Bernsteins, der sich schon sehr früh für die Gleichberechtigung der Schwarzen eingesetzt hatte. Die Ära Kennedy bedeutete den Anfang vom Ende gesetzlicher Rassendiskriminierungen, auch wenn es noch ein weiter Weg werden sollte. In den Jahren danach wurde John F. Kennedy immer wieder auf Flugblättern des Hochverrats bezichtigt und als *Nigger Lover* bezeichnet.

Im Publikum applaudierte 1961 auch die Elite der damaligen Kulturszene: Bette Davis und Sidney Poitier, Sir Laurence Olivier und Anthony Quinn, Janet Leigh und Tony Curtis, Harry Belafonte und Gene Kelly, Mahalia Jackson und Ella Fitzgerald. Über Frank Sinatra, der während der gesamten Feier die Freude über den knappen Sieg Kennedys gegen Richard Nixon nicht verhehlen konnte, wurde dann auch gespottet: Sogar im renommierten *Time Magazine* konnte man lesen, Sinatra werde jetzt wohl US-Botschafter in Italien, Sammy Davis Jr. in Israel – und Dean Martin Alkoholminister …

Während der nächsten Monate war Leonard Bernstein mehrmals Gast bei Galas im Weißen Haus. Die Stunden im Speisesaal erschienen ihm immer unerträglich – es herrschte absolutes Rauchverbot. Als ihn John F. Kennedy einmal in seine Privaträume bat, okkupierte Lenny sofort den Schaukelstuhl des Präsidenten und erklärte seinem erstaunten Gastgeber, wie Amerika zu regieren sei.

Die Präsidentengattin Jackie hatte zuvor den heruntergekommenen Amtssitz ihres Mannes glanzvoll restaurieren lassen. Als die 31-jährige neue First Lady zum ersten Mal alle Räume der Residenz besichtigt hatte, war sie entsetzt gewesen: defekte Fenster und Toiletten, grässliche Möbel, düstere Teppiche, falsches Silber – weit und breit kein einziges Bücherregal. »Hat Eisenhower nicht gelesen?«, fragte sie ihre Privatsekretärin. Ihren Mann schockierte Jackie mit der Bemerkung, das Weiße Haus erinnere sie an ein abgewohntes Billighotel.

Die elegante, neue First Lady verbannte die modrigen Möbel der früheren Hausherren Truman und Eisenhower in den Keller, wo sie ein paar prachtvolle Stücke aus dem 19. Jahrhundert fand. Darunter den mächtigen Schreibtisch für das Oval Office, ein Geschenk der britischen Queen Victoria an Präsident Rutherford B. Hayes. Und mit Spendengeldern reicher Freunde stattete die First Lady das Weiße Haus mit weiteren Antiquitäten aus. Sehr geschmackvoll. Sehr elegant. Sehr französisch. Wie *Camelot*, das mythische Märchenschloss von *König Artus*, ein Ambiente, in dem sich der gern gesehene Gast Leonard Bernstein wohlfühlte.

Und Jackie lockerte die Sitten: Erstmals wurde in der Pennsylvania Avenue 1600 auch getanzt. Sie brachte Politiker mit intellektuellen *eggheads* wie Saul Bellow oder Tennessee Williams zusammen. An Tischen für zwölf Personen. Die Frage, wo Henry Kissinger platziert werden sollte, war obsolet: immer neben einer attraktiven Dame mit mächtiger Oberweite. Im Mittelpunkt der neuen Gäste des amerikanischen Präsidenten inszenierten sich die Kennedys als perfekte und weltoffene Gastgeber.

Bis zum 22. November 1963, als drei Schüsse in sechs Sekunden die Welt veränderten, als ein Attentat die Aufbruchsstimmung von Millionen Menschen in aller Welt zerstörte. Als der US-Präsident Kennedy mit seiner Frau um 11 Uhr 38 auf dem Flughafen Lovefield in Dallas landete, herrschte strahlendes Wetter. Man ließ das Autodach in der Transportmaschine, als der präsidiale *Lincoln* herausgerollt wurde. Der Fahrzeugkonvoi setzte sich Richtung Innenstadt in Bewegung und verlangsamte in der Elm Street die Fahrt. Was während der nächsten 26,6 Sekunden auf der Dealey Plaza in Dallas passierte, hielt der Textilunternehmer Abraham Zapruder mit einer 8-mm-Kamera fest. Seine Aufnahmen wurden zu einem der wichtigsten Dokumente der Zeitgeschichte. Kaum zwei Meter *Kodachrome*-Zelluloid, 486 Einzelbilder. Farbig, körnig, ohne Ton: Sie zeigen den Mord am amerikanischen Präsidenten in schockierenden Details: um 12:30:34 Uhr trifft John F. Kennedy die erste Kugel aus rund sechzig Metern Entfernung mit einer Geschwindigkeit von 600 Metern pro Sekunde und durchbohrt den rechten Lungenflügel. Kennedys Nervensystem reagiert mit einem vegetativen Reflex und reißt die Unterarme hoch. Der Film des Amateurfilmers schürte Verschwörungstheorien, führte zu parlamentarischen Untersuchungen und prägte vor allem das kollektive Bewusstsein jenes Tages – bis zum Anblick der First Lady, die in Panik auf den Kofferraum der Limousine kletterte. Ein Umstand, an den sie sich später nicht mehr erinnerte.

Zwei Tage nach dem Attentat hat Leonard Bernstein zu Ehren des Präsidenten beim TV-Sender CBS mit den New Yorker Philharmonikern Gustav Mahlers *Zweite Symphonie* aufgeführt. Manche fragten erstaunt, warum die *Auferstehungssymphonie*? Warum nicht ein Requiem oder den üblichen Trauermarsch aus der *Eroica*? »Wir haben Mahlers Symphonie nicht nur für die Auferstehung einer Seele von jemandem, den wir liebten, gespielt«, meinte Bernstein am nächsten Tag, »sondern vor allem für die Auferstehung der Hoffnung in uns allen, die wir ihn betrauern … durch unsere Trauer um ihn müssen wir seiner würdig werden.«

Und einmal mehr nimmt er in einer bewegten, bewegenden Rede vor 11 000 Zuhörern im New Yorker *Madison Square Garden* Abschied von John F. Kennedy: »In diesem Land kenne ich keinen Musiker, der John F. Kennedy nicht geliebt hätte. Drei Jahre lang haben die amerikanischen Künstler mit ungewohntem Vertrauen und ungewöhnlicher Herzlichkeit auf das Weiße Haus geblickt. Wir haben ihn geliebt, weil er die Künste hoch in Ehren hielt … Es ist uns allen klar, dass die Schmerzhaftigkeit des Verlustes, den wir erlitten haben, durch die Gewaltsamkeit, die ihn verursacht hat, unermesslich vergrößert wurde. Und wo liegt der Ursprung dieser Gewalt? In der Unwissenheit und im Hass, den genauen Gegensätzen von Wissen und Vernunft. Wie alle, so sind auch wir Musiker starr vor Trauer über diesen Mord und voll Wut über die Sinnlosigkeit dieses Verbrechens. Aber diese Trauer, diese Wut werden nicht Wünsche der Vergeltung in uns auflodern lassen, sondern schöpferische Kräfte. Unsere Musik wird nie wieder ganz das sein, was sie war. Und das wird unsere Antwort auf die Gewalt sein: durchdringender, schöner, hingebungsvoller Musik zu machen denn je zuvor. Und mit jeder Note werden wir dem Geist John Kennedys Ehre erweisen, seine Tapferkeit feiern und seinen Glauben an den Triumph des Verstandes aufs Neue bezeugen.«

KAPITEL 41

Einfach in die Luft schauen

Diese Ferien waren erfrischend wie Tonic:
Ich sehn' mich zurück zum New York Philharmonic!

Ein Jahr später, im Herbst des Jahres 1964, gönnte sich der 46-jäh-rige, ausgebrannte musikalische Tausendsassa ein verlängertes *sabbatical year*, eine Auszeit von Hektik und überschwänglichem Tatendrang, von den aufreibenden Herausforderungen als Chefdiri-gent der New Yorker Philharmoniker, von Konzertreisen in alle Welt – darunter im Jahr zuvor eine US-Tournee mit 17 Konzerten in dreizehn Städten –, von der Arbeit an Büchern und dem ständigen Bedürfnis zu komponieren.

All das wurde vom Wunsch ersetzt, »einfach in die Luft zu schauen« und den Luxus des Nachdenkens zu genießen, sich Gedan-ken zu machen über Zwölftonmusik: »Ist die Tonalität für immer gestorben? Was sind die Konsequenzen für die gegenwärtige Krise auf dem Gebiet der Komposition in naher Zukunft? Gehören Sym-phonien der Vergangenheit an?« Seine immer wieder geäußerte Meinung, Popmusik sei spannender, als alles, was heutzutage in der ernsten Musik geschrieben wird, nährte seine Zweifel. Und es freute ihn auch, die Welt der Klassik zu irritieren.

Am 24. Oktober 1965 berichtete Leonard Bernstein in der *New York Times* von dieser Zeit, die ihn *verjüngt* hat, in Versen, übersetzt von Elly Weiser:

Ich hatte 15 Monat' Zeit,
da ich ganz offiziell befreit
von Pflichten mit dem New York Phil.
Konnte tun und lassen, was ich will ...
Das war ein Plan mit reifen Früchten:
Zu Hause bleiben, auszugehen,
Freunde besuchen, niemanden sehen,
mit den Kindern spazieren;

ein wenig studieren;
Klavier zu üben … oder gar –
um die Ecke – Besuch einer Bar …
mit Worten zu spielen. Neue Dichter zu lesen;
das britische Kreuzworträtsel zu lösen.
Opus 132 wieder zu üben;
Kurzum, zu leben ganz nach Belieben …
Das Schifahren in Aspen hat mich gestählt.
Beinahe nichts von alldem bescherte mir Geld.
Diese Ferien waren erfrischend wie Tonic:
Ich sehn' mich zurück zum New York Philharmonic!

Während der Auszeit Bernsteins erschien im Juli 1965 im *New York Times Magazine* eine Analyse der gesellschaftlichen Situation, in der er als Sohn eines Kosmetikgroßhändlers aus Massachusetts eine bedeutende Rolle spielte: »Die Spitzen der Gesellschaft sind *out*, während Leonard Bernstein, der entschieden nicht aus dem Großbürgertum stammt, so *in* ist, wie man es nur sein kann. Und wenn man Bernstein beschreibt, beschreibt man genau das, was nötig ist, um *in* zu sein: Er ist auf mehreren Gebieten schöpferisch tätig und dabei ungeheuer erfolgreich, besitzt einen immensen persönlichen Charme, Witz und Geist – und ist zudem ohne jede Frage ein Genie. Außerdem schadet es gar nichts, dass Bernstein aus eigener Kraft zum Millionär geworden ist …«

Kurz danach ergänzte der Satiriker Russell Baker: »Wenn man eine Liste von Leuten erstellen will, die gerade *in* sind, kann man immer auf Leonard Bernstein zurückgreifen. Er ist ein so sicherer Tipp wie neun oder zehn Kennedys.«

Nach der Ruhepause, die ihn »mit Elan angereichert hat«, widmete sich Bernstein bald der Musik von Jean Sibelius. Seine Gesamteinspielung der sieben Symphonien mit den New Yorker Philharmonikern trug wesentlich zur Popularität des finnischen Komponisten bei. Für Leonard Bernstein stellten Jean Sibelius und Gustav Mahler die »zentralen Wendepunkte in der Entwicklung der Symphonik des 20. Jahrhunderts dar«.

Die letzten drei Mahler-Symphonien, die er im Herbst 1965 mit *seinen* Philharmonikern in New York aufführte, galten als Highlight seiner Zeit als deren Chefdirigent. Publikum und Kritik waren überwältigt: Er »entblößte sich im Dienste der Partitur«, Bernsteins Interpretation von Mahlers *Achter Symphonie*, die erst ein einziges Mal – 15 Jahre zuvor – von den Philharmonikern gespielt wurde, war für einen Kritiker »… einer der größten Augenblicke, die ich je in einem Konzertsaal erlebt hatte. Der höchste Ausdruck von Bernsteins tiefverwurzelter Überzeugung von Mahlers Genialität.«

KAPITEL 42

Eine Messe als Show

Ich glaube an mich –,
aber glaubt Gott an mich?

Zweieinhalb Jahre nach den dramatischen Tagen von Dallas, im Sommer 1966, überredete Jackie Kennedy den Freund Leonard Bernstein, für die Eröffnung des Kennedy Centers for the Performing Arts in Washington ein Werk zu komponieren. Und sie überzeugte ihn auch, die künstlerische Leitung des Kulturzentrums zu übernehmen. Erst im September 1971 – nach 15 Jahren Streit über die Baukosten – fand die Eröffnung statt. Senator William J. Fulbright meinte, das Kennedy Center hätte weniger als die Hälfte dessen gekostet, was das Lincoln Center gekostet hat und »weniger als ein Tag Vietnamkrieg« – mit Leonard Bernsteins *Mass* als Weltpremiere: Keine Oper, keine Operette, kein Musical. Ein gewagtes, opulentes Werk mit mehr als 200 Mitwirkenden. Der Musikstil ändert sich ständig, die verschiedensten Musikstile des 20. Jahrhunderts kommen vor: Von Blues und Rock bis Expressionismus und Zwölftontechnik. Eine Auseinandersetzung mit Gott. John Fitzgerald Kennedy gewidmet.

Im Programmheft betonte der Komponist Bernstein, dass *Mass* ein »deeply religious work« sei. Eine Aussage, die ihn nach der Uraufführung auch Anfeindungen aussetzte – mit dem Vorwurf der Blasphemie. Auch weil Rockmusik und die Vertonung einer katholischen Messe ineinander verwoben waren. Tiefe Lebens- und Glaubenskrisen des Priesters und seiner Gemeindemitglieder prägen *Mass*. Das *Theatre Piece for Singers, Players and Dancers* ist ein musikalischer Gottesdienst, bei dem einiges außer Kontrolle gerät und als *Höhepunkt* der Zelebrant Monstranz und Kelche auf den Boden wirft. Präsident Richard Nixon, kein Fan des liberalen Leonard Bernstein, sagte für die Eröffnung des Kennedy Kultur Centers ab, ebenso die ehemalige First Lady, nunmehr bereits Mrs. Onassis, »aus zwingenden persönlichen Gründen«. Ehrengast des feierlichen

Abends war die Doyenne des Kennedy-Clans, Mrs. Rose Kennedy, die achtzigjährige Mutter des ermordeten Präsidenten.

Mass war für Leonard Bernstein sicherlich ein zentrales Werk seines musikalischen Lebens, eine Symbiose aus klassischer Musik und Elementen des Blues, Jazz und Rock. Manche sahen das Stück als originellen und ungewöhnlichen Beweis dafür, dass es zwischen E- und U-Musik keinen Unterschied gebe: »Ich habe das Gefühl, es ist ein Werk, das ich mein ganzes Leben lang geschrieben habe«, meinte Bernstein. Er wollte vor allem auch die Bedeutung des Glaubens hinterfragen: »Ich glaube an Gott – aber glaubt Gott an mich?«

Unsicherheit und Nervosität plagten ihn in den Tagen vor der Premiere. 2200 Zuschauer, darunter auch viele republikanische Abgeordnete und Botschafter aus aller Welt, warteten gebannt auf das John F. Kennedy gewidmete Werk. Nach der Aufführung, die eine Stunde und 45 Minuten dauerte, hörte man im Auditorium keinen Laut. Drei Minuten herrschte tiefes Schweigen. Niemand konnte ahnen, ob es ein Flop oder ein Erfolg war. Doch dann die Erlösung für den schweißgebadeten Lenny in einem Samtsmoking: Das Publikum erhob sich – wie einem geheimen Kommando folgend – und jubelte eine halbe Stunde lang.

Auch der Musikkritiker der *Washington Post* war begeistert: »Die großartigste Musik, die Bernstein je geschrieben hat.« Während Kritikerlegende Harold Schonberg seine Besprechung milde mit »Das Beste sind die jazzigen, hochrhythmischen Passagen« begann, aber dann zu einem Vernichtungsschlag ausholte. »Billig, vulgär, prätentiös und seicht … ein pseudoseriöser Versuch, die Messe neu zu überdenken … eine Showbusiness-Messe«. Doch Schonberg schonte Bernstein auch am nächsten Tag nicht. Im Gegenteil. Es kam noch schlimmer. Eine zweite Kritik folgte, *Mass* sei »eine Verbindung aus Oberflächlichkeit und Überzogenheit – das größte Gemisch von Stilen seit dem *Ladys-Magazin*-Rezept für Steak in Erdnussbutter- und Marshmallowsauce.«

Doch jenen Harold Schonberg, Chef-Musikkritiker der *New York Times*, und seine Verrisse kannte Bernstein längst: Es verging kaum eine Woche, in der er nicht mit einer abfälligen Äußerung konfrontiert wurde. Immer wieder betonte der gehässige Kritiker den »ungeheuerlichen Exhibitionismus« und die »Possen am Pult«, Bernsteins Stampfen, sein Hämmern auf die Tasten und nicht zuletzt seine »überzogenen Ritardandi«. Für den Musikjournalisten biete Bernstein immer nur »vulgäre Darbietungen, die die Solisten in den Hintergrund drängen«. Pulitzer-Preisträger Harold Schonberg sah seine Aufgabe ganz klar, wie er in einem Interview 1967 deutlich machte: »Ich schreibe für mich – nicht für Leser oder Musiker ...« In seinem Buch *Facing the Music* ätzte Schonberg 1981 weiter: »Nur Künstler machen Karriere, Kritiker nicht. Eine schlechte Rezension mag eine Karriere zwar hinauszögern. Das ist aber auch alles ... Leonard Bernstein hat jahrelang weder in der *Times* noch in der *Herald Tribune* eine positive Kritik bekommen. Das wird zwar seinem Selbstbewusstsein einen Schlag versetzt, ihm aber kaum geschadet haben.«

Durch ein Gastspiel des Yale Symphony Orchestra erlebte *Mass* im Wiener Konzerthaus 1973 die europäische Premiere. Und am 16. Februar 1981 fand in der Wiener Staatsoper die deutschsprachige Erstaufführung statt, die für heftige Kontroversen sorgte: Bernsteins Umgang mit dem Messeritus war genauso umstritten wie die Botschaft – das Gebet *Dona nobis pacem*, Gib uns Frieden –, mit der er indirekt auf den Vietnamkrieg anspielte. Für europäische Verhältnisse wirkte *Mass* wie eine plakative Religionsshow aus dem Land der Fernsehprediger. Die Kritikerin Andrea Seebohm verfasste einen ihrer brillanten, scharfen Verrisse, die immer zum Stadtgespräch wurden. Als sie Maestro Bernstein einige Tage danach bei einem Dinner traf, war er *not amused*: »Oh, you are the gossip lady who didn't like my Mass – Sie sind also die Klatschtante, die *Mass* nicht gut fand.«

KAPITEL 43

Beethoven und Jimi Hendrix

Jetzt bin ich fünfzig –
und hab' nichts vorzuweisen ...

Viereinhalb Jahre nach dem Attentat auf den US-Präsidenten ein weiterer Schicksalsschlag für den Kennedy-Clan: 6. Juni 1968, 8 Uhr 15, Los Angeles, Hotel Ambassador: Pistolenattentat auf den Präsidentschaftskandidaten Robert Kennedy. Am folgenden Tag erlag die Hoffnung der Demokraten ihren Verletzungen. Jacqueline Kennedy meldete sich noch am selben Tag bei Leonard Bernstein und bat ihn, den musikalischen Teil der Trauerfeier für *Bobby* in der New Yorker St.-Patricks-Kathedrale zu leiten. Zögernd sagt er zu. Nach heftigen Diskussionen mit dem Bischof setzte sich Bernstein mit seinem wesentlichsten Wunsch durch: Bei der Trauerfeier mit Gästen wie Präsident Lyndon B. Johnson, Pierre Trudeau und Fürstin Gracia von Monaco wurde in der konservativen Kirche, dem Sitz des Erzbistums New Yorks, ein Stück Musikgeschichte gespielt, das Luchino Visconti auch im Filmklassiker *Tod in Venedig* verwendete. Bernstein dirigierte in einem weißen Anzug mit weißen Schuhen. Es ertönte Gustav Mahlers endlos schönes, endlos trauriges *Adagietto* aus der *Fünften Symphonie*, während die Kinder Kennedys langsam zum Altar hinaufschritten.

In diesem Sommer des Jahres 1968 feierte Leonard Bernstein seinen fünfzigsten Geburtstag – in einem Jahr des Aufbruchs und der Proteste. Flower Power anstelle von Zwängen und bürgerlichen Konventionen. Die Jugend lehnte sich weltweit gegen die herrschenden Verhältnisse auf. Die Attentate auf Robert Kennedy, Martin Luther King und in Deutschland auf Rudi Dutschke erschütterten die Menschen. Der *Prager Frühling* wurde niedergeschlagen. Zum Greifen nah sahen drei amerikanische Astronauten den Mond. Und Millionen Menschen verfolgten das Ereignis im Fernsehen.

Auch im fernen Österreich war irgendwie das Jahr des Aufbruchs zu spüren: In Wien verweigerten Taxifahrer Jugendlichen mit zu langen Haaren den Zustieg, Mädchen in Miniröcken wurden in der Straßenbahn lauthals als *Flitscherln* beschimpft und in Vorarlberg wurde das Tragen von Bikinis behördlich verboten. Im entfernten Amerika nahte »dieser schreckliche Geburtstag«, wie der schwermütige Lenny meinte, zugleich aber verkündete: »Es geht mir so gut wie schon lange nicht … Ich spiele besser Tennis, ich habe mehr Ausdauer. Ich bin glücklicher – trotz des erschreckenden Zustandes, in dem sich die Welt befindet.«

Das Geburtstagsportrait der *New York Times* war von vielen Gegensätzen geprägt: »Sehnsucht und Resignation vermischen sich mit robuster Gesundheit, Erschöpfung mit Vitalität, das Ausgebrannte mit dem noch Brennenden. Mit fünfzig blickt er auf die siebzig und jagt seinen Motor hoch.« Der Musikkritiker Alan Rich, Harvard-Kollege Lennys, der ihn schon früh im *Boston Herald* verrissen hatte, versuchte anlässlich des Ehrentages die Balance zwischen Ablehnung und Anerkennung zu finden: »Bei all seinen Mängeln als Dirigent, bei all der Gelacktheit, die seine Arbeit als Handelsvertreter im Dienste der Musik umgibt, verbinden sich in Bernstein eine künstlerische Integrität und eine Klarheit, die in seiner Amtszeit der Musik eine dringend nötige Erneuerung beschert haben.«

Inzwischen feierte Bernstein in Brüssel – während einer fünfwöchigen Tournee durch Europa – mit den New Yorker Philharmonikern seinen runden Geburtstag. In der Nacht zuvor war er bis zum frühen Morgen Gast einer Party in Brügge gewesen – und war dementsprechend gezeichnet. »Er sah schrecklich aus«, erinnerte sich CBS-Produzent Ernest Fleischmann, der mit Bernstein in seiner Suite frühstückte. ›Jetzt bin ich fünfzig – und hab' nichts vorzuweisen …‹, jammerte Lenny und schlug sich an die Brust. Mehr als zwei Stunden war ich bei ihm und musste ihn trösten.«

Am 25. Mai 1969 eröffnete Leonard Bernstein die *100-Jahrfeier der Wiener Staatsoper* mit einer glanzvollen Galamatinee. Er dirigierte zu Beginn des zwei Monate dauernden *Familienfestes am Ring* Beethovens *Missa Solemnis*. In der *Staatsoper* fand sich *toute Vienne* ein, um die schillernde Persönlichkeit des Musiklebens zu bewundern: Lotte Lehmann und Ljuba Welitsch, soignierte Gräfinnen und erwartungsvolle Prinzessinnen, Bankdirektoren und Industrielle. Und die politische Führungsriege Österreichs, angeführt von Bundespräsident Jonas und Bundeskanzler Klaus.

Eine Woche zuvor, am Tag nach seiner Abschiedsvorstellung als Chefdirigent der New Yorker Philharmoniker, hatte Bernstein noch ein Konzert des Rockmusikers Jimi Hendrix im Madison Square Garden besucht, wie immer mit der Abschiedsnummer *Purple Haze* mit der letzten Zeile: »Is it tomorrow, or just the end of time?« Bereits ein Jahr später starb die Gitarrenlegende im Alter von 27 Jahren. Jimi Hendrix und Ludwig van Beethoven – Bernsteins Liebe zur Musik war immer vielschichtig und grenzenlos.

KAPITEL 44

Frischzellenkur, Triumph und Abschied

*Vielleicht ist es dieser Umstand, der die Künstler von den gewöhnlichen
Leuten unterscheidet: dass die Antriebskräfte ihrer Fantasie
nicht eingedämmt wurden – dass sie sich im erwachsenen Zustand mehr
von ihren Kinderfantasien bewahren konnten als »normale« Menschen.*

Gleich am Beginn seiner Tätigkeit hatte sich der neue Chefdirigent von einigen lustlosen New Yorker Philharmonikern
getrennt. Danach lud er Hunderte junge Musiker zum Vorspielen
ein. Die besten von ihnen wurden engagiert. Diese musikalische
Frischzellenkur wirkte: »Ein Orchester braucht *Feeling*, dann
bekommt auch Beethoven seinen *Swing* wieder, den er hatte, bevor
er auf den Konservatorien ausgetrocknet wurde«, argumentierte
Lenny, »Swing muss jede Musik haben, wenn sie gut sein soll. Auch
die gute klassische Musik hat Swing. Nennen Sie es *Esprit*, das
gewisse Etwas, wenn Ihnen das Wort *Swing* im Zusammenhang mit
Beethoven oder Bach nicht passt – gerade die hatten am meisten
davon – ich nenne es Swing!«

Sogar Herbert von Karajan war nach einem Gastspiel des ver-
jüngten New Yorker Orchesters »stark beeindruckt«. Und es kam
ein neues, jüngeres Publikum. Auch aus dem Beatnik-, Künstler-
und Studentenviertel Greenwich Village. Hier kannte man Bernstein, weil er in Jazzlokalen immer wieder spätnachts, voller Swing,
in Jamsessions einstieg.

Leonard Bernstein schaffte es als Chefdirigent auch, das akute
Finanzproblem der Philharmoniker zu reduzieren. David M. Keiser,
Präsident des New Yorker Orchesters, meinte: »Wir haben viel über
das Phänomen Bernstein nachgedacht. Bevor er den Laden übernahm, hatten wir ein konstantes Defizit in Millionenhöhe. Plötzlich
kam Lenny-Boy und alles war anders. Die Besucherzahlen stiegen
um mehr als zwanzig Prozent, das Defizit sank um 25 Prozent ...«
Und Manager Carlos Moseley ergänzte: »Leonard Bernstein gilt in
jedem Winkel des Landes als das Symbol für Musik. Alle verlangen

nach ihm. Es ist nicht zu fassen ...« Allein zum zweiten Freiluftkonzert mit den New Yorker Philharmonikern kamen mehr als 75 000 Menschen in den Central Park, um Leonard Bernstein – in Tanglewood-Tradition unter freiem Himmel – in einem Strawinsky- und Beethoven-Konzert zu erleben. Es war eine ausgelassene Stimmung wie auf einem Popkonzert – *trotz* Strawinsky und Beethoven. Die *New York Times* beschrieb die zehntausenden Zuhörer als »einen Querschnitt der Stadtbevölkerung. Gut gekleidete Klassikfans, aber auch Gymnasiasten und Studenten in Shorts und T-Shirts, Liebespaare, Familien mit Babys und Kindern. Mit Hunden – und sogar Katzen – an der Leine. Ein Mega-Picknick mit Burger und Bier, aber auch Kaviar und Champagner.«

Auch weil Leonard Bernstein klassischer Musik und den New Yorker Philharmonikern einen völlig neuen Stellenwert gab, wurde er zum Abschied 1969 zum *Laureate Conductor*, zum Ehrendirigenten auf Lebenszeit, ernannt. Als Chefdirigent der New Yorker Philharmoniker war er 939 Mal am Pult gestanden: die höchste Zahl von Auftritten eines Dirigenten in der Geschichte des Orchesters. Darunter 36 Welturaufführungen.

Im Mai 1969, drei Wochen bevor Bernstein in Wien Beethovens *Missa Solemnis* dirigierte, war sein Vater Sam Bernstein nach mehreren Schlaganfällen 77-jährig gestorben. Lange hatte ihn seine Frau aufopfernd gepflegt. Trotz Pflegepersonals rund um die Uhr war Jennie nie mehr als ein paar Schritte vom Krankenbett ihres Mannes – mit dem sie mehr als fünfzig schwierige Jahre erlebt hatte – entfernt und ging auf all seine Wünsche ein. Ihr Sohn Burton wusste: »Nur sie konnte den Tee so zubereiten, wie Sam ihn liebte, nur sie wusste, wie viele Bananenscheiben er auf seinem Weizenflockenbrei haben wollte, nur sie verstand, was er meinte, wenn er sagte: ›Meine Beine ziehen ...‹«

Trotz aller Schwierigkeiten, die er Lennys musikalischer Entwicklung in den Weg gelegt hatte, wusste dieser, dass sein Vater immer nur das Beste für ihn gewollt hatte. Nach einem Konzert in Tanglewood meinte Sam Bernstein in einem Anflug von Selbstironie zu einem Bekannten: »Wissen Sie, jedes Genie hatte ein Handicap. Beethoven war taub, Chopin hatte Tuberkulose. Ich nehme an, dass man eines Tages in den Büchern lesen wird: ›Lenny Bernstein hatte einen Vater.‹« Zu Ehren seines verstorbenen Vaters änderte der Sohn das Konzertprogramm mit den New Yorker Philharmonikern und dirigierte seine *Jeremiah-Symphonie*, die er ihm gewidmet hatte. Danach die *Zweite Symphonie* von Robert Schumann, die Sam Bernstein besonders liebte. »Mit leiser, ausdrucksvoller Intensität«, wie eine Kritikerin schrieb, nahm Leonard Bernstein von seinem Vater musikalisch Abschied.

Innerhalb kurzer Zeit trafen ihn zwei bewegende Ereignisse. Der Tod des Vaters und der Abschied von den New Yorker Philharmonikern, die er mehr als 25 Jahre voller Verve und mit großer Liebe geleitet hatte. Mit Gustav Mahlers *Dritter Symphonie* verabschiedete er sich von seinen Musikern. Das New Yorker Stadtmagazin *The Village Voice* berichtete von diesem berührenden Ereignis: »Im ersten langen Beifallssturm drehte sich Mr. Bernstein nicht zum Publikum um, sondern blieb sicherlich länger als eine Minute mit dem Gesicht zum Orchester stehen. Es war, als erinnerten sie sich stillschweigend an ihre gemeinsamen Jahre. Kein Wort wurde gesprochen, nur Blicke wurden ausgetauscht und das Jubeln des Publikums wurde gar nicht wahrgenommen.«

Eine große Zeit der New Yorker Philharmoniker war zu Ende gegangen: die Ära Bernstein. Obwohl er noch voller Elan war, mit einer für einen über Fünfzigjährigen erstaunlich jugendlichen Vitalität, musste Leonard Bernstein Abschied von seinem Orchester nehmen. Der Dirigent und Komponist Pierre Boulez war längst zu seinem Nachfolger bestimmt. Ab 1971 leitete der kompromisslose und nicht unumstrittene französische Musiker sechs Jahre lang das Orchester.

Als offizielle Geschenke bekam Lenny zum Abschied einen riesigen, mehr als einen Meter großen Lorbeerkranz – und eine 5,8 Meter lange Motoryacht der Luxuswerft Chris-Craft, die auf den Namen *Laureate* – für den *Laureate Conductor* – getauft wurde. Auf dem Galaempfang nach dem Konzert war Bernstein selig – und sprachlos und meinte, er hätte gleich nach dem Konzert den Musi-

kern danken sollen, dem »anspruchsvollsten Orchester der Welt«,
doch er sei einfach zu bewegt gewesen.

Bei einer intimen Feier mit seinen Musikern am Nachmittag
übereichte man ihm ein weniger weltliches Geschenk – eine Mesusa,
ein Symbol des Judentums, die ein kleines mit Versen aus dem Buch
Mose beschriebenes Pergament in einer Kapsel enthält. Die Schrift-
rolle wird am rechten Türpfosten jedes Zimmers befestigt, damit
»Gott das Haus beschützt«. Der *Laureate Conductor* erhielt das
Geschenk der Musiker als Symbol dafür, dass er bei den New York
Philharmonics weiterhin zu Hause sei.

KAPITEL 45

Party für Black Panthers

Erich Fromm schrieb darüber, wie unfähig wir sind zu lieben, und dass
Liebe der einzige Weg ist, um in der Welt Wärme und Verständigung zu finden;
Ich nehme an, es ist richtig; nur ist die Liebe nicht der einzige Weg.
Kunst ist auch ein Weg, die Verständigung durch Kunst.

Die 1970er-Jahre waren für Leonard Bernstein eine schwierige Zeit. Kurz nach dem Ende seiner Position als New Yorker Chefdirigent kam es zur legendären Verhöhnung Tom Wolfes, des exaltierten Schriftstellers und ewigen Dandys. Sie wurde in kürzester Zeit zum Stadtgespräch.

Tom Wolfe schilderte im Roman *Ich bin Charlotte Simmons* 17 Seiten lang eine Deflorationsszene, für die ihm eine US-Frauenorganisation prompt den Preis für die schlimmste Sexschilderung des Jahres verlieh. Ein Bestseller ist Wolfes Buch dann auch nicht geworden, doch einen prominenten Leser scheint er begeistert zu haben: Ex-Präsident George W. Bush reichte Wolfes Werk »enthusiastisch an Freunde weiter«.

Am 8. Juni 1970 berichtete Tom Wolfe für das *New York Magazine* in einer *Special Issue* von einer Party, die Leonard Bernstein zu Ehren der umstrittenen, radikal militanten *Black Panthers* in seiner Wohnung gegeben hatte. Wolfe war nicht geladen, aber ahnte, einer guten Geschichte auf der Spur zu sein und schlich sich zwischen den geladenen Gästen bei Bernsteins ein. Hinterhältig nuschelte er seine Eindrücke in ein Tonbandgerät. Unter dem Titel *Radical Chic: Die Party bei Lenny* beschrieb Tom Wolfe dann seine Eindrücke und berichtete von einer »Mischung aus Schuldbewusstsein der weißen, liberalen Oberschicht und Selbsterhebung über jeden und alles«.

Auf dreißig Seiten schilderte der ehemalige Journalist Wolfe – plakativ, aber präzise und brillant – die Party in Leonard Bernsteins *mondäner Penthouse-Duplex-Wohnung*. Das großformatige Foto zeigte den Gastgeber, der auf einem Lehnsessel Platz genommen hatte, umrahmt von seiner zierlichen Frau Felicia und Donald L.

Cox, dem *Feldmarschall* der Black Panthers. Wolfe mokierte sich über Bernsteins prominente Gäste, über die bedeutenden Bemerkungen der TV-Moderatorin Barbara Walters und den Akzent des Regisseurs Otto Preminger. Genüsslich schilderte der ungebetene Gast Wolfe, selbst immer in blütenweißem Anzug, auch das luxuriöse Inventar der riesigen Wohnung und das chilenische Personal, das Felicia Bernstein über Vermittlung der Reinigungsfirma Spic and Span für die *Black Panthers*-Party organisiert hatte.

Und dann die Beschreibung, als der Gastgeber mit seiner *Kunst der Konversation* loslegte: »Jeder, der ein Wochenende mit Lenny auf dem Lande, an der Küste oder auf einem gottverlassenen Riff auf den Inseln vor dem Wind verbracht hat, kennt dieses Gefühl: Die wechselnden Phasen von Adrenalinstimulation und Insulinkoma, wenn der große Unterbrecher … der Gratisanalytiker, Mr. Durchblick die gesamte Gruppe auf einem 72-stündigen Gewaltmarsch ohne Atempause durch das laterale Geniculatum und die Betzschen Riesenzellen führt, bis schließlich jedes menschliche Gehirn zu einem Büschel Seegras in einer ausgebrannten Hülse geschrumpft ist und in einem letzten Knirschen tödlicher Langeweile kollabiert und implodiert.« Der Spott Tom Wolfes zog schnell seine Kreise. Auch die *New York Times* bezeichnete Bernstein als »elegant slumming«, als Edelproleten.

Bis heute spalten die *Black Panthers*, die schwarzen radikalen Revolutionäre, die amerikanische Gesellschaft. Bewaffnet, mit schwarzen Lederjacken, Rollkragenpullovern und Baskenmützen bekleidet, lieferten sie sich Schlachten mit der Polizei. Für das konservative Amerika waren sie Kriminelle, Extremisten, Polizistenmörder. Der Erfolg der *Black Panthers* war nur kurzlebig. Die Bekämpfung durch das FBI und das Abdriften des Gründers Huey Newton in die organisierte Kriminalität führten ab Anfang der 1970er-Jahre, schon bald nach Bernsteins Party, zum Zerfall der Gruppe, die die Rechte der Afroamerikaner mit Gewalt durchsetzen wollten.

Die Polemik des Schriftstellers traf Bernstein sehr. Man warf ihm Sympathie für die *Black Panthers* vor. Tom Wolfe hatte ganze Arbeit geleistet. Viele Jahre danach wollte Architekt Norman Foster Tom Wolfe einen – auch für New York – gigantischen Wolkenkratzer vor die Nase seiner Fenster setzen. Wolfe hämmerte wieder eine Polemik in seine Adler-Schreibmaschine, in der er die zuständige New Yorker Behörde als »Büro der lebenden Toten« verhöhnte. Es gelang Wolfe, die himmelwärts strebenden Pläne des Stararchitekten in Grund und Boden zu tippen.

Leonard Bernsteins Kompositionen erschienen während dieser Jahre in immer größeren Abständen und wurden nicht wirklich enthusiastisch aufgenommen. Der Maestro selbst war enttäuscht und schien wie besessen von einem Gastspiel zum anderen zu hetzen. Ein Getriebener, der nie zum Stillstand kam. Wie ein Formel I-Pilot raste er kreuz und quer durch Amerika, von Kontinent zu Kontinent und trat in der ganzen Welt auf. Mindestens drei Vertraute begleiteten ihn auf seinen Reisen. Fast immer war sein Manager Harry Kraut dabei und ein assistierender Dirigent, der erste Proben leitete, Chöre einstudierte und für den Maestro einsprang, wenn er sich unwohl fühlte. Während der letzten fünf Jahre begleitete Bernstein auch der Komponist und Pianist Craig Urquhart als sein persönlicher Assistent.

Als er 1986 erstmals mit dem Maestro verreiste, hatte er zweiundzwanzig Koffer mit wohlsortierter Garderobe, Konzertkleidung, Partituren, Audio-Ausrüstung, um den Klang neuer Aufnahmen zu überprüfen, zu packen, ferner mit Inhalatoren, stangenweise Zigaretten – und *Aquafiltern*, um das Rauchen vielleicht doch etwas zu reduzieren. Und mit reichlich Medikamenten gegen Schmerzen und Sodbrennen, aufputschenden und beruhigenden Pillen. Und mit Bernsteins eigener Reisebibliothek, die allein schon drei Koffer benötigte. Er liebte es, viele Bücher parallel zu lesen. Bernstein konnte weite Teile der Bibel und Goethes Faust auf Deutsch auswendig.

KAPITEL 46

Den Ring küssen – nicht den Mund

Unser gefühlvollstes aktives Leben
wird in unseren Träumen gelebt.

In jeder Stadt hatte Bernstein sein Lieblingshotel und seine Lieb-
lingssuite. In London logierte er im Savoy mit freiem Blick auf die
Themse. Auf atemberaubende Aussichten legte der Maestro immer
größten Wert: Von der Terrasse der Penthouse-Suite des Pariser
Hôtel Crillon blickte er auf die Place de la Concorde, im Hotel de la
Ville in Rom über die Spanische Treppe, im King David-Hotel über
die Altstadt von Jerusalem.

Als im Wiener Hotel Sacher in seiner Suite im dritten Stock mit
Blick auf die Albertina das Gemälde *Schwarz und Blond* des Malers
Eduard Veith ausgetauscht wurde, drohte Bernstein auszuziehen.
Bei seinem nächsten Aufenthalt in Wien hing das Neorokokobild
nach der Renovierung wieder in seiner Suite. Als Leonard Bernstein, der am linken Flügel der Demokraten angesiedelt war, allerdings erfuhr, dass Sacher-Chef Peter Gürtler die Republikanerin
Helene von Damm, die es bis zur Ronald Reagan-Personalchefin
gebracht hatte, geheiratet hatte, zog er um – ins Hotel Bristol an der
Ringstraße, nur wenige Minuten entfernt. Hier hieß man den
Musikstar, der aus dem Konkurrenzhotel kam, herzlich willkommen und stellte ihm rund um die Uhr einen persönlichen Oberkell-
ner zur Seite.

Im Münchner Hotel Vier Jahreszeiten lag Lennys Suite im sechsten Stock. Sie war mit einem Flügel ausgestattet und hatte einen
direkten Zugang zum Swimmingpool. Der Concierge des Luxus-
hotels, David Langgartner, erinnerte sich 2010 in der *Süddeutschen
Zeitung* an wilde Partys, die der Maestro nach Konzerten hier gefeiert hatte: »… im weißen Hotelbademantel, stets mit gegrilltem
Fisch, Barolo und einer Entourage junger, gutaussehender Männer.«
Eines Morgens fragte Herbert von Karajan – völlig übernächtigt –
Langgartner, wer im Zimmer über ihm die ganze Nacht Klavier

gespielt habe und dabei »keine einzige Taste getroffen habe«. Er habe ihm natürlich nicht verraten, wer in der Pool-Suite im sechsten Stock logierte. Denn, *nur ein verschwiegener Concierge ist ein guter Concierge* …

1973 dirigierte Leonard Bernstein anlässlich des zehnten Jahrestages der Inauguration von Papst Paul VI. im Vatikan ein Konzert, das in ganz Europa im Fernsehen übertragen wurde. Man gab Johann Sebastian Bachs *Magnificat* und Bernsteins eigenes, dreiteiliges Chorwerk *Chichester Psalms*. Nachdem der Papst die Musiker gesegnet hatte, dankte er dem Dirigenten: »Ecco un Americano, che vien a dare lezione musicale a noi della vecchia Europa.« (Da kommt ein Amerikaner, um uns aus dem alten Europa Musikunterricht zu erteilen). Für die vierzigminütige Privataudienz beim Heiligen Vater erhielt der überschwängliche Lenny knapp davor einen Ratschlag in einem Telegramm seines Freundes Mike Mindlin: »Denk daran, den Ring küssen – nicht den Mund.«

1974 folgte eine Konzerttournee mit den New Yorker Philharmonikern nach Neuseeland, Australien und Japan. Ein Jahr danach dirigierte Bernstein erstmals die Wiener Philharmoniker in Salzburg. Und 1976 fand in München das erste Wohltätigkeitskonzert Leonard Bernsteins für Amnesty International statt. Seit damals spendete er fünfzig Prozent seiner Gagen an Amnesty oder das Kinderhilfswerk UNICEF.

Im Oktober 1979 dirigierte er zum ersten Mal die Berliner Philharmoniker mit Gustav Mahlers *Neunter Symphonie*. Das Berliner Orchester wirkte auf Leonard Bernstein wie eine »schöne, aber kalte Frau«. Der Kontrabassist Rudolf Watzel, einer von Karajans Lieblingsmusikern, erinnerte sich: »Wir hatten Mahler damals noch nicht so drauf. Und der exaltierte Bernstein war für uns ein großer Unbekannter. Es war das einzige Mal während meiner 41 Philharmoniker-Jahre, dass wir in der öffentlichen Generalprobe gesagt haben, wir brauchen noch eine Probe.« Zwei Welten trafen aufeinander. Die Milieus des Herbert von Karajan und des Leonard Bernstein. »Er trug ein türkisfarbenes Armband«, erinnerte sich Kontrabassist Watzel, »das hat uns alle irritiert …«

Doch die Zusammenarbeit mit Herbert von Karajans Berliner Philharmonikern wurde für Bernstein ein durchschlagender Erfolg. Gustav Mahlers *Neunte Symphonie*, zwischen Sommer 1909 und April 1910 geschrieben, ist das letzte vollendete Werk Mahlers und nach Meinung vieler Musikexperten sein Meisterwerk. Ein Opus, das seiner Zeit weit voraus war und auch heute noch manchmal sein Publikum verwirrt. Für Bernstein, der gerne und oft über den Tod philosophierte, eines der wichtigsten Werke der Klassik, in denen Mahler am Ende der Symphonie drei Arten des Sterbens reflektierte: »Zuerst seinen eigenen bevorstehenden Tod … Zweitens den Tod der Tonalität, was für ihn den Tod der Musik an sich bedeutete … Und schließlich seine dritte und wichtigste Vision: der Tod der Gesellschaft … das ist die faszinierendste Zweideutigkeit von allen: dass, während wir heranwachsen, das Zeichen unserer Reife das Akzeptieren unserer Sterblichkeit ist und dass wir dennoch in unserer Suche nach der Unsterblichkeit fortfahren.«

Im Oktober 1979 gastierten die Philharmoniker und die Staatsoper aus Wien drei Wochen lang in Washington. Bernstein dirigierte fünf Mal *Fidelio*. Neben ihm traten Zubin Mehta und Karl Böhm auf. Böhms *Così fan tutte* begeisterte Lenny derart, dass er nach dem Konzert in der Garderobe vor Karl Böhm niederkniete: »Heute Abend haben Sie mich Mozart dirigieren gelehrt«, meinte er pathetisch. Der Altmeister antwortete trocken »… dann werden S' vielleicht aufhören, so mit den Armen herumzufuchteln«, und versuchte, Bernsteins wilde Gesten beim Dirigieren zu imitieren …

Zwei Jahre danach ließ Leonard Bernstein im Vorwort einer Karl Böhm-Biografie von Franz Endler seiner Begeisterung über den Dirigenten, der immer um »Unverfälschtheit und Unmittelbarkeit der Musik bemüht war«, freien Lauf und meinte, dass er Böhm bewundere, weil er »… ganz im Gegensatz zu mir ein Musiker ist, der *Ariadne* dirigieren kann, ohne die Partitur von Neuem studieren zu müssen«.

Zum Jubiläum der Wiener Staatsoper am 25. Mai 1969 dirigierte Karl Böhm *Fidelio*. In einer Glanzbesetzung: Leonie Rysanek, Jess Thomas, Paul Schöffler, Theo Adam, Walter Kreppel, Lotte Rysanek und Murray Dickie. Der Herr, den man im Parkett immer wieder lautstark »Bravo, Bravo!« rufen hörte, stand vormittags selbst am Pult der Staatsoper: Leonard Bernstein.

Im August 1981 stellte Bernstein in einem Brief an den im Sterben liegenden Karl Böhm eine »erstaunlich enge, warme musikalische Beziehung« zwischen Böhm und sich selbst fest. Kurze Zeit danach war Karl Böhm gestorben. In seinem Beileidstelegramm schrieb Bernstein: »Er bediente sich eines Minimums physischer Bewegung. Seine sich auf Sänger und Musiker übertragende Vermittlungskraft ging von seinen Augen und seiner elektrisierenden Taktstockspitze aus. Er dirigierte oft sitzend, aber wenn er sich einmal auch nur ein wenig erhob, bis er zur Hälfte stand, da gab es Höhepunkte, die des jüngsten Tages würdig waren.«

KAPITEL 47

Verzweiflung und Exzesse

Ich lasse mich bei allem
von der Liebe leiten.

Einen tragischen Einschnitt in Leonard Bernsteins Privatleben
brachte der Juni 1978: Seine Frau Felicia Montealegre Bernstein
starb. Zwei Jahre nachdem sich Leonard und Felicia getrennt hatten,
stand die Diagnose Lungenkrebs fest. Trotz einer Versöhnung ein
Jahr vor Felicias Ende plagten ihn Schuldgefühle, ob seine Liebschaften und die zermürbenden Eheprobleme nicht Auslöser der
tödlichen Krankheit gewesen waren. Das schlechte Gewissen hat
Leonard Bernstein ein Leben lang verfolgt: »Es gibt keine Minute in
meinem Leben, in der ich nicht an sie denke«, meinte er noch sieben
Jahre nach Felicias Tod, »sie war eine wundervolle Frau, ein Engel.
Oft kommt ein weißer Schmetterling zu mir. Erstaunlich oft. Ich
weiß, es ist Felicia …«

Bei einem *Dinner mit Lenny*, einem Interview mit dem Rolling
Stones-Autor Jonathan Cott, erzählte Bernstein ein Jahr vor seinem
Tod: »Ich weiß noch, als Felicia gestorben war, stand ihr Sarg in
unserem Wohnzimmer in East Hampton … es waren nur ein paar
Leute da … wir hörten Mozarts *Requiem*, vom Plattenspieler. Niemand sagte ein Wort. Und dann kam dieser weiße Schmetterling
herein, Gott weiß woher – er tauchte einfach unter dem Sarg auf
und flog herum und setzte sich auf jeden, der da war – auf jedes der
Kinder, auf den Rabbiner, auf den Priester, auf ihren Schwager und
zwei ihrer Schwestern, auf mich … und dann war er weg … obwohl
kein Fenster offen stand.«

Lennys Freund, der Musiktheoretiker Tom Cothran, versuchte
ihn immer wieder von seiner pathetischen Trauer, vom demonstra-
tiven Leiden in der Öffentlichkeit, zu befreien und bezweifelte die
Wirksamkeit Bernsteins regelmäßiger Konsultationen beim Analy-
tiker Milton H. Horowitz: »Kann die Psychoanalyse den Dingen auf
den Grund gehen, wenn es dabei um Moral geht? Du trauerst nicht

nur um Felicia, sondern auch um das Leben, das Du ihr, wie Du glaubst, vorenthalten hast – die tiefe sexuelle Liebe, das einzige, was sie eigentlich wirklich suchte …«

Zu Beginn ihres Todesjahres 1978 hatte Felicia ihren Mann Lenny noch nach Europa auf eine sechs Wochen dauernde Tournee mit den Wiener Philharmonikern zu einer *Fidelio*-Wiederaufnahme begleitet, trotz mehrmaliger Chemotherapie und bereits schwer von ihrer Krebserkrankung gezeichnet. Am Vorabend ihres 56. Geburtstages gab Bernstein Felicia zu Ehren im Hotel Sacher im historischen Marmorsaal, dort wo auch die offiziellen Staatsbankette stattfinden, einen Empfang für Wiener Freunde. Danach ging es weiter nach Mailand, London und Paris. Hier erhielt Leonard Bernstein von der neunzigjährigen Musikerin Nadia Boulanger, einer fragilen, mutigen und willensstarken Frau, den Orden eines Offiziers der französischen Ehrenlegion überreicht. Sie war eine klare Denkerin und eine schöpferische Träumerin. Ihre charismatische Persönlichkeit hatte viele Komponisten fasziniert. Auch Leonard Bernstein war von *Mademoiselle*, wie sie sich bis ins hohe Alter nennen ließ, tief beeindruckt. Nadia Boulanger versammelte in ihrem Salon nicht nur Musiker, sondern auch Literaten und andere Künstler mit Esprit, Geist und Talent. Eng befreundet war Nadia Boulanger sowohl mit Igor Strawinsky als auch mit André Gide.

Nach der Ehrung Lennys in Paris reiste Felicia zurück nach New York. Die nächste Chemotherapie wartete schon. Die Krebserkrankung war inzwischen von den Ärzten als inoperabel bezeichnet worden. Wie ihr Mann war sie eine starke Raucherin. Von heftigen Schmerzen und Hustenanfällen gepeinigt, zog Felicia im Frühjahr in ihr Haus in die Hamptons, mit Blick aufs Meer als schwacher Trost für die Sterbenskranke. Ein Sauerstoffgerät und eine Vielzahl starker Medikamente verlängerten ihren Leidensweg.

Leonard dirigierte nach der Pariser Ordensverleihung noch mit dem Concertgebouw Orchester in Amsterdam Beethovens *Missa Solemnis*. Erschöpft und deprimiert kehrte er schließlich nach Amerika zurück. Er sagte alle Verpflichtungen ab, um in der Nähe Felicias sein zu können. Am frühen Morgen des 16. Juni 1978 starb Felicia Montealegre Bernstein im Alter von 57 Jahren. Leonard und Felicia hatten drei Kinder: Nina, Alexander und die Erstgeborene Jamie, die ihr Vater wie auch die Enkel Francisca und Evan über alles liebte und trotz aller Kalamitäten des Lebens immer mit zärtlichen Gefühlen überschüttete.

KAPITEL 48

Tanz auf dem Vulkan

Ich glaube an das Recht jedes Menschen,
sich im Irrtum zu befinden.

Jamie, du würdest ihn lieben«, schwärmte Leonard Bernstein 1973 seiner Tochter über den damals 28-jährigen deutschen Pianisten Justus Frantz vor, »er ist so süß, er ist so schön, er ist so lustig, er ist so gewandt, du musst ihn dir ansehen.« Tochter Jamie wusste sofort, ihr Vater »hatte sich verliebt«. Später kam alles anders: Da verfiel Jamie dem charmanten Musiker und verliebte sich Hals über Kopf in ihn. Es begann, wie sie sich Jahre später erinnerte, eine »große Affäre, in deren Verlauf Justus hoch und heilig abstritt, je eine intime Beziehung mit meinem Vater gehabt zu haben«. Ihr trauriges Fazit: »Alle haben mir gegenüber immer alles abgestritten.«

Immer wieder betonte Jamie, sich niemals für ihren Vater geschämt zu haben, obwohl einiges am Privatleben ihres Vaters »ja wirklich sehr schmerzhaft für uns war«. Um manches zu vergessen und um ihre spirituellen Batterien aufzuladen, pilgerte sie jedes Jahr durch die Salzwüste von Utah. Immer verteidigte die Schriftstellerin und Radiomoderatorin die Offenheit ihrer Familie, es hätte nie irgendetwas Peinliches gegeben, das versteckt werden hätte müssen. Auch noch 22 Jahre nach Leonard Bernsteins Tod bekannte Tochter Jamie in der *Süddeutschen Zeitung*: »Die Familie war sich immer darüber einig, dass Geheimnisse keinen Zweck haben. Im Gegenteil: Wer etwas geheim hält, erweckt ja oft erst den Eindruck, er habe etwas Unangenehmes zu verbergen.« Als ihre Eltern geheiratet hätten, hätte ihre Mutter ganz genau gewusst, worauf sie sich eingelassen hätte, denn ihr Vater wäre immer sehr offen gewesen. Sie wären verlobt gewesen und hätten wegen seiner Bisexualität die Verlobung wieder aufgelöst, um es ein paar Jahre später trotzdem wieder miteinander zu versuchen. Gemeinsam mit ihrem Bruder Alexander und ihrer Schwester Nina arbeitete Jamie Bernstein jedenfalls daran, das »Vermächtnis ihres Vaters zu hüten und die Erinnerung an seine Musik wachzuhalten.«

Nach dem Tod seiner Frau, die trotz aller Eskapaden immer Verständnis für ihn aufgebracht und die psychische Struktur seines Lebens einigermaßen aufrechterhalten hatte, bestimmten Schwermut und Unsicherheit Leonard Bernsteins Leben. Er schwankte unkontrolliert zwischen Düsternis und Hemmungslosigkeit, zwischen Phasen tiefster Depression und exaltierter Überschwänglichkeit, zwischen Stunden der Verzweiflung und exzessiven Nächten, die meist nie vor dem Morgengrauen endeten – mit immer wiederkehrenden, peinlichen Eskapaden und Aussagen, die oft schockierten, wie etwa bei einer Laudatio auf seinen Freund Aaron Copland in der Carnegie Hall oder einer Rede anlässlich des Erscheinens eines zwanzigbändigen britischen Musikkompendiums. Betrunken schockierte er im Hotel Waldorf Astoria die Gäste, darunter auch Expremier Harold Macmillan. Bernstein warf den Engländern vor, dass sie es immer wieder schaffen würden, nach peinlichen Affären den Kopf aus der Schlinge zu ziehen, und er hatte auch ein Beispiel parat: die größte sittenpolizeiliche Aktion in der Geschichte *Scotland Yards*, den Skandal rund um den Kriegsminister Profumo. Sein Verhältnis mit dem langbeinigen, rothaarigen 21-jährigen Callgirl Christine Keeler, dessen pikante Details der britische Boulevard genüsslich ausschlachtete, hatte Profumos Karriere vernichtet und 1963 zum Sturz der Regierung Macmillan geführt.

Leonard Bernsteins Frau Felicia fehlte – nicht nur bei gesellschaftlichen Ereignissen. Sie hatte ihn immer zurückgehalten, sobald er versucht hatte, die Grenzen des guten Benehmens zu sprengen. Die Abhängigkeit von Amphetaminen und Whisky wurde seit Ende der 1970er-Jahre immer stärker. Mit dem *Hirndoping* Dexedrine versuchte der labile Lenny verzweifelt, Euphorie zu erzielen, die manischen Phasen seines Lebens zu verlängern und auch seinen labilen physischen Gesundheitszustand zu ertragen.

Regelmäßig unternahm Bernstein während der Wintermonate Ausflüge nach Key West, zu Hemingway's Hideaway. Über 42 Brücken muss man fahren, um zum letzten Anhängsel von Florida zu kommen. Dann ist man dort, wo die Sonne nicht nur laut Werbe-prospekten am schönsten versinkt. Aufgeschlossene, gut gebaute Straßenkünstler feiern dort die *Sunset Celebration* mit Seiltanz, Jonglieren und Musik. Auch das pollenarme Klima wirkte sich wohltuend auf Lennys chronisches Asthma aus. Hier konnte er wie kaum sonst wo abschalten – in Gesellschaft von Freunden wie dem *Pulitzer*-Preisträger James Merrill oder dem Reiseschriftsteller John Malcolm Brinnin, der sechzigmal den Atlantik überquert hatte. Man löste gemeinsam Anagramme und philosophierte nächtelang über Gott und die Welt, insgesamt rare Tage der Entspannung im Leben des rastlosen Leonard Bernstein.

Zurück in New York: Bernsteins exaltierte Auftritte und die ein-deutigen Gesten der jungen Männer in seinem Schlepptau fanden sich oft in den Klatschspalten wieder. Immer wieder war von drei gut gebauten Männern die Rede, die hinter der Bühne auf den erschöpften Maestro warten mussten – mit jeweils einem Handtuch, einem Whisky und einer angerauchten *Carlton*. Höhnische Kom-mentare und großformatige Fotos dokumentierten Lennys lockeres Leben, etwa im Studio 54, Symbol der späten 1970er-Jahre für Dro-genexzesse, wilden Sex und hemmungslose Exzentrik, wo Lenny betrunken über die Tische tanzte. In dem Club nur ein paar Blocks von der Carnegie Hall entfernt koksten Friseure mit Filmstars und Aussteiger mit Aristokraten. »Es war der einzige Nightclub«, bemerkte Modemacher Prinz Egon von Fürstenberg, »in dem man Sex haben konnte.« Grace Jones kam nackt ins Studio 54 und Mick Jagger auf einer Harley Davidson, seine Frau Bianca auf einem wei-ßen Pferd. Dass Lenny hier, in einem Club, in dem jeder – ob reich, arm, jung, alt, hetero oder schwul – ein Star war, in enger, schwarzer Lederjacke und der ewigen Zigarette im Mundwinkel auf den Tischen tanzte, war dagegen eher harmlos. Lillian Carter, die Mutter des damaligen Präsidenten Jimmy Carter, sagte über das Studio 54: »Ich weiß nicht, ob ich im Himmel war oder in der Hölle, aber es war wundervoll!«

In den 1980er-Jahren begann Leonard Bernstein wieder voller Begeisterung Fernsehsendungen aufzunehmen. Die *Omnibus-*

Erfolge lagen inzwischen mehr als zwanzig Jahre zurück. Die erste TV-Dokumentation beschäftigte sich mit *West Side Story*-Studioaufnahmen für die Deutsche Grammophon. Tenor José Carreras, der sich auf der Karriereleiter bereits weit oben befand, konnte für die Rolle des *Tony*, des Anführers der *Jets*, gewonnen werden. Bernstein erzählte damals in *The Love of Three Orchestras* für den britischen Fernsehsender BBC von den Stationen seines Dirigentenlebens und von Aufführungen mit seinen drei Lieblingsorchestern: den Philharmonikern aus New York, Israel und Wien. Und einmal mehr stellte Bernstein, in der von Humphrey Burton, seinem späteren Biografen, produzierten Sendung fest, dass die Wiener Philharmoniker seine absoluten Lieblingsmusiker seien: »Sie sind so stolz darauf, diese große Tradition zu haben … so etwas steckt mich an wie ein Bazillus. Ich bin sehr anfällig dafür – denn ich lasse mich bei allem von der Liebe leiten.«

KAPITEL 49

Seelenverwandtschaft

Ich liebe Mahler zutiefst … Manchmal spüre ich sehr deutlich,
dass seine Schwierigkeiten dieselben waren wie die meinen.
Mahler war ebenso von der Musik besessen.

1984 gestaltete Bernstein – wieder für die BBC – eine Dokumentation über Gustav Mahler mit dem Titel *The Little Drummer Boy.* Es ging darin um das Yin und Yang als Klammer zwischen Leben und Tod und über die »neurotische Intensität« von Mahlers Werken, ferner um die Abgründe des Lebens und die Zerrissenheit eines Entwurzelten. »Dreifach heimatlos« hatte sich Mahler genannt: als Böhme unter Österreichern, als Österreicher unter Deutschen, als Jude in der Welt. Nicht zu Unrecht befürchtete Gustav Mahler: »Mein Judentum verwehrt mir, wie die Sachen jetzt in der Welt stehen, den Eintritt in jedes Hoftheater. Nicht Wien, nicht Berlin, nicht Dresden, nicht München steht mir offen. Überall bläst der gleiche Wind.« 1897 konvertierte Mahler zum Katholizismus und wurde zum Kapellmeister der Wiener Hofoper ernannt.

Leonard Bernstein zeichnete in seinem Fernsehessay den Zwiespalt des Buben aus dem jüdischen Dorf, der in der Welt des Christentums zu einem Musikgenie aufstieg, nach, des Mannes, der sich dem Katholizismus zugewandt hatte, aber von den Nationalsozialisten als Inbegriff des »kranken, entarteten Künstlers« verfolgt wurde, des Menschen, der verzweifelt auf der Suche nach Identität war. Mit keinem anderen Musiker hat sich Leonard Bernstein so stark identifiziert. Und mit keinem anderen Komponisten hat er sich ein Leben lang so sehr auseinandergesetzt: »Ich verstehe seine Partituren auf eine sehr persönliche Weise, vermutlich weil viele seiner Probleme auch meine sind. Ich habe von Zeit zu Zeit das Gefühl, dass ich Mahlers Symphonien selbst komponiert habe. Er hatte Visionen, ich habe auch welche. Und ich kenne auch seine Zerrissenheit. Wie er bin ich hin- und hergerissen zwischen Jude und Christ, zwischen Provinzler und Bohemien, zwi-

schen Dirigent und Komponist … und ein wenig depressiv bin ich
auch.«

Als Leonard Bernstein zum ersten Mal Mahlers Sommervilla in
Maiernigg an der Ostbucht des Wörthersees besuchte, hatte er das
Gefühl von »etwas Familiärem; es war, als würde ich das alles schon
kennen, als sei ich hier schon einmal gewesen.« Im *Komponierhäus-
chen* mitten im Wald hatte Mahler die *Fünfte, Sechste* und *Siebente
Symphonie* geschrieben. Als im Sommer 1907 die geliebte *Putzi*,
seine Tochter Maria, fünfjährig an Scharlach und Diphterie starb,
verließ er sein Refugium, um nie wieder zurückzukommen. Gustav
Mahlers Leid und Lebenskrisen, der Tod der Tochter, die Diagnose
eines Herzfehlers und die Trennung von der Wiener Hofoper in der
Stadt, in der Bürgermeister Karl Lueger regierte – und mit seinem
Ausspruch »Wer ein Jud' ist, bestimme ich« den Antisemitismus
gesellschaftsfähig machte, destabilisierte das Nervenbündel Gustav
Mahler immer mehr. Die Verzweiflung bahnte sich ihren Weg …
Sommer 1910: Trotz seines vielleicht größten Triumphs als Komponist, der Uraufführung der *Achten Symphonie*, die er seiner fast
zwanzig Jahre jüngeren Frau Alma gewidmet hatte, katapultierte
ihn ihre heftige Affäre mit einem Architekten an den Rand des Ner-
venzusammenbruchs. Der männerverschlingende Vamp betrog
ihren schwermütigen Mann mit einem, der noch jünger war als sie:
mit Walter Gropius, dem *Bauhaus*-Gründer, der Ästhetik und Alltag des 20. Jahrhunderts mitprägte. Gustav Mahler wand sich wei-
nend am Boden, küsste die Pantoffel Almas. Für Erich Maria Remarque war sie ein »wildes, blondes Weib, gewalttätig, saufend«.
Schließlich kontaktierte Mahler Sigmund Freud, panisch, dem Irr-
sinn immer näher. Mehrmals hatte er den ersten Besuch in der
Berggasse 19 verschoben, schließlich hatte Freud ihm ein Ultima-
tum gestellt: Er verbringe Ferien in Holland. Mahler möge hinkom-
men, es sei seine letzte Chance, die Wunden seiner Seele zu analysieren. Gustav fuhr hin. Vier Stunden lang spazierten die beiden
weltberühmten Wiener, die einander zuvor noch nie begegnet
waren, durch Rembrandts Geburtsstadt Leiden. Danach wusste
Freud Bescheid. Er sagte dem inzwischen frommen Katholiken

Gustav Mahler auf den Kopf zu, er laboriere an dem *Marienkomplex*. Nicht nur suche er in jeder Frau das Idealbild der Jungfrau Maria, er suche auch das Abbild seiner eigenen Mutter. »Ich nehme an, dass Ihre Mutter Maria hieß«, meinte Freud. Dies traf tatsächlich zu. Verblüfft versuchte Gustav Mahler den Zusammenhang zu verstehen. »Wie kommt es dann, dass Sie jemanden mit einem anderen Namen – Alma – geheiratet haben?« Mahler gestand, dass er Alma immer mit ihrem zweiten Vornamen habe anreden wollen, mit *Maria*. Trotzdem telegrafierte Gustav nach Freuds Analyse, nach dem stundenlangen Spaziergang in Holland, an Alma: »Bin fröhlich. Unterredung interessant. Aus Strohhalm Balken geworden.« Neun Monate danach starb Gustav Mahler. Sein Herz hatte versagt.

Nach der Generalprobe von Mahlers *Zweiter Symphonie* 1960 in der Carnegie Hall stürmte Gustavs vitale Witwe Alma, für Marietta, die Frau Friedrich Torbergs, eine »große Dame und gleichzeitig eine Kloake«, ans Podium. Leonard Bernstein ging in die Knie und küsste ihr theatralisch die Hand. Damals war die Femme fatale schon über achtzig. Wer weiß, was sonst passiert wäre. In einem Brief an ihre Freundin Gusti Arlt schwärmte sie jedenfalls: »Das ist einmal wirklich ein genialer Dirigent.« Bernstein, der bei den Proben am liebsten einen Sweater mit einem Portrait von Gustav Mahler trug und der auf der ersten Seite seiner Partitur der *Sechsten Symphonie* einen »Mahler grooves«-Autoaufkleber angebracht hatte.

Die Seelenverwandtschaft zwischen Gustav Mahler und Leonard Bernstein ist deutlich erkennbar, ihre Biografien weisen parallele Lebenslinien auf. Die jüdische Identität und die ewige Erinnerung an die Diaspora, die Ruhe- und Rastlosigkeit, der Zwiespalt zwischen Glaube und Zweifeln, zwischen Naivität und Intellektualität. Das ewige Gefühl, missverstanden zu werden, und die Schwierigkeiten eines Dirigenten, der auch komponiert. »Das Hin- und Hergerissen-Sein zwischen Darstellen und Schaffen, diese große Kluft kann einen schizophrenen Effekt bewirken«, wie Bernstein meinte. Ein cholerischer, starrsinniger Vater, der die sanftmütige Mutter unterdrückte. Das Gefühl, alles daransetzen zu müssen, die Situation des Elternhauses durch aufsehenerregende Erfolge hinter sich zu lassen. Die Zerrissenheit persönlicher Beziehungen. Und vermutlich auch die *Panreligiosität*, der Glaube an ein Weiterleben einer im Menschen wirkenden Kraft nach dem körperlichen Tod.

Gustav Mahlers eigenes Konzertpublikum konnte mit seiner Musik »voller neurotischer Intensität« nichts anfangen. Sie hörten nur Übertreibung, endlose Märsche, sie »erkannten weder den Doppeladler noch das spätere Hakenkreuz auf den Uniformen der Marschierer«, analysierte Bernstein Jahrzehnte später. »Sie hörten weit ausholende, romantische Liebeslieder, aber sie begriffen nicht, dass die Liebesträume Alpträume waren, genauso wie die rasenden, verzerrten Ländler.« Leonard Bernstein erkannte in Mahlers Musik bei aller Schönheit die Abgründe des Lebens, die Auseinandersetzung zwischen seiner »brennenden Lebensliebe und einem Gefühl der Abscheu vor eben diesem Leben – zwischen einer leidenschaftlichen Sehnsucht nach einem Himmel und der Todesangst.« Er meinte auch: »Man kann keine drei Takte von Mahlers Musik dirigieren, ohne etwas von sich selbst zu geben. Jede Wendung, jeder Ausbruch, jede Temposteigerung ist so intensiv, dass die Musik mit der größten Anteilnahme ausgeführt werden muss.«

Der Wiener Philharmoniker Werner Resel erinnert sich: »Bernstein war so offen, dass man fast seinen Herzschlag sehen konnte.« Aber der Musiker kann sich auch noch gut an die anfängliche Ablehnung Mahlers erinnern. Am Ende einer Probe hörte man einen Philharmonikerkollegen laut und deutlich »Scheißmusik« fluchen. Und in der Physiognomie mancher Philharmoniker war die Skepsis leicht zu erkennen. Unlust. Unmut. Unverstand.

Und der Violinist Rainer Küchl erzählt begeistert: »Lenny hat uns alle mitgerissen. Am Ende der *Neunten Mahler* kniete er plötzlich nieder, die Tränen schossen ihm über die Wangen …« Dennoch war die Probenarbeit schwierig gewesen: »Ja, Sie können die Noten lesen, das weiß ich«, meinte der Maestro, »… aber das ist nicht Mahler, das Mahler-Feeling fehlt. Jedes Tremolo muss das Maximum sein …« Schließlich konnte Lenny die Wiener Philharmoniker von Mahlers Musik überzeugen. Er war begeistert. Jeder wurde abgeküsst – und wischte sich schnell das Gesicht ab. Der Klarinettist Peter Schmidl nicht. Er meinte schmunzelnd: »Immerhin ist es der Schweiß vom Bernstein ...«

Für Leonard Bernstein war es eminent wichtig, Gustav Mahler in Wien aufzuführen. Er war für ihn d e r Komponist dieser Stadt. Hier war er verhöhnt, aus ihr war er verbannt worden. Leonard Bernstein hat Gustav Mahler weltweit populär gemacht. Sein Freund und Förderer Dimitri Mitropoulos war viele Jahre davor der Erste gewesen, der versucht hatte, Mahler dem Publikum näherzubringen. Fünfzig Jahre nach dem Tod Gustav Mahlers leisteten Bernsteins Aufführungen den wesentlichen Beitrag zum endgültigen Erfolg. Danach wurde jedes Mahler-Konzert an Leonard Bernstein gemessen. Zwischen 1960 und 1967 nahm er mit den New Yorker Philharmonikern den ersten Mahler-Zyklus der Schallplattengeschichte auf. Dadurch avancierte Gustav Mahler, dessen Werke Musiker und Publikum noch heute polarisieren, zum »Ideal aller geschundenen Seelen«.

KAPITEL 50

Let's go to Gustl

*Wenn es je einen Komponisten gab, von dem man sagen kann,
er sei der Komponist seiner Zeit gewesen, dann war es Gustav Mahler.
Prophetisch war er nur insofern, als er bereits wusste,
was die Welt erst ein halbes Jahrhundert später wissen und
sich eingestehen würde.*

B ernsteins Wiener *Busenfreundin*, die Verlagsmanagerin Renate Wunderer, erinnert sich an Lennys Seelenverwandtschaft mit Gustav Mahler – und Vanillekipferln: »Er war ein Mensch mit einer tiefen Seele und einer großen Religiosität, die er zwar nicht offen zeigte, aber von der ich wusste, dass sie tief in ihm steckt. Ich habe Leonard Bernstein bei einer Probe im Wiener Musikverein kennengelernt. Im Gegensatz zu Herbert von Karajan ließ er Publikum bei den Proben zu. So erlebte ich eine musikalische Sternstunde und sah wie Gustav Mahler und Leonard Bernstein ineinander verschmolzen. Überglücklich wollte ich ihm für die große Freude, die er mir bereitete, etwas schenken. Als ich eines Tages von einer Probe nach Hause kam, fragte ich meine Mutter – sie schob gerade ein Blech mit Vanillekipferln ins Backrohr –, was ich ihm denn schenken könnte. ›Vanillekipferln‹, sagte sie sofort. Und so kam es auch: ›You give me good music – I give you good sweets. Thank you!‹, schrieb ich auf meine Visitenkarte und steckte sie in ein Cellophansackerl zu den Vanillekipferln. Vor dem Aufzug im Musikverein wartete ich auf ihn und überreichte ihm Mutters Spezialität. Lenny war begeistert: ›Thank you, diese Süßigkeiten erinnern mich an meine russische Großmutter. Sie hat sie immer zu Pessach gemacht. Das ist der Geschmack meiner Kindheit, jetzt bin ich plötzlich fünfzig Jahre jünger …‹ Daraufhin hat sich Lenny bei meiner Mutter mit einer Konzertkarte, einem Blumenstrauß und einem Gedicht bedankt, und sie wurde für ihn zur *Queen of the cookies*. Diese *Vanillekipferl-Connection* dauerte mehr als zwanzig Jahre und entwickelte sich zu einer echten Freundschaft.

Später war ich mit ihm einmal in der Wiener Synagoge. Das war unvergesslich. Es war an einem Freitag nach einer Probe, wir sind in den Tempel gegangen, in dem er noch nie zuvor war. Man konnte seine Empfindungen und seine Religiosität sehen und spüren. Ein ähnlich großes Erlebnis hatten wir an einem Herbstnachmittag am Grab von Gustav Mahler. Damals ist bei den Proben zu einem Mahler-Konzert alles schiefgelaufen. Lenny war sehr bedrückt, ich ging in sein Künstlerzimmer, legte den Arm um ihn und drückte ihn an meinen Busen. Wir rauchten eine Zigarette, Lenny trank aus seinem silbernen Becher Whisky und erzählte mir alle Einzelheiten dieser verunglückten Probe. Spontan schlug ich ihm vor, mit meinem klapprigen Puch 500 zum Grab Gustav Mahlers zu fahren. Er sah mich nachdenklich an und meinte: ›Let's go to Gustl. Yes, Renate, let's go to Gustl.‹ Wir sind durch den Hintereingang aus dem Musikverein hinaus und mit meinem winzigen Auto zum Grinzinger Friedhof gefahren, Gruppe sieben, Reihe zwei, ein schlichter Grabstein, entworfen von Josef Hoffmann. Berührt ist Lenny vor dem Grab gestanden, hat meine Hand genommen, einen Stein auf das Grab gelegt und auf das kleine Gänseblümchen auf dem gepflegten grünen Rasen des Grabes gezeigt: ›Schau, Renate, Gustl schickt uns eine Nachricht.‹ Auf einmal begann er zu dirigieren und zu singen und es schien, als würde er mit Mahler sprechen. Lenny wurde Gustav Mahler. Es war gespenstisch schön. Er wirkte erschöpft und glücklich zugleich. ›Danke, Renate, mein ganzes Leben habe ich mich mit Gustav Mahler beschäftigt, heute bin ich ihm zum ersten Mal begegnet.‹«

KAPITEL 51

Menschliche und musikalische Naturgewalt

Was tun, wenn der Verstand stehenbleibt?
Man belebt ihn mit der Kühnheit seiner Fantasie.

1987 lernte auch der Wiener Arzt Christoph Zielinski Bernstein kennen, zu einer Zeit, als die Aids-Epidemie unter den Intellektuellen New Yorks und vielen Freunden Lennys wütete: »Ich habe Leonard Bernstein durch unseren gemeinsamen Freund und seinen Wiener Rechtsberater Dr. Friedrich Willheim und seine Frau Sigrid kennengelernt. Sie waren ohne Zweifel seine nächsten Freunde in Wien. Stets elegant in Haltung, Wortwahl und Erscheinung war unser Fritzi Lennys Alter Ego. Doch er hielt sich – im Gegensatz zu vielen schrillen Figuren, die so typisch für Wien sind, und von denen mir ganz besonders eine bedeutungslose in bester Erinnerung ist – immer im Hintergrund. Und drängte sich niemals auf, um, im Gegensatz zu diesen Gestalten, vielleicht vom bloßen Moment der Nähe zu einem Weltstar zu profitieren.

Der Grund meiner Begegnung mit Lenny war mein Beruf, nachdem zuerst jemand von seiner stets allgegenwärtigen Entourage, und dann auch er selbst medizinische Hilfe in kleiner medizinischer Dimension brauchte. Ich wurde ins Hotel Bristol bestellt. Erst nach Studium der Liste von Personen, die vorgelassen wurden, durfte ich mit dem Lift in Lennys Suite fahren. Natürlich war ich überwältigt und als junger Dozent medizinisch bis an den Rand meiner damaligen Kompetenz gefordert.

Ich war von seiner physischen Kleinheit überrascht, gleichzeitig aber von seinem Charisma und der unerhört tief angesetzten, sehr resonanzhaften Sprache unerhört angetan. Später habe ich die große Dimension seines Humanismus und seiner aufrichtigen Zuneigung zu Menschen verstanden. Das Treffen war auf Grund der medizinischen Einfachheit erleichternd und führte zu einem ganz, ganz langen Gespräch. Im Hintergrund spielte einer der Mitglieder seiner Entourage Klavier. Ein Mann namens Craig. Lenny rauchte ich-weiß-nicht-wieviel Zigaretten und trank ebenso ich-weiß-nicht-wieviel Gläser Whisky.

Aus diesem kleinen Treffen entwickelte sich eine tiefe – wie ich glaube – gegenseitige Sympathie, die bei dieser ersten Begegnung auf einer Vielzahl von Witzen aufgebaut war, die wir einander erzählten, viel lachten, und die es mir ermöglichte, die wahre menschliche und musikalische *Naturgewalt* Bernstein kennenzulernen. Doch daneben war Lenny ein politisch engagierter Demokrat (im U.S.-Sinn), sozial denkender Humanist und ein großer Bekenner zum Judentum.

Bei zukünftigen Besuchen Lennys in Wien war ich automatisch auf der beim Portier aufliegenden Liste von Leuten vorgemerkt, die ihn besuchen durften. Es gab unendlich viele Treffen und Einladungen, die für diesen wunderbar charismatischen, liebenswürdigen Menschen arrangiert wurden. Bernsteins Proben, zu denen er mich mitnahm, haben mich musikalisch für mein Leben verdorben, weil ich noch immer die überwältigende Musikalität dieses Mannes suche. Noch immer habe ich Passagen im Ohr, von denen ich überzeugt bin, dass sie nur so dirigiert gehören.

Wenn Lenny nach Wien kam, war immer klar, dass ich nicht mehr als drei bis vier Stunden pro Nacht schlafen würde. Unendlich viele Geschichten gäbe es zu erzählen, davon vielleicht nur drei: Marcel Prawy war ein großer Freund von Lenny, und damals schon von einer überwältigend charmant-humorvollen Art. Für ihn hat Lenny einen Aufkleber für die Rückscheibe seines Autos mitgebracht, auf der *Sexy Senior Citizen* stand. Bei einem der Abendessen, die nie enden wollten, Marcel Prawy war auch dabei, sagte Lenny *now!* Wir sind hinausgegangen, und haben auf Prawys Autoscheibe die Aufschrift aufgeklebt.

Bei einem Empfang in der amerikanischen Botschaft hat eine relativ erst jüngst prominent verwitwete Dame sich an Lenny herangemacht, der dann zu mir sagte: ›Don't leave me and sit with me.‹ Jedenfalls hat diese Dame während des Abendessens immer wieder versucht, an ihm unter dem Tischtuch herumzufummeln, was dann im Ausruf ihrerseits mündete: ›Marry me!‹ Daraufhin Lenny: ›Can you do gefillte Fish?‹ Darauf sie: ›I would never touch fish‹, daraufhin Lenny: ›You just blew it …‹

Vor einem Konzert wurde ich gegen 18 Uhr 30 angerufen, Lenny hätte Schmerzen im Ellbogen und könne daher nicht dirigieren. Ich solle kommen, um das Problem zu lösen. Ich hab' dann im Bristol eine kleine Infiltration vorgenommen, er schon im Frack, die Entourage im dunklen Anzug. Wir saßen im Kreis und er kommentierte alle paar Minuten: »It does not work.« Ich war mit den Nerven völlig runter, nachdem mir klar war, dass das Konzert bedroht war. Jedenfalls hielten die Schmerzen um 19 Uhr 15, 19 Uhr 30 und 19 Uhr 45 noch an. Um 19 Uhr 50 sagte er: ›I think, I can do it now.‹ Wir sind dann über den Ring zum Musikverein geeilt, wo ich in der Garderobe gewartet habe. Das Konzert hat um 20 Uhr 10 vor einem mit einem Aufschrei Lenny begrüßenden Publikum stattgefunden.

Diese anfangs fröhlichen Zeiten wurden allerdings bald von dunklen Wolken überschattet: Der zunehmenden und zunehmend quälenden Atemnot, unter der Lenny litt, und die es notwendig machte, ihn während der Pausen entsprechend zu versorgen, der Aids-Epidemie, die immer mehr Leben unter den Intellektuellen New Yorks und vielen Freunden Lennys forderte, und die tiefe Trauer über die gesamte Szene legte, und der Unsicherheit, wie sich die Welt Ende der 1980er-Jahre entwickeln würde. Gerade da dirigierte Lenny eines seiner letzten großen Konzerte. In Prag, aus Anlass der Befreiung von der kommunistischen Herrschaft. Das war zwar ein großartiges Fest, bei dem wir uns aber bewusst waren, dass wegen seiner quälenden Atemnot und der daraus resultierenden Notwendigkeit der Lebensänderung wir uns nicht mehr wiedersehen würden. Immerhin heißt aber eines meiner Kinder zur nicht verblassenden Erinnerung Lenny.«

KAPITEL 52

Popgigant und Bundeskanzler

Vor fünf Jahren wusste ich noch alles –
all fucking age.

Leonard Bernstein überraschte seine Entourage rund um Mana-ger Harry Kraut immer wieder mit ausgefallenen Aufträgen. Doch im August 1986 hatte der Maestro in Los Angeles einen ganz speziellen Geburtstagswunsch: Er suchte eine Begegnung mit einem Musikgenie der anderen Art. Michael Jackson sollte sein Konzert in der Royce Hall besuchen. Lenny war von der größten Popsensation der vergangenen Jahrzehnte, seiner androgynen Schönheit und sei-nen spektakulären Bühnenshows beeindruckt. Michael Jackson hatte gerade mehrere Grammys gewonnen und eine ausverkaufte Welttournee hinter sich. Und sein Megahit *Thriller* war mit sechzig Millionen verkauften Exemplaren am Weg zum meistverkauften Album aller Zeiten.

Michael Jacksons Produzent, der Jazz-Trompeter und Bandlea-der Quincy Jones, sagte für den damals erfolgreichsten Entertainer der Welt ab: »Sorry, Michael hat keine Zeit ...« Bernstein schnaubte vor Wut: »Sagen Sie Herrn Jackson, ich *befehle* ihm, morgen zur Royce Hall zu kommen.« Jackson kam tatsächlich. Und war über-wältigt. Auch von den Luftsprüngen Lennys, die manchmal fast einen Meter hoch waren. Seine exaltierte Art zu dirigieren kam an diesem Abend den Auftritten Michael Jacksons sehr nahe. In der Pause umarmte Bernstein den 28-jährigen Musiker, der scheinbar in einer anderen Welt zu Hause war, hob ihn hoch und küsste ihn leidenschaftlich auf den Mund. Nachdem er langsam wieder zu Luft gekommen war, Hut und die Sonnenbrille wieder zurechtgerückt waren, versuchte Michael seine Verlegenheit durch eine Frage zu überspielen. Mit seiner knabenhaften Stimme fragte er schüchtern: »Verwenden Sie eigentlich immer denselben Taktstock?«

Beim gemeinsamen Dinner danach konnte sich der Popgigant kaum der Umarmungen Lennys erwehren. Überschwänglich hob er ihn hoch und küsste ihn auf den Mund. Bernstein überschüttete seinen neuen Freund mit Komplimenten, er sei »der mit Abstand faszinierendste Popkünstler seit den Beatles«. Der Musiker David Pack, der gemeinsam mit Quincy Jones die Begegnung der Musikgiganten organisiert hatte, erinnerte sich Jahre später in seinem Blog auch, dass Lenny spätnachts Michael Unterricht im Dirigieren gab und die beiden bereits Pläne für einen gemeinsamen Auftritt schmiedeten. Doch es sollte nie dazu kommen.

Ende der 1980er-Jahre dirigierte Bernstein immer seltener in Amerika. Er unternahm eine Tournee mit den israelischen Philharmonikern und trat mit den Wienern bei den Salzburger Festspielen auf, nahm in Wien einen *Sibelius*-Zyklus und in Rom *La Bohème* für die Deutsche Grammophon auf. 1987 dirigierte er fünf Mahler-Symphonien innerhalb von sieben Monaten. In Amsterdam die *Erste* und *Vierte*, in New York die *Zweite* und *Dritte* und in Wien die *Fünfte*. Körperliche Schwäche und das Vergessen belasteten Lenny immer mehr: »Vor fünf Jahren wusste ich noch alles – all fucking age.«

Und immer mehr zog es Lenny nach Deutschland. Der Pianist und PR-Meister Justus Frantz, auch »Frantz-Dampf in allen Gassen« genannt, hatte 1986 das Schleswig-Holstein Festival mit Hilfe des Ministerpräsidenten Uwe Barschel gegründet: Tanglewood-Feeling in einer ehemaligen preußischen Provinz. Der weltweit gut vernetzte Musiker brachte mit Klassikstars wie Sergiu Celibidache, Swjatoslaw Richter und Georg Solti internationalen Glanz in provinzielle norddeutsche Scheunen und Gutshöfe, Schlösser und Reitställe.

Ab 1987 unterrichtete Leonard Bernstein hier drei Sommer lang junge Musiker. »Er übernahm die Rolle des Sokrates«, schrieb Humphrey Burton, »nach den Vormittagsproben pflegte er mit einem Dutzend kräftiger junger Männer zu einem der vielen Seen in der Umgebung zum Schwimmen zu gehen. Er wohnte in dem prächtigen Herrenhaus der mit Justus Frantz befreundeten Familie Reventlow … jeden Sommer beschied er sich auf fast kindliche Weise für ein paar Wochen mit diesem einfachen Leben.« Moritz

Graf zu Reventlow erinnert sich: »Nachts ging's richtig rund. Vor drei, vier Uhr früh war die Party nie zu Ende. Die Jungen lagen ihm am Herzen, gaben ihm die Kraft der frühen Jahre zurück. Während der Proben saßen die jungen Musiker wie die Jünger von Jesus rund um ihn. Auch bei Picknicks, die Bernstein zwischen den Proben spontan einberief.«

Mit Helmut Schmidt, einer der prägendsten Persönlichkeiten Deutschlands, pflegte Bernstein eine viele Jahre lang anhaltende Freundschaft. Der Politiker, Publizist, Philosoph Schmidt faszinierte ihn von Anfang an. Immer wieder war Leonard Bernstein im Kanzler-Bungalow zu Gast. Man trank Whisky, rauchte reichlich, es gab gute Gespräche. Und der Meister spielte auf dem Schiedmayer-Flügel des Hausherrn – manchmal sang Loki Schmidt Gershwin-Melodien dazu.

Einmal vergaß man im Bungalow die Zeit. Nach einem Bonner Konzert mit dem Israel Philharmonic Orchestra erschienen der Kanzler, seine Frau und der Dirigent beim Galaempfang im Künstlerbahnhof Rolandseck mit stundenlanger Verspätung. Mehr als hundert Jahre zuvor hatte sich in diesem Bahnhofsgebäude in Remagen am linken Rheinufer alles, was in Europa Rang und Namen hatte, getroffen. Gegen zwei Uhr morgens trafen nach dem Besuch des Kanzler-Bungalows Lenny und die Schmidts ein. Die meisten Gäste waren längst gegangen. Eilig wurde für Loki Schmidt aus der Tischdekoration ein Strauß zur Begrüßung zusammengerafft, den Leonard Bernstein überreichen durfte.

Nach der Wahlniederlage der SPD im März 1983 zog Helmut Schmidt Anfang Mai in die Führungsetage der Wochenzeitung *Die Zeit* ein, in das Zimmer 605 im Pressehaus am Speersort. Als *Zeit*-Herausgeber führte er 1985 mit seinem Freund Bernstein, der »die Welt und die Menschen erlebt und über sie nachgedacht hatte«, ein ausführliches Gespräch über Glaube und Liebe, über Kriege und Rassenkonflikte, Beethoven und Jazz – und über Bernsteins erste Begegnung mit ehemaligen Nationalsozialisten 1948 in Deutschland: »Ich war damals noch keine dreißig. Ich hatte noch nie einen Nazi kennengelernt. Ich wusste nicht, ob sie Hörner hatten, oder drei Beine und vier Arme. Ich wusste nichts davon. Nur aus Filmen, aus dem Radio und aus Zeitungen ... Das Orchester, mit dem ich in München spielte, war die erste Gruppe von Nazis ... Wir haben eine Stunde lang geprobt. Sehr schwierige harte Arbeit. Dann Zigarettenpause. Und jetzt plötzlich kamen sie, um mir Feuer zu geben oder meine Jacke zu halten. Diese plötzliche Verwandlung einer bis dahin ganz feindseligen Gruppe war unglaublich ... Und sie spielten wunderbar. Es wurde ein Triumph.«

Im August 1988 organisierten die Bostoner Symphoniker in Tanglewood anlässlich Leonard Bernsteins siebzigsten Geburtstags einen viertägigen Feiermarathon. 8000 Zuhörer und Millionen Fernsehzuschauer erlebten ein bewegendes Fest mit Stars, die aus der ganzen Welt angereist waren. Mstislaw Rostropowitsch, der am selben Morgen noch in Sizilien gewesen war, wurde mit einem Privatjet eingeflogen. Seiji Ozawa dirigierte, Christa Ludwig debütierte als Operettensängerin mit dem Lied *Old Lady's Tango* aus *Candide*, und auch Lauren Bacall, die lasziv auf einem Barhocker sitzend sang, Yo-Yo Ma, Patti Austin, Bobby McFerrin und Quincy Jones begeisterten Lenny, der sich wie in Trance zelebrieren ließ, und seine Mutter Jennie, die neunzigjährig an der Feier teilnahm.

1989, Leonard Bernstein war inzwischen 72 Jahre alt, sollte ein einschneidendes Jahr für Europa, für die Welt werden. Eine Zeit der Hoffnung. Mit großen Gesten und Gefühlen, die Leonard Bernstein ja ein Leben lang geliebt hatte. Niemand hatte sich noch Monate zuvor träumen lassen, dass sich eine politische Weltordnung, die Europa Jahrzehnte geprägt hatte, gewaltfrei auflösen könnte. In den osteuropäischen Staaten stand plötzlich das kommunistische Regime vor dem Zerfall. Perspektiven für eine freiere, demokratische Zukunft bewegten die Menschen. Die ganze Welt blickte auf Berlin, das zum Symbol dieser veränderten Zeit wurde, sie blickte auf eine Stadt in Euphorie: Die Mauer wurde demoliert. Jubelnd brachen sich die Menschen ein Stück heraus. Auch Leonard Bernstein. Mit Justus Frantz schritt er am 24. Dezember, dem ersten Tag der Visumfreiheit, durch das wiedereröffnete Brandenburger Tor, von mehreren Fernsehteams publikumswirksam begleitet.

Für Leonard Bernstein war es selbstverständlich, in diesen Tagen der Hoffnung etwas beizusteuern, ein musikalisches Denkmal für den Mauerfall: Am Weihnachtstag des Jahres 1989 dirigierte er am ehemaligen Ostberliner Schauspielhaus Beethovens *Neunte Symphonie* mit einem multinationalen Orchester, mit Musikern aus beiden Teilen Deutschlands und von den ehemaligen vier Besatzungsmächten: Freund und Feind von früher vereint in der Stadt des Mauerfalls. Bernstein nahm am berühmten Finalsatz kurzerhand eine Textänderung vor. Statt *Ode an die Freude* hieß es *Ode an die Freiheit.* »Ich bin sicher, dass Beethoven uns den Segen gegeben hätte. Es lebe die Freiheit!«, meinte Bernstein nach dem Konzert, das vom Publikum bejubelt und in zwanzig Länder übertragen wurde. Berlin erlebte eine überwältigende Stimmung des Aufbruchs. Ausgiebig feierte Lenny mit. Acht junge Fans aus Köln schliefen am Gang vor der Hotelsuite des müden Maestros.

Der bewegende Auftritt von Berlin sollte eines der letzten Konzerte Leonard Bernsteins werden. Sein physischer und psychischer Zustand wurde immer fragiler. Die Kräfte verließen ihn langsam. Seine frühere Energie wurde von Erschöpfung abgelöst, sein Gesicht von tiefen Falten durchfurcht, sein Blick der immer tiefer liegenden Augen unruhig, sein Körper wirkte immer gebückter. Stechende Schmerzen in der Lunge setzten ein. Einem deutschen Radioreporter gestand er nach dem kraftraubenden Konzert: »Ich merke es, ich werde jetzt alt. Ich bin sehr eifersüchtig auf meine bleibenden Jahre. Wie viele es sind, weiß ich nicht – aber mit sechzig fängt man an, eifersüchtig zu werden …«

KAPITEL 53

Musikalischer Traumtänzer

Hoffnung, Hoffnung im Windschatten meiner Verzweiflung,
hat mich mitgerissen.

Leonard Bernstein war ein Mensch, der zwischen grenzenlosem Optimismus und Phasen tiefster Verzweiflung pendelte, schillernd, aber auch hochsensibel, ein Bonvivant, trotz unglaublicher Disziplin. Er konnte sich in der Musik verlieren, das half ihm über private Spannungen hinweg. Immer war er emotional hochtourig unterwegs. Bereits am Beginn seines musikalischen Lebens offenbarte sich für Leonard Bernstein der Zwiespalt, der ihn ein Leben lang begleiten sollte: zwei Leidenschaften, zwischen denen er sich hin- und hergerissen fühlte: dirigieren oder komponieren? Als Dirigent erlebte man ihn ganz in seinem Element, voller Energie, Emotionalität und Empathie, in Seligkeit versunken, wenn das Finale einer Symphonie erreicht war. Sein Wunsch, mit Musik die ganze Welt zu umarmen, zog sich durch sein ganzes Leben. Gemeinsam mit seinen Musikern hob er in den siebenten Himmel ab.

Ein Leben lang ließ sich Leonard Bernstein auf dem Podium durch nichts aus der Ruhe bringen, auch nicht durch das letzte massive Erdbeben in Wien vor 45 Jahren. Am 16. April 1972 dirigierte Lenny vormittags im Großen Musikvereins-Saal Gustav Mahlers *Fünfte Symphonie*. Plötzlich begann es zu beben. Das Publikum im Saal sprang auf, kletterte über Stühle, versuchte schnell zu flüchten. Auch die Wiener Philharmoniker ergriffen die Flucht. Nur der Maestro blieb stoisch stehen, versunken in Mahlers Welt. Rund fünf Sekunden dauerten die Bodenbewegungen. Sie hatten eine Heftigkeit, die man zuvor in Österreich jahrzehntelang nicht mehr erlebt hatte. Ein Teil des Paul Troger-Deckenfreskos in der Mariahilfer Kirche stürzte während der Predigt in den Altarraum. Riesige Stücke der Balustrade an der Wiener Universität fielen herab, eingestürzte Kamine blockierten den Verkehr. Die Feuerwehr musste mehr als achthundertmal ausrücken. Im Musikverein dirigierte Leonard Bernstein weiter.

Auch als Komponist konnte Leonard Bernstein Erfolge erzielen. Doch er litt immer darunter, nie genügend Zeit zum Komponieren ernster Musik zu haben. Und musste mit herben Enttäuschungen fertigwerden. Er hetzte ein Leben lang rast- und ruhelos um die Welt und komponierte im Taxi, im Flugzeug, am Bahnhof – und vermutlich auch noch auf der Toilette. Obwohl er mehrere Symphonien und Orchesterstücke schrieb, konnte keines dieser Werke mit dem Erfolg seiner Musicals, vor allem der *West Side Story*, mithalten. Leonard Bernstein wollte jedoch nicht als Musicalkomponist in Erinnerung bleiben, sondern hätte sich gerne als Nachfolger Gustav Mahlers gesehen. Er wollte immer die große Oper, die große Symphonie schreiben, war immer auf der Suche nach dem *großen Stück*, konnte es aber nie verwirklichen.

Man hat Bernstein immer wieder – wie Gustav Mahler – den Vorwurf der *Kapellmeister-Musik* gemacht. Das störte ihn nicht. »Es gibt achtbare Dirigenten, die jedes Stück mit übereifriger Langsamkeit zelebrieren, kein Forte darf die ertiftelte Ewigkeit unterbrechen. Man hört lauter Strukturen: Röntgenaufnahmen der Partitur. Was diese Strukturen tragen an Musik, Leben, Leiden, Geist – darauf wollen solche Dirigenten nur ungern eingehen ...«, meinte Kritikerlegende Kaiser, »aber zur musikalischen Klangrede entschließen sie sich kaum. Mit solchen Exzentrizitäten hat Leonard Bernstein nichts zu tun.«

»Es war ein unvergleichliches Erlebnis. Anstrengender, aufregender, spannender und schöner kann die Nachgestaltung von Musik nicht sein«, schrieb Karl Löbl, als Bernstein 1975 in Salzburg Gustav Mahlers *Achte Symphonie* dirigierte. Wie nach jeder Aufführung einer Mahler-Symphonie fühlte sich Bernstein erschöpft und ausgelaugt. Auch dieses Mal in Salzburg. Bundeskanzler Bruno Kreisky veranstaltete für den Maestro, der gerade 57 Jahre alt wurde, eine große Geburtstagsfeier, zu der aus Amerika die ganze Familie Bernstein eingeflogen wurde. Doch sie – und Österreichs Hautevolée aus Kultur, Politik und Wirtschaft – mussten warten. Die Erholungsphase nach Mahler dauerte für Bernstein immer länger.

In einem Gespräch mit dem CBS-Produzenten Robert Chesterman beschrieb Bernstein die Schwierigkeit, Gustav Mahler zu dirigieren: »Die Fähigkeit durchzuhalten, des Aufrechterhaltens der erforderlichen Intensität, Konzentration und physischen Energie. Die Spannung, die Nervenkraft, die nötig ist, um ein großes Mahler-Stück von Anfang bis Ende zu tragen.«

Es gelang Leonard Bernstein als musikalischem Traumtänzer, die Antipoden E- und U-Musik auf natürliche Weise zu verbinden. Zwischen Musical und *Fidelio*, mit dem Spielbein am Broadway, mit dem Standbein an der Met. Für den Komponisten William Schuman durchmaß Bernstein die »bemerkenswerteste Karriere der Musikgeschichte.«

Leonard Bernstein hatte schon immer »Worte genauso geliebt wie Noten«. Diese Behauptung des großen Bewunderers von Goethe und Heine, W. H. Auden und Vladimir Nabokov fand die Bestätigung in seinen aufgeschriebenen Gedanken, in den oft zitierten Bernstein-Bonmots, seinen Gedichten und Büchern. Den großen Geiger Isaac Stern faszinierte am meisten Bernsteins Geist: »Jeden Augenblick nimmt er neue Erfahrungen und neues Wissen in sich auf und das bereichert unaufhörlich den unglaublich großen Speicher des angesammelten Wissens.«

Seine Fernsehreihe *Young People's Concerts* mit den New Yorker Philharmonikern schrieb Kulturgeschichte. Anhand des Beatles-Songs *And I Love Her* oder *You Really Got Me* von den *Kinks* weckte er bei Kindern und Jugendlichen locker und entspannt Musikinteresse. Er wollte seine Besessenheit, seine Fantasie, seine Leidenschaft immer weitergeben. Vor allem die Jugend lag ihm am Herzen: »Seid ihr bereit und tapfer genug, euren Verstand aus den Zwängen zu befreien, die wir Älteren ihm aufgezwungen haben? Seid ihr bereit, anzuerkennen, dass das Leben des Geistes Vorrang vor dem tätigen Leben hat und dieses bestimmt?«, fragte er im Mai 1980 in einer flammenden Rede an der Johns Hopkins University in Baltimore und versuchte die Absolventen zu einem Wunschtraum von Frieden, weltumspannendem Einklang, zu stimulieren. Er forderte sie auch auf, niemals ihre Fantasien aufzugeben.

KAPITEL 54

Good bye, Lenny

Das Leben ist eine endlose Folge
von Überraschungen, und wenn ich einmal aufhören sollte,
überrascht zu sein, mache ich Schluss …

Beim allerletzten Auftritt Bernsteins im August 1990 in Tangle-wood, wenige Tage vor seinem 72. Geburtstag, merkte man an seinen kraftlosen Gesten, wie schwach er sich schon während der letzten Wochen gefühlt haben musste, wie stark der stechende Schmerz in der Lunge war. Einige Monate zuvor hatten Ärzte bereits versucht, mit einer Strahlenbehandlung ein Mesotheliom, einen bösartigen Tumor, der das Brustfell angreift, zu bekämpfen. Während des Scherzos des dritten Satzes der Beethoven *Symphonie No. 7* begann Bernstein nach Atem zu ringen und hustete immer wieder mit schmerzverzerrtem Gesichtsausdruck in sein Taschentuch. Er hielt sich am Geländer fest, dirigierte die Bostoner Symphoniker nur mehr mit den Augen, den Knien und den Schultern. Doch er schaffte es, mit höchster Anstrengung, das Konzert zu beenden. Als Leonard Bernstein schweißüberströmt mitten während der Ovationen die Bühne verließ, ahnte man das nahe Ende des Musikers. Die lange geplante Europatour durch sechs Städte war längst abgesagt. Erst wieder im Dezember, nach vier Monaten Ruhepause, war der nächste Auftritt geplant: mit den New Yorker Philharmonikern. Knapp zwei Monate nach dem Konzert in Tanglewood starb Leonard Bernstein im Alter von 72 Jahren.

Im Frühsommer desselben Jahres während der Gründung des Pacific Music Festivals in Sapporo, einer japanischen Tanglewood-Version, ahnte der schon von seiner schweren Krankheit gezeichnete Bernstein das nahende Ende und meinte voller Pathos: »Ich möchte die mir verbleibende Kraft und Zeit, die mir Gott noch gewährt, der Ausbildung junger Menschen widmen. Was immer ich über Musik weiß und die Beziehung zwischen Kunst und Leben, und was immer ich über mich selbst und die Selbstfindung weiß, will ich kommunizieren. Wenn mir das gelingt ... bin ich ein glücklicher Mann.«

Leonard Bernstein hatte immer wieder den Wunsch geäußert, während des Dirigierens zu sterben. Aber als er merkte, dass es so weit war, zog er sich in sein Appartement Nr. 23 im Dakota Building am New Yorker Central Park zurück und weigerte sich, ins Krankenhaus zu gehen. Fast zwanzig Jahre hatte Bernstein im Dakota Building gelebt. In diesem traditionsreichen Gebäudekomplex wohnten unter anderem auch Judy Garland und Judy Holliday, Sting und Rudolf Nurejew – und John Lennon. Er war am 8. Dezember 1980 in der Nähe des Dakota-Eingangs erschossen worden. Kurz vor elf Uhr abends war damals Bernsteins Haushälterin in den Salon gerannt gekommen, sie hätte in der Küche mehrere Schüsse gehört. Lenny und seine Tochter Jamie hatten sich auf den Boden geworfen.

Am 9. Oktober 1990 gab Margaret Carson, Leonard Bernsteins offizielle Sprecherin, bekannt, er werde nie wieder dirigieren. Die Ärzte hätten ihm strikt verboten, je wieder ein Orchester zu leiten. Das Neujahrskonzert 1992 mit den Wiener Philharmonikern war bereits fixiert worden. Bernstein meinte, er werde nur mehr komponieren und seine Memoiren schreiben. Er berührte die Musikwelt mit einer finalen Bemerkung: »Ich habe Gott verloren und fürchte mich vor dem Sterben ... wenn man aufhört, das Leben zu lieben, wenn die Last des Todes alles bestimmt, was soll es dann noch, alles ist so sinnlos. Liebe ruft Tränen hervor, aber ich kann nicht weinen.«

Ein paar Tage später las ihm sein Geliebter Aaron Stern, der ihn bis zu seinem Ende voller Liebe und Verständnis begleitete, während des Abendessens Verse des persischen Dichters Dschalaleddin Rumi aus dem 13. Jahrhundert vor, darunter auch ein Gedicht, das der Gründer des *Ordens der tanzenden Derwische* auf seinem Sterbebett geschrieben hatte: »Heute Nacht sah ich im Traum einen alten Mann in einem Garten. Es war alles Liebe. Er streckte die Hand aus und sagte: Komm zu mir.« In einem seiner Gedichte, die in der *Times* erschienen sind, schrieb Leonard Bernstein: »Ich glaube, ich habe bereits fünf Leben gelebt ...« Auch er hatte sich jetzt auf den Tod und das Jenseits eingestellt. Während der letzten Monate meinte er immer wieder, er sei bereit zu sterben. Er hätte es geliebt, strahlender Mittelpunkt der Öffentlichkeit zu sein, aber allmählich sei die Zeit gekommen: »Jetzt habe ich genug, Leonard Bernstein zu sein.«

Der junge chinesische Komponist Bright Sheng erinnert sich an seinen Besuch bei Bernstein zwei Stunden vor seinem Tod: »Als ich in sein Zimmer ging, hörte er einen Live-Mitschnitt des Violinisten Yo-Yo Ma. Rachmaninow. Und summte mit. Sah auf, war in sich versunken und wir sprachen über viele Dinge. Er wirkte wach – sogar witzig. Ich war glücklich für ihn, in diesem Moment.« Um 18 Uhr 15 des 14. Oktober 1990 war das Leben Leonard Bernsteins zu Ende. Sein Sohn Alexander, der im Nebenzimmer ein Footballspiel verfolgte, wurde vom Arzt Kevin M. Cahill an das Sterbebett Bernsteins geholt: »He just passed away«, er ist gerade verstorben. »Akutes Herzversagen«, gab Dr. Cahill als Todesursache bekannt, »verursacht durch ein fortgeschrittenes Emphysem, einen Rippenfelltumor und mehrere Lungeninfekte.«

Leonard Bernsteins Freund und jahrelanger Begleiter Craig Urquhart wurde vom Sohn Alexander gebeten, die Kleider auszuwählen, in denen Bernstein begraben werden sollte. Es war einer der dunklen Anzüge, die er immer während der Sonntagsmatineen mit den Wiener Philharmonikern getragen hatte, ferner seine Lesebrille, ein rotes Seidenstecktuch, seine Lieblingsstiefel und im Knopfloch die Auszeichnung *Kommandeur der Ehrenlegion*.

27 Jahre nach dem Tod Leonard Bernsteins erinnert sich Craig Urquhart in einem Wiener Café zwischen Staatsoper und Musikverein, wo Bernstein Triumphe gefeiert hatte: »Seine Persönlichkeit war universell. Er wollte stets ein Teil von allem sein: von den Künsten, der Wissenschaft, der Politik, der Menschlichkeit und der Liebe. Das wichtigste Wort – und das charakterisiert ihn auch vor allem –, das war für ihn die Liebe. Und jeder, der von ihm spricht, tut dies in liebevoller Art und Weise, weil er ein liebevoller Mensch war. Und es war ihm so wichtig, seinen Enthusiasmus mit so vielen Menschen wie möglich zu teilen.

Ich habe Leonard Bernstein 1967 kennengelernt, war gerade 22 Jahre alt und von Michigan nach New York übersiedelt, arbeitete als Komponist und hörte, dass Bernstein im berühmten Dakota-Building lebt, und schickte ihm dorthin eine kurze Nachricht, auf die ich schrieb: ›Lieber Maestro, ich bin ein junger Komponist, der in New York arbeitet, ich würde Sie sehr gerne kennenlernen, Sie sind so wichtig in meinem Leben …‹

Leonard Bernstein war zu dieser Zeit jedoch in Wien und arbeitete gerade am Beethoven-Zyklus. Acht Wochen später ein Anruf von seinem Sekretariat: ›Maestro Bernstein würde sich freuen, wenn Sie zu seinem Konzert mit den New York Philharmonic kommen könnten. Ein Ticket liegt für Sie beim Boxoffice. Kommen Sie dann bitte hinter die Bühne, um ihn zu treffen.‹ Das tat ich. Unglaublich, wie klein dieser Mann war. Er reichte mir gerade bis zur Brust. Er war doch ein so großer Mann … und im Fernsehen erschien er mir noch viel größer. Bernstein war sehr nett zu mir, merkte natürlich meine Nervosität und half mir darüber hinweg. Und er war offen und sehr interessiert an mir. So war er, er gab mir sofort das Gefühl, wichtig zu sein. Nach diesem Treffen dachte ich, das war's dann wohl, ich werde ihn nie mehr sehen. Doch es sollte anders kommen. Um für ihn als Assistent zu arbeiten, war es allerdings damals für mich noch zu früh, ich blieb mit seinem Manager Harry Kraut in Verbindung. Schlussendlich begann ich Ende 1985 für Leonard Bernstein zu arbeiten und blieb die letzten fünf Jahre seines Lebens sein persönlicher Assistent.

Er war ein Mann mit großem politischem Engagement und bei einem seiner letzten Konzerte in Deutschland – anlässlich des Falls der Berliner Mauer – drückte er dies auch aus. Mauern waren für ihn stets schrecklich, immer etwas Trennendes. Er wollte Menschen zusammenbringen. Diese historischen Tage in Berlin begeisterten ihn. Und er war sehr aufgeregt. Er hasste diese großen Dummheiten der Menschen, seien es Kriege oder andere politische Fehlentscheidungen.

Nach seinem letzten Konzert in Tanglewood fuhr er nach New York in seine Wohnung im Dakota-Haus. Er saß mit einem Scotch an seinem Schreibtisch, wirkte mit sich zufrieden, war frisch rasiert, sah gelöst und entspannt aus: ›Weißt Du, Craig‹, sagte er, ›es war ein guter Plot – mein erstes Konzert war in Tanglewood und auch mein letztes. Der Kreis schließt sich …‹«

Leonard Bernsteins 92-jährige Mutter Jennie, eine »Frau mit Scharfblick und Charme« – wie sie Lenny beschrieb –, musste es erleiden, den geliebten Sohn zu begraben. Als sie von seinem Tod erfuhr, meinte sie: »Das wird mein Leben verkürzen.« Sie starb zwei Jahre nach Lenny. Seine Kinder legten ihm ein Buch in den Sarg. *Alice im Wunderland.* Und seine Freunde einen Taktstock und einen kleinen Bernstein. Und eine Partitur. Nicht eines seiner eigenen Werke, sondern Mahlers *Fünfte Symphonie*, Musik von Gustav Mahler, dessen Zerrissenheit und Weltschmerz keiner eindrucksvoller interpretiert hat als sein Bewunderer Bernstein.

Als Leonard Bernstein am 14. Oktober 1990 im Alter von 72 Jahren starb, hielt die musikalische Welt den Atem an. Die *New York Times* titelte: »The Music's Monarch died.« Das Leben eines der leidenschaftlichsten Künstler des vergangenen Jahrhunderts war zu Ende. Eines Menschen voller Vitalität und Engagement. In aller Welt wurde Bernsteins in Konzerten gedacht. »Die musikalischen Flaggen der gesamten Welt wehen auf Halbmast«, sagte Zubin Mehta am nächsten Abend zu Beginn eines Leonard Bernstein-Gedächtniskonzerts in Tel Aviv. Und es ertönte Gustav Mahler. *Fünfte Symphonie. Adagietto.*

Zwei Tage später, am 16. Oktober um 11 Uhr vormittags, fand in Bernsteins Wohnung eine Trauerfeier statt. Salon und Bibliothek hatte man in eine Aufbahrungsstätte verwandelt. Der Mahagonisarg stand vor den Fenstern zur 73. Straße. Still und gefasst nahmen Familie und Freunde Abschied. Als der Sarg aus dem Dakota-Building getragen wurde, applaudierte eine Menschenmenge auf der gegenüberliegenden Straßenseite. Zwanzig Stretchlimousinen warteten, um die Trauergemeinde an einem strahlenden Herbsttag zum Green-Wood Cementery zu bringen, zu dem Friedhof auf einem grünen Hügel in Brooklyn mit Blick über den East River. Gegenüber funkelt die Skyline von Lower Manhattan, links liegt die weite

Hafenbucht. Im Dunst der Ferne schimmert die Freiheitsstatue. »Weine nicht!«, steht auf dem 32 Meter hohen, neugotischen Eingangstor.

Neben dem Grab seiner Frau Felicia, die zwölf Jahre zuvor gestorben war, fand Leonard Bernstein seine Ruhestätte. Auf seinem letzten Weg durch New York wurde der feierliche Trauerkondukt von einer Polizeistaffel mit Sirenen eskortiert, wie es sonst nur bei Staatsbegräbnissen üblich ist. Vor dem Lincoln Center, dem Sitz der New Yorker Philharmoniker, hatte man die Fahnen auf Halbmast gesetzt. An einer Baustelle in Brooklyn nahmen – Erzählungen zufolge – einige der Bauarbeiter ihre gelben Helme ab, winkten und riefen »Good bye, Lenny.«

Falls es nicht stimmt, Leonard Bernstein hätte es jedenfalls gefreut.

Danksagung

Ich danke Gundula Janowitz, Christa Ludwig, Emilie Montjoye, Renate Wunderer, Rudolf Buchbinder, Clemens Hellsberg, Johannes Kunz, Heinz Marecek, Kurt Rydl, Otto Schenk, Craig Urquhart und Christoph Zielinski für ihre sehr persönlichen Beiträge und für die guten Gespräche, die ich mit ihnen führen durfte.

Mein Dank gilt auch Andrea Seebohm für ihre musikalische Beratung.

Und ich danke meiner Frau Angelika. Einmal mehr hat sie bei einem meiner Bücher mitgearbeitet, engagiert, professionell, Ruhe bewahrend. Und ich danke Angelika auch dafür, dass sie mir gegenüber immer, voller Liebe, kritisch bleibt.

Leonard Bernstein 1918–1990

Stationen eines bewegten Lebens

1918	Geboren am 25. August in Lawrence, Massachusetts.
1928	Erste Klavierstunden als Zehnjähriger bei Frieda Karp.
1931	Bar Mizwa in Boston.
1932	Klavierunterricht bei Helen Coates. Erster Auftritt als Pianist.
1935	Abschlussprüfung an der Boston Latin School und erster Auftritt als Dirigent an der Harvard University.
1939	Abschlussprüfung *cum laude* in Musik an der Harvard University.
1940	Dirigentenkurs bei Serge Koussevitzky in Tanglewood.
1942	Erstes Werk *Sonata for Clarinet and Piano* wird uraufgeführt. Bernstein komponiert seine erste Symphonie: *Jeremiah.*
1943	Debüt beim New York Philharmonic Orchestra in der Carnegie Hall – Vertretung für Bruno Walter.
1944	Uraufführung des Broadway-Musicals *On the Town.*
1945	Bernstein übernimmt für drei Jahre die Leitung des New York City Symphony Orchestra.
1946	Bernstein dirigiert das erste Mal in Europa – in Prag die Tschechische Philharmonie und in London das London Philharmonic Orchestra.
1947	Erste Gastspielreise nach Israel. Weitere Konzerte in Europa – Prag, Paris, Den Haag.
1948	Konzerte in Israel während des Unabhängigkeitskrieges; leitet ein aus ehemaligen Häftlingen bestehendes Orchester in einem Flüchtlingslager bei München.
1949	Vollendung der zweiten Symphonie nach einem Gedicht W. H. Audens *The Age of Anxiety.*
1951	Heirat mit der chilenischen Schauspielerin Felicia Montealegre Cohn.
1952	Geburt von Tochter Jamie Anne Maria.
1954	Premiere des Films *On the Waterfront* von Elia Kazan, für den er die Musik komponiert hatte. Erste Fernsehsendung in der Reihe *Omnibus.*
1955	Bernstein dirigiert *La Sonnambula* und *La Bohème* an der Mailänder Scala. Geburt des Sohnes Alexander.
1956	Uraufführung von *Candide.* Auszeichnung mit dem Emmy Award.

1957	Gemeinsam mit Dimitri Mitropoulos musikalischer Ko-Direktor des New York Philharmonic Orchestra. Premiere von *West Side Story*.
1958	Erste Sendung *Young People's Concerts*. Bis 1972 werden 52 weitere Sendungen produziert. Beginn der elfjährigen Amtszeit als musikalischer Direktor des New York Philharmonic Orchestra, Südamerikatournee mit Dimitri Mitropoulos.
1959	Konzertreise mit dem New York Philharmonic Orchestra durch siebzehn europäische Länder. Das erste Buch erscheint: *The Joy of Music*.
1960	Albert Einstein Award. Konzerte mit dem New York Philharmonic Orchestra anlässlich Gustav Mahlers 100. Geburtstag.
1961	Auftritt bei der Galaveranstaltung in Washington zur Wahl von John F. Kennedy mit dem eigens dafür komponierten Stück *Fanfare*.
1962	Geburt der Tochter Nina Maria Felicia. Publikation des zweiten Buches *Konzert für junge Leute: Die Welt der Musik in neun Kapiteln*.
1963	Erwerb des Landsitzes *Springate* in Fairfield, Connecticut, sowie Premiere von *Kaddish*, Bernsteins dritter Symphonie, in Tel Aviv.
1964	Beurlaubung vom New York Philharmonic Orchestra für ein Jahr.
1966	Debüt an der Wiener Staatsoper mit der ersten von sechs Aufführungen von Verdis *Falstaff*. Publikation seines dritten Buches *Von der unendlichen Vielfalt der Musik*.
1968	Dirigiert Strauss' *Der Rosenkavalier* an der *Wiener Staatsoper*. Konzerte in Jerusalem zum zwanzigsten Jahrestag der Gründung des Staates Israel. Bernstein gestaltet die musikalische Umrahmung der Trauerfeier für Robert Kennedy.
1969	Nach 939 Konzerten letzter Auftritt als musikalischer Direktor des New York Philharmonic Orchestra und Ernennung zum *Ehrendirigenten auf Lebenszeit*.
1970	Dirigiert in Wien *Fidelio* anlässlich des 200. Geburtstages von Ludwig van Beethoven. Wohltätigkeits-Party zugunsten der *Black Panthers* in seiner Wohnung.
1971	Europatournee mit den Wiener Philharmonikern. Eröffnung des J. F. Kennedy Centers in Washington mit der Premiere von *Mass*.
1973	Konzert im Vatikan zum zehnten Jahrestag der Wahl von Papst Paul VI.; Ernennung zum *Charles-Eliot-Norton-Professor of Poetry* an der Harvard University.
1974	Konzerte mit dem Boston Symphony Orchestra in Tanglewood anlässlich des 100. Geburtstages von Serge Koussevitzky. Übersiedelung ins Dakota House am Central Park West.

1975	Erster Auftritt bei den Salzburger Festspielen mit den Wiener Philharmonikern.
1976	Trennung von seiner Frau Felicia. Erstes Wohltätigkeitskonzert für Amnesty International. Veröffentlichung seines vierten Buches *Musik – Die offene Frage*.
1977	Erstes europäisches *Leonard-Bernstein-Festival* beim *Carinthischen Sommer* in Kärnten.
1978	Dirigiert am 29. Jänner *Fidelio* bei der ersten Live-Übertragung im Fernsehen aus der Wiener Staatsoper. Tod seiner Frau Felicia.
1979	Erster Besuch der Wiener Staatsoper in den USA – Konzerte im Kennedy Center und in New York. Konzerte mit den Wiener Philharmonikern in Salzburg.
1980	Uraufführung von *Divertimento* mit dem Boston Symphony Orchestra.
1981	Premiere von *Mass* an der Wiener Staatsoper. Uraufführung von *Halil* in Tel Aviv.
1982	Künstlerischer Leiter des Los Angeles Philharmonic Institute.
1983	Uraufführung von *A Quite Place* an der Houston Grand Opera.
1984	US-Tournee mit den Wiener Philharmonikern.
1985	*Lifetime Achievement Grammy Award*. Konzertreise mit dem Titel *Journey of Peace* nach Athen, Wien, Budapest und Hiroshima.
1986	Premiere von *A Quiet Place* an der Wiener Staatsoper. *Leonard-Bernstein-Festival* mit dem London Symphony Orchestra im Beisein von Queen Elizabeth II.; Eröffnung des *Schleswig-Holstein Musik Festivals*. Verleihung *Kommandeur der Französischen Ehrenlegion*.
1987	Musikpreis der Ernst von Siemens-Stiftung. Ehrenmitgliedschaft der Wiener Staatsoper.
1988	Feiern anlässlich des 70. Geburtstages in Tanglewood. Uraufführung *Arias and Barcarolles*.
1989	Anlässlich der deutschen Wiedervereinigung *Freiheitskonzert* am Weihnachtstag in Berlin.
1990	In Sapporo, Japan, Gründung des *Pacific Music Festival*. Letztes Konzert mit dem Boston Symphony Orchestra in Tanglewood am 19. August. Gestorben am 14. Oktober in seiner Wohnung im Dakota House in New York.

Bibliografie

Ames Evelyn; A Wind from the West. Bernstein and the New York Philharmonic Abroad; Houghton Mifflin Company; 1970

Ardoin John; Maria Callas und ihr Vermächtnis; Random House; 1973

Bernstein Burton; Die Bernsteins; Albrecht Knaus Verlag; 1982

Bernstein Leonard; Ausgewählte Texte; Hans Christian Meiser (Hg.); Goldmann Verlag; 1988

Bernstein Leonard; Erkenntnisse; Albrecht Knaus Verlag; 1983

Bernstein Leonard; Freude an der Musik; Taschenbuch dtv, 1963

Bernstein Leonard; Konzert für junge Leute; Albrecht Knaus Verlag; 1962

Bernstein Leonard; Von der unendlichen Vielfalt der Musik; Rainer Wunderlich Verlag; 1967

Bernstein Leonard; Von der unendlichen Vielfalt der Musik; Taschenbuch Goldmann-Schott; 1975

Bernstein Leonard; Worte mit Musik; Herder Verlag; 1992

Bernstein Shirley; Making Musik: Leonard Bernstein; Encyclopaedia Britannica; 1963

Briggs John; Leonard Bernstein – The Man, His Work and His World; Kessinger Publishing; 2007.

Bronsen David; Joseph Roth – Eine Biografie; Kiepenheuer & Witsch; 1974

Burton Humphrey; Leonard Bernstein – Die Biographie; Albrecht Knaus Verlag; 1994

Carpenter Humphrey; Benjamin Britten; Scribner's; 1993

Castiglioni Enrico; Ein Leben für die Musik – Gespräche mit Leonard Bernstein; Henschel Verlag; 1993

Cott Jonathan; Leonard Bernstein – Kein Tag ohne Musik; btb Verlag; 2013

Dusella Reinhold und Helmut Loos; Leonard Bernstein, der Komponist; Boosey & Hawkes; 1997

Ewen David; Leonard Bernstein; Bantam Books; 1961

Ewen David; Leonard Bernstein – A Biography for Young People; Chilton Company; 1960

Fischer-Dieskau Dietrich; Nachklang. Ansichten und Erinnerungen; Deutsche Verlagsanstalt; 1987

Gebhard Heinrich; The Art of Pedaling (Vorwort: Leonard Bernstein); Franco Colombo; 1963

Gould Glenn; Schriften zur Musik; Piper Verlag; 1986

Gradenwitz Peter; Leonard Bernstein – Unendliche Vielfalt eines Musikers; Atlantis Musikbuch-Verlag; 1984

Harnoncourt Nikolaus; Being; Styria Verlag; 2009

Hellman Lillian; Pentimento. Erinnerungen; Frauenbuchverlag; 1989

Holde Artur; Leonard Bernstein; Rembrandt Verlag Berlin; 1961

Horowitz Michael; Das Goldene Wien; MHM-Verlag; 2005

Kaiser Joachim; Laudatio auf Leonard Bernstein; Bayrischer Rundfunk; 26.6.1986

Kaiser Joachim; Leonard Bernsteins Ruhm; Albrecht Knaus Verlag; 1988

Kaplan Gilbert; Das Mahler Album; Verlag Christian Brandstätter; 1995

Karajan Eliette von; Mein Leben an seiner Seite; Ullstein Verlag; 2008

Kunz Johannes; Ella Fitzgerald und ihre Zeit; Langen*Müller*; 2016

Kunz Johannes; Frank Sinatra und seine Zeit; Langen*Müller*; 2015

Lang Klaus; Herbert von Karajan – Der philharmonische Alleinherrscher; M- und T-Verlag; 1992

Libman Lilian; And Music and the Close – Stravinsky's Last Years; Norton; 1972

Ludwig Christa; … Und ich wäre so gerne Primadonna gewesen; Henschel Verlag; 1994

Meneghini G.B.; My Wife, Maria Callas; Straus & Giroux; 1982

Menuhin Yehudi; Unvollendete Reise. Lebenserinnerungen; Piper Verlag; 1976

Mitropoulos Dimitri; A Correspondence with Kathy Katsoyanis: 1930–1960; 1973

Perlis Vivian; Aaron Copland, 1900–1942 St. Martin's Press; 1984

Peyser Joan; Leonard Bernstein – Die Biografie eines Musikgenies; 1987

Plaskin Glenn; Horowitz – eine Biografie; Schweizer Verlagshaus AG; 1983

Pollak Howard; Aaron Copland: The Life & Work of an Uncommon Man; Henry Holt & Comp; 1999

Rodzinski Halina; Our Two Lives; Scribner's; 1974

Rubinstein Arthur; Mein glückliches Leben; Fischer Taschenbuch; 1998

Schickel Richard; The World of Carnegie Hall; Julian Messner; 1963

Schonberg Harold C.; Die großen Dirigenten; List-Taschenbuch; 1973

Sharaff Irene; Broadway and Beyond. Van Nostrand Rhinehold; 1976

Simeone Nigel; The Leonard Bernstein Letters, Amberson Holdings LLC; 2013

Smith Moses; Koussevitzky. Town & Heath; 1947

Voltaire; Candide oder Der Glaube an die beste der Welten; Winkler-Verlag/dtv; 1986

Weiser Peter; Wien stark bewölkt; Brandstätter Verlag; 1984
Wörsching Kay; *Kay's Bistro*, Collection Rolf Heyne; 1988
Wunderer Renate; Venus von Kilo – aus dem Leben einer starken Frau; Otto
 Müller Verlag, 2007
Zeffirelli Franco; Zeffirelli. Autobiographie; Piper; 1987

Zeitungen und Magazine:
Boston Globe, Boston Herald, Daily News, Frankfurter Allgemeine Zeitung,
Harper's Bazaar, Herald Tribune, Kronen Zeitung, Kurier, LOOK, Los Ange-
les Times, Münchner Merkur, New York Post, The New York Times, Die
Presse, Der Spiegel, Süddeutsche Zeitung, TIME Magazine, The Washington
Post, Wochenpresse, Die Zeit

Personenregister

Adam, Theo 193
Adler, Ellen 119
Allen, Sanford 95
Androsch, Hannes 152
Arlt, Gusti 204
Arrau, Claudio 76, 79
Astaire, Fred 73
Auden, W. H. 84, 219
Austin, Patti 215

Bacall, Lauren 94, 215
Bach, Johann Sebastian 9, 30, 34, 69f., 101, 105, 119, 192
Baker, Russell 176
Bankhead, Tallulah 65
Barbirolli, John 59
Barlow, Howard 66
Barrymore, Ethel 65
Barschel, Uwe 213
Bartók, Béla 109f.
Baruch, Bernard 65
Baudelaire, Charles 119
Beethoven, Ludwig van 9, 34, 43, 66, 68, 78, 82, 88, 100, 104, 107, 112, 114f., 144, 148, 153, 155, 157, 164, 181–186, 196, 214, 216, 223
Begley, Louis 45
Béjart, Maurice 119
Belafonte, Harry 172
Bellini, Vincenzo 138
Bellow, Saul 173
Belmondo, Jean-Paul 120
Benny, Jack 26
Berlioz, Hector 67

Bernstein, Alexander 80, 197f., 222
Bernstein, Bezalel 17f.
Bernstein, Burton 19, 37f., 60, 185
Bernstein, Clara 25
Bernstein, Felicia (geb. Montealegre) 76, 78–81, 116, 118, 122, 139, 152, 185, 188f., 195–199, 225
Bernstein, Harry Levy (Herschel Malamud) 18–20, 22
Bernstein, Jamie 80, 197f., 221
Bernstein, Jennie (geb. Resnick) 23f., 26, 29, 33, 38, 41, 60, 78, 215, 224
Bernstein, Nina 80, 197f.
Bernstein, Sam (Schmuel Josef) 18–23, 26, 29–38, 51, 60, 63f., 80, 86, 116, 185f.
Bernstein, Schlomoh 19, 116
Bernstein, Shirley 33, 37, 40f., 65, 79, 83, 86
Berry, Walter 141f.
Bogart, Humphrey 94
Böhm, Karl 103, 144, 146, 159–161, 193f.
Boulanger, Nadia 196
Boulez, Pierre 186
Bowles, Paul 71
Brahms, Johannes 30, 43, 66, 69, 100, 105, 115, 155, 165f.
Brando, Marlon 97, 99
Brassens, George 120
Brecht, Bert 94
Briggs, John G. 67
Brinnin, John Malcolm 200

Britten, Benjamin 84
Brynner, Yul 149
Buchalter, Louis »Lepke« 52f.
Buchbinder, Rudolf 47
Burton, Humphrey 11, 109, 201, 213
Burton, Richard 149
Bush, George W. 188
Byron, George Gordon Lord 59

Cahill, Kevin M. 222
Callas, Maria 119, 135–140
Carreras, José 201
Carson, Margaret 221
Carter, Jimmy 200
Carter, Lillian 200
Caruso, Enrico 57
Cassidy, Claudia 49f.
Celibidache, Sergiu 213
Chaplin, Charlie 94
Chapman, John 134
Cherubini, Luigi 138
Chesterman, Robert 219
Chopin, Frédéric 30, 42, 69, 104, 121, 186
Chruschtschow, Nikita 118
Churchill, Winston 55, 136
Cirato, Bruno 57
Clair, René 133
Clift, Montgomery 149
Coates, Helen 31f., 76, 82, 87, 90, 119, 122
Cohn, Roy Ellwood 79
Comden, Elizabeth »Betty« 73–75
Como, Perry 99
Cooper, Gary 94
Copland, Aaron 51, 83, 199
Cothran, Tom 80, 195
Cott, Jonathan 195
Cowan, Lester 79

Cox, Donald L. 188f.
Curtis, Tony 53, 172

Dachs, Josef 48
Damm, Helene von 191
Davis, Bette 149, 172
Davis, Sammy Jr. 75, 172
Dean, James 69, 97, 99
Delius, Frederick 66
Delon, Alain 120
Dickie, Murray 143, 194
DiMaggio, Joe 65
Douglas, Michael 96
Downes, Olin 62
Dudamel, Gustavo 9
Dutschke, Rudi 181
Dvořák, Antonín 100
Dylan, Bob 9

Edens, Roger 124
Eisenhower, Dwight D. 172
Eisler, Hanns 95
Eliot, T. S. 45
Endler, Franz 143, 193
Eschenbach, Christoph 47

Feydeau, Georges 68
Fichtmüller, Hedwig 92
Fischer-Dieskau, Dietrich 141, 143
Fischer-Karwin, Heinz 157f.
Fitzgerald, Ella 27, 104, 172
Fleischmann, Ernest 182
Foster, Norman 190
Frantz, Justus 46f., 198, 213, 215
Franzos, Karl Emil 15
Freud, Sigmund 203f.
Fulbright, William J. 178
Fürstenberg, Egon von 200
Furtwängler, Wilhelm 55, 90, 155

Gabor, Zsa Zsa 120
Gamsjäger, Rudolf 110
Garland, Judy 124, 221
Gebhard, Heinrich 31, 41
Gershwin, George 58, 88, 104, 214
Ghiringhelli, Antonio 136
Gide, André 196
Goethe, Johann Wolfgang von 190, 219
Gordon, Beatrice 40
Gould, Glenn 69f.
Gradenwitz, Peter 25
Graffman, Gary 48f.
Grant, Cary 65
Green, Adolph 72–75
Grieg, Edvard 68
Grist, Reri 142
Gronchi, Giovanni 136
Gropius, Walter 203
Grunwald, Henry 152
Güden, Hilde 150
Gurion, David Ben 89
Gürtler, Peter 191
Guthrie, Tyrone »Tony« 133

Harris, Roy 91
Hart, Moss 94
Hawkins, Coleman 52
Haydn, Joseph 104, 107
Hayes, Rutherford B. 173
Heifetz, Jascha 14
Heine, Heinrich 219
Heller, André 152
Hellman, Lillian 95, 133f.
Hellsberg, Clemens 154
Hendrix, Jimi 181, 183
Hepburn, Audrey 139
Hilbert, Egon 148f.
Hines, Earl »Fatha« 52
Hitchcock, Alfred 125

Hitler, Adolf 97
Hoffmann, Josef 208
Holliday, Judy 221
Horne, Marilyn 96
Horowitz, Milton H. 195
Horowitz, Vladimir 13–15, 48, 58, 90
Hurok, Sol 72

Jackson, Mahalia 172
Jackson, Michael 103, 212f.
Jagger, Bianca 200
Jagger, Mick 120, 200
Janowitz, Gundula 11, 162, 164–166
Jeritza, Maria 144
Johnson, Lyndon B. 181
Jonas, Franz 183
Jones, Grace 200
Jones, Gwyneth 113, 142, 144, 165, 169
Jones, Quincy 212f., 215

Kaiser, Joachim 11, 93, 218
Karajan, Anita von 113
Karajan, Eliette von 114
Karajan, Ernst von 113
Karajan, Herbert von 10, 55, 103, 109–114, 121, 148f., 151, 153f., 160–167, 169, 184, 191–193, 207
Karp, Frieda 29f.
Katharina II., russ. Zarin 17
Kaufman, George 94
Kaye, Danny 94, 146
Kaye, Nora 85
Kazan, Elia 97f.
Keeler, Christine 199
Keiser, David M. 184
Keller, Hans 97
Kelly, Gene 75, 79, 124, 133, 172
Kelly, Grace 181
Kempff, Wilhelm 159

Kennedy, Edward »Ted« 119
Kennedy, John Fitzgerald 171–174,
178f., 181
Kennedy, Robert 181
Kennedy, Rose 178
Kennedy-Onassis, Jacqueline 172f.,
178, 181
Kerr, Walter 133
Kesten, Hermann 16
Kiepura, Jan 129
King, James 141
King, Martin Luther 162, 181
Kissinger, Henry 173
Klaus, Josef 182
Kleiber, Carlos 145f.
Kleiber, Erich 43
Klemperer, Otto 14
König, Franz Kardinal 152
Kostic, Sammy 27
Koussevitzky, Natalia 48
Koussevitzky, Serge 45–53, 61, 71, 74,
80, 89
Kraut, Harry 47, 78, 96, 162, 168f.,
190, 212, 223
Kreisky, Bruno 96, 103f., 151–153, 218
Kreppel, Walter 193
Küchl, Rainer 205
Kunz, Erich 143
Kunz, Johannes 103f.

Langgartner, David 191f.
Lantz, Robert »Robby« 149
Laurents, Arthur 125f.
Lawford, Peter 171
Lehár, Franz 68
Lehmann, Lotte 144, 183
Leigh, Janet 172
Lennon, John 221
Levine, James 96, 161
Lincoln, Abraham 58, 100, 178

Lindlar, Heinrich 110
Löbl, Karl 112, 143
Loren, Sophia 120
Ludwig, Christa 11, 141f., 144, 150,
159–163, 170, 215
Lueger, Karl 203
Lyons, Leonard 73

Ma, Yo-Yo 96, 215, 222
Maazel, Lorin 149
Macmillan, Harold 199
Mahler, Alma 203f.
Mahler, Gustav 9, 44, 71, 107, 122,
141, 143, 146, 149, 151, 155, 159f., 174,
176f., 181, 186, 193, 202–208, 217–
219, 224
Mahler, Maria 203
Mailer, Norman 45
Malden, Karl 97
Mann, Thomas 94
Marecek, Heinz 130–132
Margolies, Jacques 59
Marson, Philip 27
Martin, Dean 172
Marx, Karl 117
McCarthy, Joseph 97
McFerrin, Bobby 215
Mehta, Zubin 164, 169, 193, 224
Menuhin, Yehudi 90
Merrill, James 200
Michelangelo 145
Michou 120
Migenes, Julia 130f.
Miller, Arthur 94, 97
Milstein, Nathan 15
Mindlin, Mike 192
Minnelli, Liza 120
Mitropoulos, Dimitri 42–44, 48, 52,
70, 206
Monroe, Marilyn 49, 65

Montealegre, Felicia siehe Bernstein,
  Felicia
Montjoye, Emilie 151
Moseley, Carlos 184
Mozart, Wolfgang Amadeus 9, 43,
  68, 86, 88, 100–102, 105, 107, 119,
  141, 160, 195
Munch, Charles 52
Mussorgski, Modest 45
Muti, Riccardo 167, 169

Nabokov, Vladimir 219
Naumoff, Olga 48
Nessler, Karl 36
Nessler, Katharina 36
Neumann, Achim 120
Newman, Paul 96
Newton, Huey 189
Nicolai, Otto 155
Nietzsche, Friedrich 59
Nilsson, Birgit 144
Nixon, Richard 172, 178
Novak, Hans 140f.
Nurejew, Rudolf 161, 221

Olivier, Laurence 133, 172
Osborne, John 113
Ozawa, Seiji 215

Pack, David 213
Paderewski, Ignacy Jan 30
Paganini, Niccoló 16
Palestrina, Giovanni Pierluigi da 101
Panerai, Rolando 143
Pasternak, Boris 118
Paul VI., Papst 192
Pavarotti, Luciano 96
Perahia, Murray 96
Peyser, Joan 77
Picasso, Paloma 120

Piston, Walter 42
Platon 108
Poitier, Sidney 172
Polanski, Roman 168
Porter, Cole 129
Prawy, Marcel 115, 129–131, 133, 145,
  157
Preminger, Otto 189
Price, Leontyne 96
Profumo, John 199
Prokofjew, Sergei 43
Puccini, Giacomo 138f.

Quinn, Anthony 172

Rachmaninow, Sergei 13, 32, 46, 49,
  222
Radó, Sándor 78
Ramey, Samuel 96
Rapp, Peter 103
Raskob, John Jakob 35
Rastelli, Enrico 16
Ravel, Maurice 45, 47, 91f., 101
Reagan, Ronald 191
Redford, Robert 149
Reiner, Fritz 14, 48, 141
Remarque, Erich Maria 203
Rembrandt (van Rijn) 203
Resel, Werner 205
Reventlow, Moritz Graf zu 213f.
Rich, Alan 182
Richter, Hans 155
Richter, Swjatoslaw 213
Robbins, Jerome 72, 74, 85, 124–126,
  131
Roddy, Joseph 70
Rodzinski, Artur 53–56, 60, 63
Rodzinski, Halina 54
Rogers, Ginger 73
Roosevelt, Franklin D. 55, 58

Rorem, Ned 32
Rossini, Gioachino 139
Rostropowitsch, Mstislaw 215
Rósza, Miklós 59
Roth, Joseph 15f.
Rothe, Friede 56, 76
Rubinstein, Aniela 69
Rubinstein, Artur 15, 41, 68f., 90
Rubinstein, Helena 65
Rumi, Dschalaleddin 221
Rydl, Kurt 11, 167–170
Rysanek, Leonie 144, 161, 193
Rysanek, Lotte 193

Saarinen, Eliel 46
Sabata, Victor de 136
Saint, Eva Marie 97
Saint-Exupéry, Antoine de 162
Saudek, Robert 100
Schärf, Adolf 148
Schenk, Otto 11, 144–146, 164
Schmidl, Peter 206
Schmidt, Helmut 214
Schmidt, Loki 214
Schneider, Romy 120
Schneider-Siemssen, Günther 164
Schnittken, Dana 40
Schöffler, Paul 193
Schönberg, Arnold 95, 114
Schonberg, Harold C. 179f.
Schönburg, Lili 150
Schostakowitsch, Dimitri 95, 155
Schubert, Franz 169
Schuman, William 219
Schumann, Robert 59, 91, 155, 186
Schütt, Eduard 30
Sciutti, Graziella 143
Seebohm, Andrea 180
Seefehlner, Egon 109f., 164f.
Serkin, Rudolf 48

Shakespeare, William 124
Shearing, George 168
Sheng, Bright 222
Sibelius, Jean 155, 176
Siegfried & Roy 120
Simon, Paul 96
Sinatra, Frank 52f., 75, 79, 124, 171f.
Smith, Bessie 121
Sokrates 108, 213
Solti, Georg 90, 213
Sondheim, Stephen 125f.
Soraya 120
Spiegel, Sam 97
Stalin, Josef 55, 97
Steiger, Rod 97
Steinbeck, John 65
Stern, Aaron 221
Stern, Isaac 90f., 219
Stevens, Roger 126
Sting 221
Stokowski, Leopold 63
Strauss, Richard 9, 57, 59, 115, 134, 144, 166
Strawinsky, Igor 117, 185
Sullivan, Arthur 41
Szell, George 14

Taubman, Howard 43
Taylor, Elizabeth 149
Taylor, Robert 94
Thomas, Jess 193
Thompson, Randall 48
Torberg, Friedrich 204
Torberg, Marietta 204
Toscanini, Arturo 9, 13, 58, 63, 67f., 86, 154
Tourel, Jennie (Dawidowitsch) 56, 71
Troger, Paul 217
Trudeau, Pierre 181

Truman, Harry S. 172
Tschaikowsky, Pjotr 100
Turner, Tina 120

Urquhart, Craig 190, 222–225

Valente, Caterina 121
Vallee, Rudy 26
Veith, Eduard 191
Vengerova, Isabelle 48f.
Verdi, Giuseppe 139f., 144, 155
Victoria, Königin des Vereinigten
   Königreichs 173
Visconti, Luchino 138–140, 181
Voltaire 133f.
Vranitzky, Franz 111

Wagner, Richard 59f., 83
Waldheim, Kurt 104, 152
Wallmann, Margarethe 136
Walter, Bruno 14, 56–58, 62f., 71,
   137

Walters, Barbara 189
Watzel, Rudolf 192
Weiser, Elly 175
Weiser, Peter 115, 151f.
Welitsch, Ljuba 183
Welles, Orson 99
Wilder, Billy 49
Willheim, Friedrich 209
Willheim, Sigrid 209
Williams, Susan 30f.
Williams, Tennessee 173
Wobisch, Helmut 157
Wolf, Hugo 48
Wolfe, Tom 188–190
Wörsching, Kay 120f.
Wunderer, Renate 207f.

Zapruder, Abraham 173
Zielinski, Christoph 209–211
Zirato, Bruno 55–58, 61
Zvainboim, Mikhael 116
Zweig, Stefan 117